btb

AZAR NAFISI

LESE GEFÄHRLICH

DIE SUBVERSIVE KRAFT VON LITERATUR IN UNRUHIGEN ZEITEN

Aus dem Englischen
von Cornelius Reiber

btb

INHALT

Für meine Familie, Bijan, Negar und Dara Naderi. Für meine Enkelkinder, Cyrus Colman Naderi und Iliana Nafisi Guedenis. Und in Erinnerung an Bryce Nafisi Naderi.

»Gefährlich schreiben für Menschen, die gefährlich lesen. Das, dachte ich immer, bedeutet es, Schriftstellerin zu sein. Zu schreiben und dabei zu wissen, dass eines Tages irgendwo irgendjemand sein Leben riskieren wird, um diese Worte zu lesen, wie trivial sie auch sein mögen.«

Edwidge Danticat, *Create dangerously: The Immigrant Artist at Work*

VORBEMERKUNG DER AUTORIN

DAS VORLIEGENDE BUCH STELLT in vielerlei Hinsicht das letzte eines Quartetts dar, dessen erste drei Teile die Bände *That Other World*, *Lolita lesen in Teheran* und *The Republic of Imagination* bilden, nachdem dazwischen noch meine Memoiren *Die schönen Lügen meiner Mutter* erschienen sind.

Wie in den vorausgegangenen Titeln greife ich auch in *Lese gefährlich* immer wieder auf Erfahrungen aus meinem Leben im Iran und in den Vereinigten Staaten zurück. Wer mit meinen anderen Büchern vertraut ist, wird daher einige biografische Konturen wiedererkennen, auch wenn ihnen in diesem Band eine andere Bedeutung zukommt.

EINFÜHRUNG

»Verliebt man sich in ein Buch, hinterlässt es seine Essenz wie radioaktiver Fallout in einem Acker, sodass gewisse Früchte dann nicht mehr im Leser gedeihen, doch gelegentlich entstehen andere Gewächse, merkwürdigere, fantastischere.«

Salman Rushdie

AM 8. OKTOBER 2016 SCHRIEB ich einen Brief an meinen Vater, der bereits seit zwölf Jahren tot war. Ich weiß das Datum noch, weil ich in dem Brief erwähnte, dass am Vortag die *Washington Post* über das sexistische Gespräch zwischen Billy Bush und Donald Trump berichtet hatte, in dem Trump mit sexuellen Übergriffen auf Frauen prahlte.

Zu Lebzeiten meines Vaters schrieben wir uns oft Briefe. Das erste Mal schrieb er mir, als ich vier Jahre alt war, in einem Tagebuch, das nur an mich gerichtet war und das ich nach seinem Tod unter seinen Papieren und anderen Tagebüchern fand. Ich selbst schrieb ihm meinen ersten Brief, als ich sechs war und er in Amerika studierte. Ich kritzelte ein paar Worte an ihn auf Papierschnipsel, benutzte dabei die Anrede *Baba jan,* was auf Persisch »liebster Papa« bedeutet, und unterschrieb mit »Babas Tochter«. Wir schrieben uns, wenn einer von uns auf Reisen war, aber auch, während wir im selben Land lebten – und sogar im selben Haus.

Wir schrieben uns lange Briefe zu wichtigen Anlässen: als ich mit dreizehn Jahren nach England geschickt wurde, um dort zur Schule zu gehen, oder als mein Vater, damals Bürgermeister von Teheran, 1963 aus politischen Gründen ins Gefängnis kam – weil er die Befehle seiner Erzfeinde, des Premiers und des Innenministers, nicht befolgt hatte. Wir schrieben uns Briefe, als er nach vier Jahren Haft in einem sogenannten Übergangsgefängnis schließlich in allen Anklagepunkten freigesprochen wurde. Wir schrieben uns Briefe, als ich mit achtzehn zum ersten Mal heiratete und er nicht zur Hochzeit kommen konnte, weil er im Gefängnis saß, und ich schrieb ihm, als ich an der University of Oklahoma studierte, zusammen mit meinem ersten Mann. Mein Vater war der Erste, dem ich von meiner unglücklichen Ehe und meiner Entscheidung schrieb, mich scheiden zu lassen, und einige Jahre später von meinem zweiten Mann, Bijan, und meiner Entscheidung, ihn zu heiraten.

Ich machte meinen Collegeabschluss und blieb für die Promotion, die ich kurz nach der Islamischen Revolution 1979 abschloss. Ich kehrte in den Iran zurück und arbeitete als Dozentin, wurde aber von der Universität verwiesen, weil ich mich weigerte, den vorgeschriebenen Schleier zu tragen. Natürlich ging es in unseren Briefen auch um diese Ereignisse. Wir schrieben uns, als meine Tochter Negar und mein Sohn Dara geboren wurden. Als ich im Juli 1997 wieder nach Amerika zog, schickten wir uns lange Faxe, in denen wir uns über verschiedenste Themen austauschten, persönliche, politische und intellektuelle – darüber, wie glücklich ich mich schätzen konnte, dass ich mit meinem Mann und unseren Kindern in Washington, D.C., lebte, derselben Stadt, in der auch einige meiner engsten Freunde und meine lieben und großzügigen Schwägerinnen mit ihren Familien lebten; wie toll es war, unzensierte Filme zu sehen und unzensierte Bücher zu lesen; wie sehr ich ihn vermisste. Ich schrieb darüber, wie interessant meine neue Arbeit war, und wir tauschten uns über die Bücher aus, die wir gerade lasen, darüber, was man von Gandhi, Dr. Martin Luther King jr. und Montaigne lernen kann. Er erstellte eine Liste mit großen Werken der iranischen Literatur, die ich meinen Kindern zu lesen geben solle, »damit sie sich an den Iran erinnern«, wie er sagte. Wir sprachen über die Bücher, die ich in meinen Seminaren unterrichtete, über Amerikas Flucht vor der Realität und seine zunehmende Vereinnahmung durch Komfort und Unterhaltung. Ich schrieb ihm, wenn ich glücklich war, und schrieb ihm, wenn ich unglücklich war, ich schrieb ihm, wenn ich mich freute und wenn ich wütend oder frustriert war.

An jenem Tag im Oktober schrieb ich ihm, weil ich frustriert war von den beiden Ländern, in denen ich zu Hause war und bin. Im Iran herrschte weiterhin die Theokratie; trotz der enormen Unzufriedenheit der Menschen und der anhaltenden Proteste hatte sich nichts geändert. Die Ayatollahs schikanierten, inhaftierten, folterten und töteten nach wie vor unschuldige Bürgerinnen und Bürger. In Amerika kam es dagegen zu einer rasant fortschreitenden Polarisierung der Gesellschaft, bedingt durch zu viel Ideologie und zu wenig Diskussion – und so drastisch sich das Land in vielem von der Islamischen Republik unterschied, gab es doch auch immer wieder Ähnlichkeiten. Mein Vater und ich tauschten uns oft darüber aus, wie wir mit unseren Unterdrückern umgehen sollten, mit Menschen, die wir nicht nur als Gegner, sondern als Feinde bezeichnen. Viele unserer Briefe drehten sich im Laufe der Jahre um seine Haft und die dafür Verantwortlichen, und durch die Revolution und den Krieg wurde die Frage nach dem Umgang mit dem Feind später zu einem fast täglichen Thema.

Und jetzt, in Amerika, komme ich auf dieselbe Frage zurück, weil ich sie als zentral für den Erhalt der Demokratie betrachte. Ich schrieb meinem Vater, dass mir die Worte fehlten angesichts der Kandidatur Trumps, nicht nur wegen Trump als Mensch, sondern auch wegen allem, wofür er steht, und was das über uns als Land aussagt. Ich schrieb ihm, dass wir uns in der Ära Trump nur mit unseren Feinden beschäftigten, seien sie real oder erfunden, dass unser Handeln vor allem in Reaktionen auf diese realen oder erfundenen Feinde bestand. Ich schrieb meinem Vater auch, dass ich ihn vermisste: »Wie wir auf Persisch sagen: Dein Platz ist leer.« Noch nie war sein Platz so leer gewesen.

Ich schrieb ihm, dass ich mich zeitlebens als seine größte Verteidigerin, Vertraute, Freundin und Mitverschwörerin gefühlt hätte, trotz der Zeiten, in denen wir verärgert waren über den anderen oder uns von ihm verlassen fühlten und enttäuscht waren. Ich schrieb: »Manchmal war ich hart zu dir, mit derselben Konsequenz, mit der ich dich geliebt habe. Doch dein Tod und die Distanz haben nun andere Gefühle zum Vorschein gebracht, die in mir aufsteigen, wenn ich an die glücklichsten Momente meiner Kindheit zurückdenke: an das Geschichtenerzählen.«

Wie alle liebevollen und engen Beziehungen hatte auch unsere ihre Höhen und Tiefen, aber es gab etwas zwischen uns, das davon vollkommen unberührt blieb: die Geschichten, die er mir in meiner Kindheit jeden Abend erzählte. Wenn mein Vater sich zu mir setzte, um mir meine Lieblingsgeschichten zu erzählen, traf mich die freudige Überraschung wie ein elektrischer Schlag. Bereits in meiner frühen Kindheit wusste ich intuitiv, dass es ein heiliger Moment war, dass mir etwas sehr Kostbares und Seltenes geschenkt wurde: der Schlüssel zu einer geheimen Welt.

Er wählte die Geschichten nach einem demokratischen Prinzip aus. An einem Abend erzählte er aus dem Königsbuch *Schāhnāme* unseres Epikers Ferdausi; am nächsten Abend reisten wir mit dem Kleinen Prinzen nach Frankreich; am übernächsten Abend mit Alice nach England. Dann nach Dänemark mit dem Mädchen mit den Schwefelhölzern, in die Türkei mit Hodscha Nasreddin, nach Amerika mit Charlotte und Wilbur oder nach Italien mit Pinocchio. Er brachte mir die große, weite Welt in mein kleines Zimmer. Als Jugendliche und später als Studentin, Dozentin, Schriftstellerin, Aktivistin und Mutter bin ich immer wieder in das Zimmer zurückgekehrt, um Kraft aus diesen Geschichten zu schöpfen.

Ich habe den Iran zum ersten Mal im Alter von dreizehn Jahren verlassen, um in England zur Schule zu gehen, und seitdem waren Bücher und Geschichten meine Talismane, meine tragbare Heimat, die einzige Heimat, auf die ich mich verlassen konnte, von der ich wusste, dass sie mich nie enttäuschen würde; die einzige Heimat, aus der man mich niemals vertreiben konnte. Lesen und Schreiben haben mir in den schlimmsten Momenten meines Lebens Schutz geboten, in Zeiten der Einsamkeit, des Grauens, der Ängste und

Zweifel. Und sie haben meine Sicht auf mein Heimatland und meine Wahlheimat geprägt.

Im Iran schenkt das Regime, wie in allen totalitären Staaten, den Dichtern und Schriftstellern zu viel Aufmerksamkeit, schikaniert, inhaftiert und tötet sie sogar. In Amerika ist das Problem dagegen, dass ihnen zu wenig Aufmerksamkeit geschenkt wird. Sie werden nicht durch Folter und Gefängnis zum Schweigen gebracht, sondern durch Gleichgültigkeit und Desinteresse. Ich muss an James Baldwin denken, der in seinem Roman *Beale Street Blues* schrieb: »Weder Liebe noch Grauen macht blind: Gleichgültigkeit macht blind.« In den Vereinigten Staaten sind das Problem vor allem wir, das Volk; wir, die wir es für selbstverständlich halten, dass es literarische Werke gibt, die uns herausfordern, oder auch wir, die wir uns vom Lesen Behaglichkeit und Trost erwarten und daher nur Texte lesen, die die eigenen Überzeugungen und Vorurteile bestätigen. Vielleicht empfinden wir die bloße Vorstellung von Veränderung als gefährlich und vermeiden es daher, gefährlich zu lesen.

AUTOREN SIND NICHT UNFEHLBAR. Auch die Großen unter ihnen sind Kinder ihrer Zeit. Das Wunderbare an großen Büchern aber ist ihre Fähigkeit, die Vorurteile sowohl des Autors als auch seiner Zeit und seines Umfeldes zu reflektieren und zu überwinden. Aufgrund genau dieser Eigenschaft ist es möglich, dass eine junge Frau im Iran des 20. Jahrhunderts einen Griechen namens Aischylos liest, der Tausende von Jahren vor ihr gelebt hat, und sich in ihn einzufühlen vermag. Lesen führt nicht unbedingt zu politischem Handeln, aber es fördert ein Denken, das hinterfragt und zweifelt; das sich nicht mit dem Bestehenden zufriedengibt. Literatur weckt die Neugier, und diese Neugier ist es, die Unruhe, die Wissbegierde, die sowohl das Schreiben als auch das Lesen so gefährlich machen.

Ich habe in der Vergangenheit immer wieder betont, inwiefern die Struktur großer Literatur auf Vielstimmigkeit beruht, auf einem Nebeneinander verschiedener Perspektiven, in dem auch der Böse eine Stimme bekommt, während schlechte Literatur alle Stimmen auf eine einzige reduziert, die des Autors, der wie ein Diktator die verschiedenen Figuren unterdrückt, um eine klare Botschaft zu vermitteln oder eine Agenda durchzusetzen. Große Werke der Literatur – Werke, die wirklich *gefährlich* sind – hinterfragen und entlarven diesen diktatorischen Drang sowohl auf dem Papier als auch im öffentlichen Raum. Und gefährlich zu lesen erscheint mir noch genauso wichtig wie an jenem Tag im Oktober, als ich mich hinsetzte, um an meinen Vater zu schreiben.

WIR LEBEN IN DER Ära nach Trump, aber er wird uns noch lange begleiten; wenn nicht physisch, so doch im übertragenen Sinne, als Repräsentant autokratischen Denkens und totalitärer Tendenzen in einer Demokratie. Die Nachbeben seiner Präsidentschaft werden wir in den kommenden Jahren noch zu spüren bekommen. Die Rückkehr zu einer Art Normalität bedeutet nicht, dass der untergründige Hass verschwunden und die Demokratie wieder sicher wäre. Die Zeit, in der wir leben, ist von überbordender Gewalt geprägt, sowohl rhetorischer als auch ganz realer – kommuniziert wird nicht durch Einbeziehung, sondern durch Ausschluss. Gegner und

Kontrahenten werden nur noch als Feinde verstanden und definiert. Zudem ist es eine von Lügen beherrschte Zeit. Im Gegensatz zur Literatur, die nach Wahrheit sucht, beruhen Lügen auf Illusionen, die für die Realität gehalten werden. Aber wir leben auch in einer Zeit der Hoffnung und des Übergangs, in der es eine echte Chance auf Veränderungen, auf wirkliche Gleichberechtigung und Demokratie gibt. Es hängt alles davon ab, wofür wir uns entscheiden und wie wir es umsetzen wollen.

Wie gehen wir mit den aktuellen Krisen um? Wie können wir wirklichen Wandel herbeiführen? Die autokratischen Tendenzen machen uns bewusst, dass wir nicht nur politische Positionen oder Programme bekämpfen und verändern müssen, sondern *Einstellungen*, die Art, wie wir auf die Welt blicken und in ihr handeln. Ironischerweise entdecken wir bei diesem Kampf und dem Versuch, uns anders zu verhalten als die Gegenseite, nicht nur unsere Werte, sondern auch unsere Schwächen und unsere Nachlässigkeit bei der Verteidigung dieser Werte. Denn ganz sicher tragen auch wir eine Mitschuld an den Problemen, vor denen wir derzeit stehen – durch Passivität oder unbewusstes Einverständnis.

Wir haben in diesem Land die Kunst verlernt, uns mit Gegnern und der Opposition auseinanderzusetzen. Und hier kommt das gefährliche Lesen ins Spiel: Es lehrt uns, wie man mit dem Feind umgeht. Wir müssen nicht nur wissen, wie man sich gegenüber Freunden und Verbündeten verhält, sondern auch gegenüber dem Feind. Wer seinen Feind verstehen will, lernt dabei sich selbst kennen. Die Demokratie ist darauf angewiesen, dass wir uns mit Gegenspielern und Kontrahenten auseinandersetzen, uns auf sie einlassen. Sie ist darauf angewiesen, dass wir immer wieder dazu gebracht werden, die eigene Position neu zu überdenken und zu beurteilen, uns den äußeren wie den inneren Feinden zu stellen. Mir gefällt ein Satz von Jonathan Chait aus einem Artikel im *New York Magazine* von 2021. Darin beschreibt er, wie die Kongressabgeordnete für Wyoming, Liz Cheney, durch ihre eigene Partei, die Republikaner, degradiert wurde, weil sie die »Kühnheit« besessen hatte, von der Parteilinie bezüglich Trumps Verhalten vor und während der Erstürmung des Kapitols am 6. Januar 2021 abzuweichen: »Man schließt Frieden mit seinen Feinden, nicht mit seinen Freunden.«

WENN MEIN VATER MIR in meiner Kindheit etwas Kompliziertes erklären wollte, hat er es immer durch eine Geschichte verständlich zu machen versucht. Als ich nun meinerseits versuchte, meinem Vater unsere Gegenwart verständlich zu machen, nahm ich mir das zum Vorbild. Immer häufiger schrieb ich ihm von Büchern. Jetzt ist es an mir, ihm meine Geschichten zu erzählen.

Meine Briefe drehen sich um die Ereignisse, die unser Leben in einer wichtigen und turbulenten Zeit der jüngeren Geschichte geprägt haben, angefangen bei den Demonstrationen im »blutigen November« 2019, die die Islamische Republik Iran erschütterten, bis hin zu den Protesten infolge des Mords an George Floyd in Amerika im Sommer 2020. Ich glaube, dass diese Ereignisse nicht nur für das stehen, was jeweils in dem Moment passierte, sondern auch für das, was gegenwärtig und in absehbarer Zukunft geschieht beziehungsweise geschehen wird.

Die vier Jahre der Präsidentschaft Trumps verbrachte ich vor allem mit Lesen. Ich habe literarische Werke über persönliche und politische Traumata gelesen, nochmals gelesen und darüber nachgedacht. Durch die Lektüre dieser Bücher, die das Gerüst der Briefe an meinen Vater bilden sollten, habe ich versucht, unsere Gegenwart besser zu verstehen – um ihm anhand jener Geschichten etwas Kompliziertes über Amerika zu erklären.

Wie so viele amerikanische Texte in den letzten vier Jahren nahm auch ich die Anziehungskraft und drohende Gefahr des Totalitarismus zum Ausgangspunkt und ging literarischen Bearbeitungen dieser Idee in Platons *Der Staat*, Ray Bradburys *Fahrenheit 451* und Salman Rushdies *Die satanischen Verse* nach. Die Werke beleuchten den Konflikt zwischen dem Dichter und dem Tyrannen – und den gefährlichen Platz, den ein Schriftsteller, und ebenso der Leser, in einer totalitären Gesellschaft einnimmt. Dann wandte ich mich zwei großen Schriftstellerinnen des 20. Jahrhunderts zu, Zora Neale Hurston und Toni Morrison, deren Romane die großen politischen Themen unserer Zeit – ethnische Zugehörigkeit, Geschlecht, Unterdrückung – scharfsinniger kommentieren als die meisten Texte der Gegenwart.

Als Nächstes schrieb ich über den Krieg, denn Kriege gab es so einige in diesem und im letzten Jahrhundert: gegen Länder, gegen Menschen, Menschen gegen Menschen und 2020 gegen eine Pandemie. Dafür zog ich David Grossman, Elliot Ackerman und Elias Khoury zurate; sie stellen in ihren Büchern die Entmenschlichung und den Hass dar, die zum Wesen des Krieges gehören. Als die Vereinigten Staaten durch die ersten Monate des turbulenten Jahres 2020 schlingerten, fühlte sich das Land ein wenig so an wie Margaret Atwoods Republik Gilead, daher nimmt auch diese Autorin einen wichtigen Platz in den Briefen an meinen Vater ein. Im letzten Brief schreibe ich über James Baldwin, der mir für dieses Buch insgesamt als Inspirationsquelle gedient hat. Als ich versuchte, den Mord an George Floyd und die folgenden Proteste nachzuvollziehen, bin ich auch auf den zeitgenössischen Autor Ta-Nehisi Coates gestoßen, dessen Wahrnehmung der Baldwins in manchem ähnelt.

So nahm die Idee für dieses Buch allmählich Gestalt an. Durch das Auge der Fantasie wurden meine Briefe zu einer sowohl persönlichen als auch politischen Reflexion, insbesondere über meine Migrationserfahrung und meine beiden Heimaten, den Iran und die Vereinigten Staaten. Außerdem griff ich Dinge und Ereignisse aus meinen früheren Schriften wieder auf und stellte sie in ein neues Licht und in einen neuen Kontext. Der Schwerpunkt liegt auf einer bestimmten Form von Denken: einer totalitären Denkweise, die keinen Raum für Dialog oder Meinungswechsel lässt und in der jeder Gegner und jeder, der anders ist als man selbst, als Feind gilt. Am ausgeprägtesten ist diese Denkweise in totalitären Systemen, aber man begegnet ihr auch in Demokratien.

Ziel dieses Buches ist es, die Leserinnen und Leser miteinzubeziehen und zum Nachdenken über diese Fragen anzuregen: Wie gehen wir mit Gefühlen wie Frustration und Wut um, die wir angesichts dieser Denkweise empfinden? Wie gehen wir gegen die Lügen vor und ersetzen sie durch Wahrheiten? Wie setzen wir uns gegen Ungerechtigkeiten zur Wehr, ohne uns von Rachefantasien leiten und lähmen zu lassen? Wie können wir uns denen gegenüber gerecht verhalten, die uns ungerecht behandelt haben? Wie gehen wir mit unserem Feind um, ohne ihm ähnlich zu werden oder uns ihm zu ergeben?

Ich wende mich der Literatur zu, weil die Beantwortung dieser Fragen und der Umgang mit unseren Gegnern in erster Linie Verstehen erfordert, und dafür bedarf es der Fantasie, für deren Ausbildung die Literatur so enorm wichtig ist. In der Literatur werden die Handlung und die Herausbildung des Charakters, wie auch im wirklichen Leben, durch Widerstände und Konflikte vorangetrieben. Persönlicher, politischer oder literarischer Widerstand kann immer eine Form finden. Mir geht es in diesem Buch darum, die verschiedenen Formen und Ausprägungen fiktionaler und realer Widerstände zu erkunden, die zu einem Perspektivenwechsel führen können. Denn Veränderungen sind schwer zu bewirken, und Differenzen scheinen oft unüberwindbar, und die Literatur zeigt uns, wie wir zu bestimmten Handlungsweisen genötigt werden, was zu der Frage führt: »Wie verändern wir die Welt?«, und dann: »Wie verändern wir uns selbst?«

Die in diesem Buch thematisierten Autorinnen und Autoren haben mit Traumata und Gefahren gelebt und empfanden Literatur und Fantasie nicht einfach als wichtig, sondern als lebenswichtig. Schreiben war für sie eine Möglichkeit zu überleben – in gewissem Sinne ihre einzige.

Inzwischen dürfte deutlich geworden sein, dass es mir, wenn ich über Bücher spreche, nicht um eine Literatur des Widerstands, sondern um *Literatur als Widerstand* geht. Mich interessiert, wie Literatur und Kunst Widerstand gegen Macht leisten – nicht nur gegen die von Königen und Tyrannen, sondern auch die des Tyrannen in uns selbst. Politische Veränderungen zu bewirken ist nicht allzu schwer; wesentlich schwieriger ist es, Einstellungen und Denkweisen zu verändern.

Ziel dieses Buches, wie aller meiner Bücher, ist es, die von der Politik aufgerissenen Gräben durch die Kraft der Fantasie zu überwinden und zu schließen.

Gerade jetzt sind Bücher in Gefahr. Man kann noch einen Schritt weiter gehen und sagen, dass die Fantasie und die Ideen in Gefahr sind, und wann immer sie bedroht sind, ist auch die Realität, in der wir leben, in Gefahr. »Wo man Bücher verbrennt, verbrennt man am Ende auch Menschen«, heißt es bekanntlich. Und so will ich an dieser Stelle daran erinnern, was Toni Morrison in einem ihrer Essays geschrieben hat: »... die Kunst nimmt uns mit auf eine Reise, die über Kosten und Nutzen hinausgeht, die uns zur Zeugenschaft aufruft für die Welt, wie sie ist und wie sie sein sollte.«

DER ERSTE BRIEF:

RUSHDIE, PLATON, BRADBURY

22. NOVEMBER BIS 24. DEZEMBER 2019

Liebster Baba,

wie sehr wünschte ich, du wärst hier. Insbesondere hier in Washington, D.C., einer Stadt, von der ich zum ersten Mal durch dich gehört habe. Ich frage mich, was sich wohl alles verändert hat und was gleich geblieben ist seit den Fünfzigerjahren, als du mit einem staatlichen Stipendium in D.C. gelebt und an der American University deinen Master gemacht hast. Ich habe deine Fotos gesehen und dich von der schönen Stadt erzählen hören. Das Washington auf deinen Bildern war eine weite grüne Fläche. Man sah dich beim Picknick mit Freunden auf einer grünen Wiese oder im Schatten eines hohen, alten Baumes stehend.

Meine Wohnung liegt in der Nähe des historischen Stadtviertels Foggy Bottom. Wenn ich gefragt werde, wo ich wohne, spreche ich es gerne mit britischem Akzent aus. Ich glaube, dir hätte es hier gefallen. Ich bin umgeben von verschiedenen amerikanischen Wahrzeichen, die für das Beste und das Schlimmste des Landes stehen. Meine Wohnung liegt nur ein paar Minuten vom Kennedy Center entfernt, und wenn ich in der Mitte der Virginia Avenue stehe, kann ich das Washington Monument sehen. Dann ist da noch der berühmt-berüchtigte Watergate-Gebäudekomplex, der uns an Nixon erinnert und an Clintons Affäre mit Lewinsky, die damals hier wohnte. Später lebte dort auch Condoleezza Rice, genau wie meine Lieblingsrichterin am Obersten Gerichtshof, Ruth Bader Ginsburg.

Vor allem aber hättest du, glaube ich, den Fluss gemocht. Durch unsere Wohnzimmerscheiben sieht man den Balkon und in der Tiefe den Potomac, und fast jeden Morgen blicke ich hinaus zu ihm und sende ihm einen Gruß. Der Fluss hat für mich eine ähnliche Funktion wie früher der Damawand in Teheran. Du erinnerst dich, dass man durch unser Wohnzimmerfenster in der Ferne diesen geschichtsträchtigen Berg sah. Schon seit meiner frühen Kindheit habe ich so vieles über den Damawand gehört. Ich erinnere mich, dass du sagtest, er stehe im Zentrum der persischen Mythologie und Kultur und sei ein Symbol unseres Nationalstolzes – ginge man tausend Jahre in der Zeit zurück, begegne man ihm in den Zeilen unseres großen Epikers Ferdausi. Ich hörte vom Damawand in den Geschichten, die du mir aus dem *Schāhnāme* erzählt hast, dem Nationalepos Ferdausis, das mit der persischen Mythologie und der frühen vorislamischen Geschichte beginnt und mit der islamischen Eroberung Persiens im siebten Jahrhundert endet.

In Ferdausis Geschichten ist der Damawand ein Symbol des Widerstands gegen despotische Herrscher und Fremdherrschaft und des Triumphs über sie. Ich erinnere mich noch gut an die Geschichte von Zahhāk, dem vielleicht verhasstesten dieser Herrscher, der die beiden Schlangen, die ihm aus den Schultern wuchsen, täglich mit den Gehirnen persischer Jünglinge fütterte. Jedes Mal, wenn ich die Geschichte hörte, war ich unsagbar erleichtert, als Zahhāk schließlich von Prinz Feraidun besiegt wurde, der ihn mithilfe des Schmiedes Kaveh in einer Höhle unter dem Damawand in Ketten legte.

In der Schule haben wir gelernt, dass der Damawand der dritthöchste Berg der Welt sei. Kürzlich habe ich über den Berg recherchiert und nirgends eine Bestätigung dafür gefunden. Er scheint vielmehr der zwölfthöchste zu sein, dazu der höchste Berg des Iran und der höchste Vulkan Asiens. Ich hatte gar nicht gewusst, dass der Damawand ein aktiver Vulkan ist. Schwebt deshalb immer diese Nebelwolke über seinem Gipfel?

Auch der Potomac spielt eine wichtige Rolle in der Geschichte Amerikas. Er wird »Fluss der Nation« genannt, wahrscheinlich weil er während des Bürgerkriegs Schauplatz vieler Gefechte zwischen der

Union und der Konföderation war. Die größte Armee der Union wurde sogar nach ihm benannt. George Washington wurde auf einem Anwesen am Ufer des Potomac geboren und verbrachte dort sein Leben. Der Fluss bedeutet mir – wie der Berg – sehr viel. Beide stehen für Schönheit und Beständigkeit, verbinden die Stadt mit der Natur und erinnern uns daran, dass Berge und Flüsse vor uns da waren und auch nach uns noch da sein werden.

Für mich hat diese Verbindung von Geschichte und Natur eine große Bedeutung, so wie sie es auch für dich hatte. Von der Geschichte des Damawand habe ich zuerst durch dich erfahren. Erinnerst du dich an unsere langen Spaziergänge durch die Straßen von Teheran, auf denen du mir Geschichten erzählt und mich mit der Aussicht auf Eis und Buchläden zum Weiterlaufen motiviert hast? Die Stadt, außen umgeben von Bergen und im Innern voller Verheißungen und Geheimnisse, wurde für mich zu etwas Magischem. Noch als Erwachsene bin ich gern durch die Straßen gelaufen, um meine Ängste zu überwinden. Auch Washington hat schöne Straßen und Parks, wie du ja weißt. Wenn ich durch die Stadt streife, frage ich mich manchmal, ob du damals vielleicht dieselben Wege gelaufen bist. Wie sehr ich unsere angeregten Gespräche während dieser lang zurückliegenden Spaziergänge in Teheran vermisse. Ich folge den Windungen des Potomac und denke an den Damawand. Der Fluss und der Berg stehen für das Beste meiner beiden Heimaten.

WENN DU HIER WÄRST, würden wir zum Hafen laufen und uns über Menschen, Projekte und Ideen unterhalten. Du hast es immer genossen, Ideen auszutauschen. Da du nicht da bist, muss ich mir vorstellen, wie du neben mir läufst. Vielleicht würden wir kurz in die National Portrait Gallery gehen, um uns die Persönlichkeiten anzusehen, die dieses Land zu dem gemacht haben, was es ist – darunter einige, die du kennst und über die du geschrieben hast, aber auch manche, von denen ich nicht glaube, dass du je von ihnen gehört hast, wie zum Beispiel ein gewisser Benjamin Lay (1682–1759), ein Quäker und Aktivist für die Abschaffung der Sklaverei. Er setzte sich zeit seines Lebens moralisch rigoros für versklavte Menschen ein und war dabei sogar den abolitionistisch gesonnenen Quäkern zu vehement, mit denen er durch seine spektakulären Proteste und flammenden Reden gegen die Sklaverei teilweise in Konflikt geriet. Er versuchte, sie moralisch unter Druck zu setzen, damit sie entschiedener kämpften. Zudem war er Vegetarier und ein Verfechter der Tierrechte – und damit gleich in mehrerlei Hinsicht seiner Zeit voraus.

Jetzt aber möchte ich mit dir über etwas anderes sprechen, etwas, das mich seit fast drei Jahrzehnten beschäftigt. Es geht um ein Buch. Das Buch liest sich schön, überhaupt nicht schön ist aber die Geschichte, die dieses Buches in der Realität erfahren hat – und doch wird man von dem Buch für immer nur in Verbindung mit dieser Realität sprechen.

Du erinnerst dich an die Fatwa von Ajatollah Khomeini gegen den Schriftsteller Salman Rushdie? Sie wurde am 14. Februar 1989 verhängt, vor etwas mehr als dreißig Jahren. Vielleicht erinnerst du dich nicht so gut an sie wie ich, da sie zu einer Obsession von mir wurde, die mich über die Jahre hinweg bis heute immer wieder beschäftigt hat. Als 1988 *Die satanischen Verse* erschienen, hielten manche Muslime das Buch für blasphemisch. Da ich zu der Zeit im Iran lebte, verfolgte ich die Nachrichten über die Fatwa gegen Rushdie, so genau es nur ging. Du erinnerst dich vielleicht daran, dass Freunde und Verwandte, die im Ausland lebten, darunter auch mein Bruder Mohammad, uns immer über das aktuelle Weltgeschehen auf dem Laufenden hielten. Schon vor der Fatwa hatte das Buch bei Muslimen auf der ganzen Welt Proteste ausgelöst, insbesondere in Indien und Pakistan. Die Fatwa heizte diese Proteste weiter an. Zugleich wandten sich, vor allem in demokratischen Ländern, viele Menschen – allen voran Schriftstellerinnen und Schriftsteller – öffentlich gegen die Verhängung, da sie in ihren Augen eine fatale Bedrohung der Meinungsfreiheit in der Literatur darstellte.

Besonders schmerzlich müssen für Rushdie die vielen Attentatsversuche auf Menschen gewesen sein, die sich hinter ihn stellten, darunter zwei Nobelpreisträger für Literatur – der nigerianische Dramatiker Wole Soyinka und der ägyptische Schriftsteller Naguib Mahfouz –, die Kritik an

Khomeini geübt hatten. Soyinka bekam Todesdrohungen, Mahfouz wurde von einem islamischen Fundamentalisten niedergestochen und überlebte nur knapp. William Nygaard, der norwegische Verleger der *Satanischen Verse,* wurde durch drei Schüsse schwer verletzt. Der türkische Schriftsteller und Übersetzer des Buches Aziz Nesin war vermutlich das Ziel eines Brandanschlags auf ein Hotel in Sivas in der Türkei, bei dem 37 Menschen starben. Der japanische Übersetzer des Buches wurde ermordet. In Bombay starben zwölf Menschen bei einer Demonstration, und in Großbritannien kam es zu Bücherverbrennungen. Rushdie selbst musste untertauchen und stand rund um die Uhr unter Polizeischutz.

Nach Ansicht von Ayatollah Khomeini verdiente Rushdie den Tod, weil sein Buch den Propheten Mohammad und den Islam verhöhne. Ich erinnere mich an einen Abend kurz nach der Verhängung der Fatwa, als wir Freunde zu Besuch hatten und eine hitzige Diskussion über das Thema führten. Du warst gekommen, um die Kinder zu sehen, wurdest dann aber in die Diskussion im Wohnzimmer hineingezogen. Du standest an der Wand und hörtest zu, und dann sagtest du plötzlich: »Euer Mr Rushdie ist ziemlich boshaft! Schon der Titel muss für unseren Ayatollah beleidigend klingen.« Du riefst uns in Erinnerung, dass sich Die *satanischen Verse* auf eine wenig schmeichelhafte Geschichte über den Propheten beziehen: Darin wird berichtet, dass er, als die neue monotheistische Religion des Islam bei den wichtigsten Kaufleuten Mekkas auf Widerstand stieß, die Anbetung dreier altarabischer Göttinnen erlaubt habe. Später erfuhr ich, dass dieser Bericht, der von den beiden muslimischen Gelehrten al-Wāqidī (747–823 n. Chr.) und at-Tabarī (839–923 n. Chr.) überliefert wird, von nachfolgenden Korankommentatoren verworfen wurde.

Baba, ich weiß noch, wie du mich in diesen schrecklichen Jahren immer wieder zu beruhigen versuchtest. Natürlich war dir das islamische Regime und alles, was es unserem Land und unserem Volk antat, verhasst. Aber du riefst mir auch all die anderen Katastrophen und Tragödien in Erinnerung, die der Iran in seiner zweieinhalb Jahrtausende währenden Geschichte überstanden hatte. Ich wünschte, ich hätte dir besser zugehört, als du mir klarzumachen versuchtest, dass wir nicht so arrogant sein sollten, unser gegenwärtiges Leid für das größte in der Weltgeschichte oder der Geschichte dieses Landes – unseres Landes – zu halten. Ich wusste, dass du recht hattest, aber das änderte nichts. Egal in welchem anderen Land als meiner Heimat ein solches Urteil über einen Schriftsteller gefällt worden wäre, hätte ich es als furchtbar empfunden und persönlich genommen. Dass es aber von Ayatollah Khomeini im Iran gefällt wurde, machte es für mich noch furchtbarer und persönlicher.

OBWOHL ICH 1979 NACH Abschluss meines Studiums aus den USA in den Iran zurückgekehrt war, hatte ich mich zum Zeitpunkt der Fatwa gegen Rushdie, also zehn Jahre später, noch immer nicht an die Islamische Republik gewöhnt – und konnte es auch danach nie. Nach Jahren fern von meinem Heimatland, in denen ich immer davon geträumt hatte, irgendwann wieder dort zu leben, fiel es mir schwer zu akzeptieren, dass ich in ein Land zurückgekehrt war, in dem solche Grausamkeiten möglich waren. Als Iranerin, die sich der Literatur und der Meinungsfreiheit tief verbunden fühlt, war ich frustriert und empört, dass ich meinen Protest nicht öffentlich äußern durfte. Die repressiven Gesetze des neuen Regimes gegen Frauen und Minderheiten und jede Form von Widerspruch gingen einher mit systematischen Angriffen auf die Meinungsfreiheit und die Kultur. Die Fatwa bestärkte mich in meiner Überzeugung, dass zwischen Fantasie und Realität eine enge Verbindung besteht: Die Unterdrückung der einen führt unweigerlich zu Unterdrückung in der anderen. Ich ließ mich immer stärker von der Ideologie, auf der Ayatollah Khomeinis Denken beruhte, in den Bann ziehen, davon, wie sie jeden Bereich unseres Lebens durchdrang. Die obsessive Beschäftigung mit Khomeini ließ mir kaum geistigen Raum für anderes, wodurch das Leben selbst klaustrophobisch wurde.

Drei Jahrzehnte später sehe ich rückblickend einiges klarer. Ich weiß, dass ich mich damals während der Szene im Wohnzimmer nicht ruhig und gefasst ausdrückte. Ich platzte einfach mit meinen Emotionen heraus, unfähig, meine Empörung zurückzuhalten.

Ich sah die Sorge in deinen Augen. Vielleicht hast du dich gefragt, wie ich überhaupt im Iran leben konnte, wenn ich immer kurz vor dem nächsten Wutausbruch stand.

Ich will mich jetzt korrigieren, indem ich dir erläutere, warum ich mich so verhielt. Ich hatte immer das Gefühl, Baba, dass die Schriftsteller und Dichter im Iran, wie in vielleicht keinem anderen Land, wirklich nachempfinden konnten, was Rushdie durchmachte, da das Regime, das die Fatwa gegen ihn erlassen hatte, dasselbe war, das uns zensierte, einsperrte, folterte und sogar tötete. Jetzt, kurz vor dem dreißigsten Jahrestag der Fatwa, möchte ich mit dir noch einmal auf sie zurückkommen. Es mögen drei Jahrzehnte vergangen sein, aber das, was die Fatwa im Kern ausmacht – die Feindseligkeit von Tyrannen gegenüber der Fantasie und Ideen –, ist so aktuell wie eh und je. Und das nicht nur in Diktaturen wie dem Iran, sondern auch in Demokratien wie Amerika.

ICH GLAUBE NICHT, DASS du *Die satanischen Verse* je gelesen hast. Ich habe sie zum ersten Mal etwa ein Jahr nach dem Erlass der Fatwa gelesen, im Iran, dank meiner guten und mutigen Freundin in London, Shiva, die das Buch bei einem Besuch nach Teheran schmuggelte. Ich habe es gerne gelesen und mochte besonders Rushdies schelmisches Spiel mit Worten, wie er ihnen Leben einhaucht, einem Kind gleich, das Seifenblasen pustet und dabei zusieht, wie sie in alle Richtungen davonschweben. Ich glaube, das Hauptthema der *satanischen Verse* wird im Buch selbst durch den Dichter Baal ausgedrückt: »WAS FÜR EINE ART IDEE BIST DU? Gehörst du zu der Art, die Kompromisse eingeht, die Abkommen trifft, sich an die Gesellschaft anpasst, bestrebt ist, eine Nische zu finden, um zu überleben? Oder bist du der sture, verflucht rücksichtslose, stocksteife Typ von Idee, der lieber zerbricht als sich nach dem Wind dreht? Von jener Art, die höchstwahrscheinlich in neunundneunzig von hundert Fällen zerschmettert werden wird, aber im hundertsten Fall die Welt verändert?«

Du, Baba jan, würdest dieses Buch mögen. Es geht nicht um bequeme Klischees, sondern um Ideen, die die Welt hinterfragen, stören und verändern wollen – was nicht nur das Schreiben, sondern auch das Lesen desselben so gefährlich macht. Und genau das lässt ein solches Buch auch so unerträglich für tyrannisches Denken sein. Im Grunde wird auf diese Weise jedes große Werk der Fantasie zu einer Bedrohung. Die Fantasie lässt sich nicht beherrschen und reglementieren; sie ist frei und eigensinnig und verweigert sich den Zwängen einzelner Ideologien.

Und dann sind da noch die phantasmagorischen Figuren, die in jener magisch-realistischen Welt leben und leiden, die Rushdie für sie erschaffen hat. Es muss ihm großen Spaß bereitet haben, die zwei Protagonisten der *satanischen Verse* zu erfinden, beides indische Schauspieler mit muslimischem Hintergrund: Gibril Farishta, ein Bollywood-Superstar, und Saladin Chamcha, der sich von seinen indischen Wurzeln abgewandt hat und als Synchronsprecher in England arbeitet. Als wir den beiden begegnen, ist ihr entführtes Flugzeug gerade über dem Ärmelkanal explodiert, und wie durch ein Wunder überleben die beiden nicht nur, sondern sind auch von Grund auf verwandelt. Gibril wird zum Erzengel Gabriel, wobei seine Verwandlung (zumindest teilweise) ein Symptom seiner Schizophrenie ist, während Saladin Hufe und Hörner wachsen und er sich in den Teufel verwandelt. Er wird verhaftet und im Polizeigewahrsam von den Beamten misshandelt, die ihn für einen illegalen Einwanderer halten.

Ich wünschte, du hättest das Buch gelesen, da du dann verstanden hättest, was der Ayatollah nicht begriff, als er Rushdies Roman als antiislamisch verurteilte: Die anstößigen Stellen des Romans sind die Halluzinationen und Träume von Gibril, nicht Rushdies eigene Sicht. In Gibrils Traumsequenzen taucht ein Geschäftsmann namens Mahound – eine Anspielung auf Mohammed – auf, und in einem Bordell in einer Stadt namens Jahilia nehmen Prostituierte die Namen der Frauen des Propheten an, um ihr Geschäft anzukurbeln. Jahilia, was auf Arabisch »Unwissenheit« bedeutet, ist auch eine Bezeichnung für die vorislamische Zeit, in der die Menschen noch nichts von der Gnade Gottes und seines Propheten wussten.

Rushdie, lieber Baba, wurde nun also wegen seiner Darstellung des Propheten Mohammad der Blasphemie bezichtigt, wo doch jedem einigermaßen vernünftigen

Leser klar sein muss, dass nicht er, Salman Rushdie, Mohammed so sieht, sondern seine Figur, der betrunkene, schizophrene Gibril. Zudem wird Mahound gar nicht als besonders anstößig beschrieben, sieht man einmal davon ab, dass er menschlich und fehlbar ist und – wie einige Kritiker anmerkten – ein wenig an die Christusfigur in Scorseses Film *Die letzte Versuchung Christi* erinnert.

Mir geht es darum, Baba jan, dass *Die satanischen Verse* eine von einem Verrückten erdachte Welt und einen Ort darstellen, wo Glaube, Ethik und Erkenntnis nicht existieren; wo niemand der ist, der er vorgibt zu sein, sondern jeder nur eine erfundene Version seiner selbst ist; wo Charakter und Moral nicht von Belang sind; wo sich verkommene Herrscher hinter dem guten Namen anderer verbergen; und wo die Namen der Frauen des Propheten für Geschäftstricks missbraucht werden. Alles in dieser Welt ist eine Parodie und ein böser Schatten der realen Welt. Rushdie hat immer betont, dass es in den *satanischen Versen* nicht um den Islam gehe, sondern um »Migration, Metamorphose, gespaltene Persönlichkeiten, Liebe, Tod, London und Bombay«. Er stellt klar, dass es sich um einen Roman handelt, »der eigentlich eine Geißelung des westlichen Materialismus darstellt. Und zwar in einem komischen Ton.«

Das Buch übt also weniger Kritik am Islam oder am Propheten als am westlichen Materialismus und Kommerzialismus und ebenso an Klerikern wie Ayatollah Khomeini, die sich in der Nachfolge des

Propheten sehen und seine Rolle beanspruchen. In dem Buch gibt es einen Kleriker, der an Ayatollah Khomeini erinnert, »einen bärtigen, beturbanten Imam«, der in London im Exil lebt und auf dem Rücken von Gibril in seine Heimat fliegt, als die Revolution gegen das verwestlichte Regime ausbricht. In einem Zeitungsartikel für *The Guardian* hatte Rushdie kurz vor der Fatwa geschrieben: »Ein mächtiger Stamm von Klerikern hat den Islam übernommen, das ist die zeitgenössische Gedankenpolizei.«

ES IST JETZT SCHON etwas später am Vormittag. Nachdem ich dir eine Weile geschrieben hatte, habe ich eine Pause eingelegt, um meine Freundin Shirin, die im Iran lebt, über WhatsApp anzurufen. Du erinnerst dich sicherlich an Shirin. Du hast sie oft gesehen und mit ihr gesprochen, und als ich in die Vereinigten Staaten zurückgekehrt war, erzählte sie mir, dass du regelmäßig Kontakt mit ihr hattest. Du hast sie in dein Büro eingeladen, um mit ihr Kaffee zu trinken und zu reden. Ich habe jetzt zum dritten Mal vergeblich versucht, sie anzurufen. In den letzten Tagen trieb mich eine alte Angst um: Es gibt eine neue Protestwelle im Iran, auf die das Regime mit brutaler Gewalt reagiert.

Auslöser der Proteste war die plötzliche Erhöhung des Preises für Erdöl um fünfzig Prozent, doch schon bald kamen politische Forderungen dazu, bis hin zum Sturz des Regimes und der Absetzung des Obersten Führers. Besonders besorgniserregend muss für das

Regime sein, dass sich Menschen aus allen Schichten, besonders auch aus dem Mittelstand und den unteren Schichten, im ganzen Land an den Protesten beteiligen. Wie in den Medien und von Menschenrechtsorganisationen berichtet wird, ist die Reaktion des Regimes brutal und rücksichtslos; es lässt von staatseigenen Gebäuden herab in die Menge und auf fliehende Demonstranten schießen, und es wurde sogar berichtet, dass aus einem Hubschrauber heraus das Feuer eröffnet wurde. Hunderte Menschen wurden bereits getötet, und es gibt Berichte, dass das Regime die Toten und Verletzten verschleppt, um die tatsächlichen Zahlen zu vertuschen. Die Familien der Opfer haben nicht nur keinerlei Informationen darüber, wo sich ihre Angehörigen befinden, sondern werden mitunter sogar aufgefordert, die Kosten für die Munition oder zerstörtes Staatseigentum zu übernehmen – was auch früher schon eine Praxis des Regimes im Umgang mit politischen Gegnern war.

Obwohl ich weiß, dass die Staatsführung die Internetdienste im Iran abgeschaltet hat, um den Nachrichtenfluss ins Ausland zu stoppen, versuche ich weiterhin, meine Freundin anzurufen, als könne ich durch eine Art Magie eine Verbindung zu ihr herstellen. Es tut mir so leid, Baba, dass wir immer, wenn wir über den Iran sprechen, über Gewalt und Unterdrückung sprechen. Bei mir kommen natürlich noch Schuldgefühle hinzu, da ich hier in Sicherheit vor den Kugeln lebe und trotz der Angst und des Schmerzes, die ich immer im Hinterkopf habe, mein normales Leben führe. Mehr als zwanzig Jahre lebe ich schon nicht mehr im Iran, aber das Schuldgefühl ist so stark, als hätte ich das Land gerade erst verlassen.

ICH HABE DARÜBER NACHGEDACHT, Baba, was es für mich bedeutet, dass ich in einer säkularen, liberalen muslimischen Familie aufgewachsen bin. Deine Version von Religion war voller Liebe und Toleranz, eine Art poetische Vision. Ich erinnere mich, dass du mir erzählt und auch in dein Tagebuch an mich geschrieben hast, wie du in jungen Jahren gegen den religiösen Fanatismus rebelliert hast, von dem einige deiner Verwandten durchdrungen waren – besonders ein Onkel von dir, der dich auf den Pfad der Tugend führen wollte. Ich habe noch seinen Brief an dich. Du hattest zu ihm gesagt, du könntest nicht daran glauben, dass von den Milliarden Menschen auf der Welt nur die paar, die der Glaubensgemeinschaft deines Onkels angehörten, in den Himmel kämen. Du hattest erklärt, dass Religion für dich Liebe bedeute, worauf er dich beschuldigte, den Ideen der »abtrünnigen Sekte« der Sufis anzuhängen! Die Sufis werden heute vom islamischen Regime unterdrückt und verfolgt, weil sie daran glauben, dass der einzelne Mensch direkt mit Gott kommunizieren kann, ohne dass es dazu eines Mittlers bedarf. Ihre Gebetshäuser wurden zerstört, ihre Mitglieder verhaftet, gefoltert und teils sogar umgebracht.

Ich erinnere mich noch gut daran, wie du zu mir mit einer Spur Ehrfurcht in der Stimme sagtest, dass alle

Propheten Wunder vollbracht hätten, um zu beweisen, dass sie tatsächlich Gesandte Gottes seien, und dass Mohammeds Wunder das Wort war: Koran. Mir ist deine Erklärung immer im Gedächtnis geblieben, dass in einer Zeit, in der die Araber die Schönheit und sprachliche Eleganz ihrer Gedichte rühmten, das Wunder des Korans darin bestand, dass er sie alle übertraf. Erinnerst du dich, Baba, wie du zu mir sagtest: »Weißt du, Mohammad war Analphabet, und Gottes Geschenk an ihn war Erkenntnis durch Poesie«? Ich habe seitdem auf schmerzliche Weise gelernt, dass es auch ganz andere Versionen und Auslegungen des Islam gibt als deine, wie zum Beispiel die des Ayatollah Khomeini. Und ich kann mich im Fall des Iran nicht des Gefühls erwehren, dass die Religion zu einer Art Opfer wurde, missbraucht als politische Ideologie, um die staatliche Macht zu sichern.

ICH ERSPARE ES MIR – und vor allem dir – zu erklären, warum *Die satanischen Verse* nicht islamfeindlich sind; das Buch enthält seine eigene Rechtfertigung. Ebenso wie Harold Bloom bin ich der Meinung, dass es über »politische und religiöse Überlegungen« hinausgeht und dass sein Zweck »weder darin besteht, den Islam oder seinen Propheten zu verherrlichen noch ihn zu beleidigen, sondern darin, eine bezaubernde Geschichte zu erzählen und das Schöne mit dem Seltsamen zu verbinden«. Worum es ganz grundsätzlich geht, ist das schiere Existenzrecht dieses Buches – ein Recht, das Demokratien in ihrem Kern ausmacht. Ich glaube, du würdest mir zustimmen, dass literarische Fiktionen genau dadurch gekennzeichnet sind, *dass* sie Fiktionen sind und auch als solche behandelt werden sollten. Wenn wir die Grenzen zwischen literarischer Fiktion und der Realität verwischen oder literarische Fiktionen dafür missbrauchen, eine bestimmte Agenda durchzusetzen, sei sie politisch, religiös oder persönlich, wird es gefährlich. Das totalitäre Denken verwischt diese Grenzen bewusst und zwingt dann seinerseits der Realität des Volkes, in dessen Namen es spricht und handelt, die eigenen Fiktionen und Mythen auf. Man begegnet einem solchen Denken allerdings nicht nur in autoritär regierten Ländern und Diktaturen, sondern auch in Demokratien – am deutlichsten in Amerika, wo Trump die Realität durch seine Lügen und Trugbilder ersetzt.

SEIT ICH VON DEN Protesten und der brutalen Reaktion des islamischen Regimes gehört habe, überkommen mich dieselben Gefühle wie zu der Zeit, als ich in Teheran lebte. Damals wachte ich oft mitten in der Nacht auf, bekam keine Luft, hatte Herzrasen und Beklemmungen, als würde ich die Islamische Republik nie wieder verlassen können – kein Zurück! In manchen Nächten hatte ich Halluzinationen und meinte, eine Erscheinung zu sehen, die mir aus einer dunklen Ecke des Zimmers zuwinkte. Viele Nächte lag ich wach und las noch einmal meine Lieblingsbücher, vor allem Krimis.

Und jetzt kehren hier in Washington, Tausende Kilometer vom Iran entfernt, die nächtlichen Erscheinungen zurück, und ebenso die schlaflosen Nächte. Man kann der Islamischen Republik nicht entfliehen. Ich stelle mir die Opfer der jüngsten Proteste vor, hauptsächlich junge Menschen. Und die Geister aus meiner eigenen Vergangenheit holen mich wieder ein: meine beiden jüngeren Cousins, die, am Rande sitzend, still und fasziniert den Gesprächen von uns älteren Geschwistern und Verwandten lauschten. Meistens lächelten sie, als teilten sie ein Geheimnis. Oder verbargen sie mit dem Lächeln ihre Unsicherheit, während wir mit großspuriger Naivität endlos über Jean-Paul Sartre und Albert Camus diskutierten?

Wie konnten wir wissen, dass die zwei mit dem schüchternen Lächeln einige Jahre später wegen der Mitgliedschaft in einer militanten Widerstandsgruppe verhaftet und hingerichtet werden würden?

Und dann gab es noch die ehemaligen Genossinnen und Genossen aus der iranischen Studentenbewegung in Amerika, in der auch ich aktiv war. Sie gehörten zu einer anderen, militanteren Gruppierung als ich. Kurz nach der Revolution 1979 glaubten sie, dass sie einen Volksaufstand gegen das Regime anführen könnten, und gingen zurück in den Iran. Für ihren Idealismus bezahlten sie mit dem Leben. Während ihrer Zeit in Amerika hatten wir uns fast täglich getroffen, aber als ich dann auf die Zeitungsfotos von ihren Schauprozessen starrte und davon hörte, wie sie gefoltert und schließlich hingerichtet wurden, wurde mir bewusst, wie wenig wir im Grunde voneinander gewusst hatten.

ICH HABE WIEDER EINE Pause eingelegt, erneut vergeblich versucht, Shirin in Teheran zu erreichen, und mir dann einen Kaffee gekocht. Ich habe ihn am Wohnzimmerfenster getrunken und den Fluss beobachtet. Gestern hat es ununterbrochen geregnet, darum hat er heute eine etwas schlammige Farbe, wobei er in der so willkommenen Sonne trotzdem leuchtet. Mir fällt ein, dass Salman Rushdie schon vor der Veröffentlichung der *Satanischen Verse* im Iran eine große Leserschaft hatte. Zwei seiner früheren Bücher, *Mitternachtskinder* und *Scham und Schande*, waren im Iran sehr erfolgreich, und *Scham und Schande* wurde mit dem wichtigsten Preis des Landes für die beste Übersetzung ausgezeichnet. Es waren also nicht nur Schriftsteller und Intellektuelle, die über die Fatwa empört waren, sondern auch ganz normale iranische Leserinnen und Leser, die seine Bücher mochten. Mir fiel auch wieder ein, dass du noch vor der Fatwa *Mitternachtskinder* gelesen hattest, da du wissen wolltest, was die ganze Aufregung sollte. Ich sagte zu dir, dass mich das Buch an einen meiner Lieblingsromane aus dem 18. Jahrhundert erinnerte, *Tristram Shandy* von Laurence Sterne. Sowohl Rushdie als auch Sterne, erklärte ich, seien schelmenhafte Schriftsteller. »Ja«, sagtest du, »ich verstehe, was du meinst.«

»Aber«, fügtest du hinzu, »ein hoher Preis für ein Schelmenstück.«

Mehr als drei Jahrzehnte nach der Fatwa ist Rushdies Buch aktueller denn je. 1989 sagte er, dass er oft gefragt werde, was er denn nun sei, Inder, Pakistaner oder Engländer. In dieser Frage, so Rushdie, offenbare sich das Unbehagen der Fragenden angesichts »pluraler Identitäten«. Mit den *Satanischen Versen* wolle er zeigen, dass wir damit zurechtkommen müssen. »Wir leben zunehmend in einer Welt von Migranten, deren Identitäten aus Teilen und Fragmenten von hier und dort zusammengesetzt sind. Wir sind jetzt hier und haben die Orte, an denen wir vorher waren, nie ganz verlassen.« Die migrantische Erfahrung – verwirrend, fragmentiert und manchmal beängstigend – ist ein Hauptthema der *Satanischen Verse*. In gewisser Weise hat das Buch die einwanderungsfeindliche Stimmung in den Vereinigten Staaten vorweggenommen, der Trump seine Präsidentschaft verdankte.

ALS DIE FATWA VERKÜNDET wurde, hatte ich gerade wieder zu lehren begonnen, sieben Jahre nachdem ich von der Universität Teheran verwiesen worden war, weil ich mich geweigert hatte, den vorgeschriebenen Schleier zu tragen. Wie du ja weißt, gab es vor der islamischen Revolution an den Universitäten keine Geschlechtertrennung, und Frauen konnten über ihre äußere Erscheinung selbst bestimmen. All das änderte sich in der Islamischen Republik. Wie in der Gesellschaft insgesamt gab es jedoch auch an den

Universitäten immer wieder Phasen, in denen die Vorschriften etwas gelockert wurden, wenn auch nie für lange Zeit. Als ich wieder zu lehren anfing, befanden sich die Universitäten gerade in einer liberaleren Phase, und ich entschied mich, an der liberalsten Universität des Iran zu unterrichten.

Ich erinnere mich noch gut daran, wie glücklich du über meine Entscheidung warst. Insbesondere erinnere ich mich daran, dass du zu mir sagtest, Regime wie die Islamische Republik würden uns dazu bringen, uns von der Welt und anderen Menschen zurückzuziehen, und dass wir kreativ sein müssten, um neue Wege der Interaktion zu finden. Die Lehre schien dir dafür besonders geeignet. Als ich mich darüber beklagte, dass die Universitätsleitung und die islamischen Organisationen einen ehrlichen und offenen Umgang mit den Studierenden verbieten würden, sagtest du mit großer Gewissheit, fast diebischer Freude, dass ich schon einen Weg finden würde, derartige Gebote zu unterlaufen. Du sagtest: »Leute wie du sind weitaus intelligenter und erfinderischer als sie. Dir wird schon etwas einfallen, wie du sie überlisten kannst.« Vielleicht weißt du es nicht mehr, aber ich habe das nie vergessen. Du fügtest hinzu: »Wer weiß, vielleicht macht es ja sogar Spaß.« Dein Lächeln dabei kann man nur als schelmisch bezeichnen!

Unterrichten war für mich immer eine freudige und befreiende Tätigkeit, nach meiner Rückkehr an die Universität war die Freude jedoch getrübt. Trotz der Zusicherung größerer Offenheit wurde ich fast wöchentlich ins Büro des Dekans der Fakultät für Literatur und Sprachen zitiert, um für ein neues Vergehen gerügt zu werden: dass ich meinen Schleier nicht richtig tragen, im Seminar über verbotene Dinge sprechen, mit den Studierenden zu informell und persönlich umgehen, anstößige Gastredner für Vorträge einladen würde. Unter diesen Umständen war es undenkbar, über die »Rushdie-Affäre« im Seminar oder andernorts öffentlich zu sprechen.

Um die lähmende Wirkung von Frustration und Wut zu vermeiden, versuchte ich, in meinem Tagebuch über die Fatwa in einem historischen Kontext nachzudenken. Ich verfolgte sie schließlich 2400 Jahre zurück bis zu Platons *Der Staat*, dem ersten Text, in dem ein Philosophenkönig den Dichter aus dem Staat verbannt, und der ersten Beschreibung des fortwährenden Krieges zwischen den Machthabern und denjenigen, die die Wahrheit über sie aussprechen.

Ich habe *Der Staat* zum ersten Mal in meinem dritten Studienjahr an der University of Oklahoma gelesen. Übrigens, Baba jan, kommt fast immer, wenn ich hier in den USA erwähne, dass ich an der University of Oklahoma studiert habe, die Frage: »Wie um alles in der Welt bist du in Oklahoma gelandet? Ein iranisches Mädchen, das englische Literatur an der University of Oklahoma studiert?!« Ich erzähle ihnen dann, dass ich im Alter von achtzehn Jahren einen Mann geheiratet hatte, der dort studierte. Ich war die einzige Ausländerin im Fachbereich Englisch und genoss die Seminare sehr. Und ich entdeckte dort – nebenbei bemerkt – auch die Schönheit von Glühwürmchen und roter Erde. Viele sind überrascht, wenn ich ihnen erzähle, wie liberal diese Universität damals war und dass die Studierenden sich in den verschiedensten Protestbewegungen engagierten, auch in der Antikriegsbewegung. Einmal haben wir sogar das Präsidium besetzt!

Jedenfalls habe ich Platon zum ersten Mal bei Professor James Yoch gelesen, in einem Seminar mit dem Titel »Hintergründe der Renaissance«. Erinnerst du dich an Professor Yoch? Du hast ihn zusammen mit Mutter kennengelernt, als ihr mich einmal in Norman in Oklahoma besucht habt. Ich habe mich von Anfang an über *Der Staat* geärgert, auch wenn ich rückblickend zugestehen will, dass meine Reaktion etwas extrem war. Was mich am meisten störte, war Sokrates' Urteil, dass der homerische Dichter als »ein Nachahmer [...] gewissermaßen drei Stufen abwärts vom König und der Wahrheit« in seinem Idealstaat keinen Platz hat. Wie, so fragte ich, sollte ein Staat ohne die beiden auf Fantasie gründenden menschlichen Fähigkeiten – nämlich Neugier und Empathie – überleben? Ohne die Fantasie kämen nicht nur die Literatur und die Künste zum Erliegen, sondern auch die Wissenschaft. Ich empfand es als Ironie, dass Platon seine strenge Verurteilung der Dichter mit großer literarischer Meisterschaft und einem besonderen Talent für gelungene Metaphern vortrug.

Professor Yoch war amüsiert über meine Reaktion, und die meisten meiner Kommilitoninnen und

Kommilitonen verstanden die Aufregung nicht – mit einer Ausnahme: Dan. Auch er fand Platons *Der Staat* der Aufregung wert, war aber überzeugt, dass ich mit meinen unbeherrschten und leidenschaftlichen Einwänden gegen den Text falschläge. Wenn Dan eines nicht ertragen konnte, dann war es Unbeherrschtheit; seine oberste Maxime war Ordnung. Alles an Dan war untadelig, von den sorgfältig zugeknöpften Cordhemden bis zur ordentlich sitzenden Frisur. Stundenlang diskutierten wir beim Kaffee über Platon; unsere Meinungsverschiedenheiten über *Der Staat* hatten zu einer Art Verbundenheit geführt, die nicht zuletzt dadurch gefestigt wurde, dass er sich nie durch meine hitzig und wütend vorgebrachten Argumente aus der Ruhe bringen ließ. Dan bewunderte Platon. Wenn es einen Autor oder eine Autorin gab, die er noch mehr liebte und verehrte, dann war es die Schriftstellerin Ayn Rand, deren souverän-überlegene Romanfiguren Dan für die Gesundheit und das Wohlergehen eines Landes als unverzichtbar betrachtete. (*Gesundheit* war sein Lieblingswort in Bezug auf die ideale Gesellschaft.)

Einmal grübelte ich bis spät in die Nacht über Sokrates' Beschreibung der »edlen Lüge« in *Der Staat* nach. Platon schwebt ein »wohlgeordneter Staat« vor, mit dem Philosophenkönig an der Spitze. Du wirst dich daran erinnern, dass Sokrates zur Stabilisierung des Staates die edle Lüge vorschlägt, die den einfachen Bürgern als eine Art »Medizin« verabreicht werden solle, damit sie nicht auf falsche Ideen kommen und den Philosophen die Herrschaft erleichtern. Dieser Lüge zufolge besteht der Staat aus einer naturgegebenen Hierarchie. An der Spitze stehen in dieser Geschichte die Wächter/Philosophen, denen Gott, als er sie erschuf, Gold beimischte und die allein zum Regieren geeignet sind. Unter ihnen stehen die Gehilfen oder Krieger, denen Silber beigemischt wurde, und ganz unten schließlich die Bauern und Handwerker, denen Eisen und Erz beigemischt wurde.

Ich verstand auf einmal, warum Sokrates' Staat den Dichtern und Geschichtenerzählern so feindselig gegenüberstand, Baba jan. Es gibt in einer solchen Hierarchie keinen Platz für Dichter, die dem »unvernünftigen Teil« der Seele »zu Willen« sind, dem »niedrigen Teil der Seele«. Sie sind zu nichts nütze, können nicht regieren und machen die Menschen nicht tugendhafter. Und schlimmer noch, ihre Erzählungen bergen die Gefahr, »in unseren Jünglingen [...] den ungehemmten Trieb zur Schlechtigkeit [zu] erzeugen«. Nach Platon sorgen »Homer und die übrigen Dichter« für Verwirrung, und »je dichterischer es ist, umso weniger darf es von Knaben und Männern gehört werden, die der Freiheit zugetan sein und die Knechtschaft mehr fürchten müssen als den Tod«. Klingt bekannt?

Ich fand Platons Argumente gegen den Dichter lächerlich und kam am nächsten Tag gut gerüstet mit Gegenargumenten ins Seminar. Dan meldete sich in der Sitzung nicht zu Wort, lud mich aber danach zu einem Kaffee in Ernie's Diner ein, einen beliebten

Treffpunkt auf dem Campus. Wir saßen uns auf orangefarbenen Lederbänken in einer Nische gegenüber, und bei Kaffee und Donuts erläuterte Dan seine Ansichten über die edle Lüge, wie ich ihr komplexes Wesen missverstünde und wie notwendig sie sei, um die unbeherrschte Bevölkerung im Zaum zu halten. Dan mochte Sokrates' Idee des wohlgeordneten Staates und hielt es für richtig, den Staat auf einer Hierarchie zu gründen, an deren Spitze der Philosophenkönig stand.

Ich war anderer Meinung und beharrte darauf, dass Sokrates' Einteilung der Bürger in drei Kategorien auf der Grundlage der edlen Lüge kompletter Unsinn sei. Zunächst einmal impliziert der Begriff »edle Lüge«, dass sie nicht wahr ist, und dazu im schlechtesten Sinne des Wortes elitär. Dan begann einen Vortrag darüber, warum gewöhnliche Menschen die Führung und Weisheit überlegenerer Wesen bräuchten, ohne die die Gesellschaft im Chaos versinken würde. Er erklärte dann, dass es auf der einen Seite eine schlechte Art der Lüge gäbe und auf der anderen Seite die edle Lüge, die von den weisen Philosophen erzählt würde. Diese Lüge, das wüsste ich ja, wenn ich Platon richtig gelesen hätte, sei wie eine Medizin für die Gesellschaft und ihre Bürger, und nur zu ihrem Besten. Jede Regierung, sagte er, auch die demokratischer Staaten, beruhe auf irgendwelchen Mythen, auf einer Version der edlen Lüge. Dans gelassene Rechtfertigung der edlen Lüge und seine Zitate aus den Romanen von Ayn Rand hatten etwas Beunruhigendes. Ebenso beunruhigend war, wie meine ganze Aufmerksamkeit Platons *Staat* und Ayn Rand galt, deren Figuren, obwohl ich über sie lachte, mich sowohl abstießen als auch obsessiv beschäftigten.

Ich konnte damals, als ich bei Ernie's über zahllosen Tassen Kaffee in ernste Diskussionen mit Dan vertieft war, nicht ahnen, dass ich nur wenige Jahre später, nach meiner Promotion, ausgerechnet dann in den Iran zurückkehren sollte, als die Islamische Revolution ausbrach. Dass ich in einer zeitgenössischen theokratischen Version von Platons *Staat* leben würde. Als ich Platon in der Islamischen Republik erneut las, dachte ich an Dan und seinen Vorwurf und erkannte, dass ich die Komplexität von Platons Ideen nicht wirklich verstanden hatte. Wenn ich heute an unsere freundschaftlichen Diskussionen zurückdenke, wird mir klar, dass Sokrates' Argumente mich dazu gebracht hatten, sie zu hinterfragen, nachzudenken und nochmals zu überdenken, auch wenn ich gegen sie war. Ich erkenne mittlerweile auch, wie außergewöhnlich es war, dass Dan und ich trotz unserer gegensätzlichen Auffassungen in der Lage waren, mit großer Toleranz und Wertschätzung für die Meinung des jeweils anderen, so viele anregende Diskussionen zu führen. Seine Einschätzung von Platons *Staat* lehne ich allerdings auch heute noch ab, und meine Einwände gegen Sokrates' Sicht auf die Dichter sind so stark wie eh und je.

Vielleicht sind der Philosophenkönig und der Dichter schon immer dazu bestimmt gewesen, in

Konflikt miteinander zu geraten. Für mich bestehen daran kaum Zweifel, Baba jan, da ich es sowohl in der Islamischen Republik als auch in Amerika erlebt habe. Es geht um zwei gegensätzliche Sichtweisen auf die Welt, von denen die eine darauf abzielt, Macht auszuüben und sie um jeden Preis zu erhalten, während die andere diese Macht ständig infrage stellt und zu untergraben versucht. Sobald man den wohlgeordneten hierarchischen und statischen Zustand des Staats hinter sich lässt, betritt man die laute, überfüllte, chaotische und (da taucht das Wort wieder auf) schelmische Welt des Dichters, in der einem die Vielschichtigkeit in die Quere kommt und es von Widersprüchen wimmelt. In der Welt des Dichters sind die Helden nicht unfehlbar, und alles ist von Zweifeln und Doppeldeutigkeiten durchzogen. »Geh aufs Ganze«, rät uns Rushdie, als Dichter, in *Heimatländer der Phantasie* und fügt hinzu: »Versuch immer, mehr zu tun, als du kannst. Verzichte auf die Sicherheitsnetze. Hol tief Luft, bevor du anfängst zu reden. Greif nach den Sternen. Immer nur lächeln. Sei grausam. Streite mit der Welt. Und vergiss nie, dass Schreiben uns die Möglichkeit gibt, Tausende von Dingen festzuhalten – Kindheit, Gewissheiten, Städte, Zweifel, Träume, Augenblicke, Sätze, Eltern, Lieben –, die uns wie Sand durch die Finger zu rinnen drohen.« Die edle Lüge ist ein Sicherheitsnetz, eine Technik, uns in die Schranken zu weisen. Rushdie als Dichter würde uns raten, darauf zu verzichten und »grausam« zu sein. Was bleibt dem König schon anderes übrig, als die

Dichter und Geschichtenerzähler aus seinem Staat zu vertreiben? Und was bleibt dem Dichter anderes übrig, als die Macht des Philosophenkönigs zu untergraben, indem er die Wahrheit sagt?

Lieber Baba, wir wissen nicht, ob Ayatollah Khomeini jemals Platon gelesen hat. Dass Trump ihn nicht gelesen hat, können wir mit Sicherheit sagen, und es käme auch niemand auf die Idee, ihn als Philosophenkönig zu bezeichnen oder ihm tiefes philosophisches Denken zu unterstellen. Aber Trump und Khomeini denken in den gleichen Mustern, bedienen sich der gleichen Argumente und handeln auf gleiche Weise. Und wir wissen auch, dass Salman Rushdie sich der gleichen Vergehen schuldig gemacht hat wie der Dichter, der vor so langer Zeit aus dem Staat verbannt wurde.

Wie auch immer wir diese Figur nennen, ob »Philosophenkönig«, »Obersten Führer«, »Führer«, »Vater der Nation« oder »Mr President«, in der Sache bleibt es das Gleiche. Lange schon ist es kennzeichnend für Dichter, Denker, Künstler, Musiker, Schriftsteller, Wissenschaftler und Journalisten, dass sie sich gegen die Macht auflehnen; die Meinungs- und Redefreiheit ist ihnen ein natürliches Anliegen, sie liegt in ihrer DNA. »Was ist Meinungsfreiheit?«, fragt Rushdie in *Heimatländer der Phantasie* und ergänzt: »Sie existiert nicht ohne die Freiheit zu verletzen.« In den *Satanischen Versen* erklärt eine Figur, die Aufgabe des Dichters bestehe darin, »das Unbenennbare zu benennen, Betrug aufzudecken, Stellung zu beziehen,

Auseinandersetzungen in Gang zu bringen, die Welt zu gestalten und sie am Einschlafen zu hindern«. Die eine Seite setzt die edle Lüge in die Welt, um Ordnung und Macht zu erhalten; die andere Seite versucht, die Lüge mittels der Kunst durch die beunruhigende und subversive Wahrheit zu ersetzen.

JETZT IST ES BEREITS später Nachmittag. Ich habe nochmals eine Pause eingelegt und versucht, im Iran anzurufen. Anscheinend funktioniert das Internet wieder, aber nicht überall. Wie immer checke ich alle paar Stunden die Nachrichten über den Iran. Mehrere Hundert Menschen wurden getötet und Tausende verhaftet, aus ihren Häusern und vom Arbeitsplatz verschleppt, ohne dass ihre Familien wissen, wo sie jetzt sind oder was mit ihnen geschehen ist. Khamenei, der Oberste Führer, soll befohlen haben, die Proteste »mit allen Mitteln« zu beenden.

Ich habe mehrmals versucht, Shirin über WhatsApp zu erreichen, ohne Erfolg. Dann erhielt ich eine Sprachnachricht von ihr, dass das Internet seit Kurzem wieder funktioniere und daher wahrscheinlich überlastet sei. In einem sarkastischen Ton sagte sie, ich solle mir keine Sorgen machen, alles sei in Ordnung und unter Kontrolle. »Also wirklich *unter Kontrolle*«, wiederholte sie mit einem kurzen Lachen. Ich trinke weiter Kaffee und versuche, in Teheran anzurufen – ich sollte etwas Beruhigenderes als ausgerechnet Kaffee trinken. Wie geht man mit einem System um, Baba, dessen einzige Reaktion auf jegliche Form des

Widerstands in Gewalt und Unterdrückung besteht? Wie geht man damit um, wenn eben dieses System über die Waffen verfügt und nicht zögert, sie einzusetzen? In solchen Zeiten fühle ich mich immer sehr fremd in Amerika, wo es nur wenige Menschen zu kümmern scheint, was in anderen Teilen der Welt vor sich geht. Viele hier wollen nicht wahrhaben, dass solche Grausamkeiten tatsächlich stattfinden, und auch hier stattfinden können. Wenn wir die Häftlinge in Abu Ghraib oder Guantanamo derart brutal behandeln, sind wir auch dazu fähig, mit unseren »inneren Feinden« auf die gleiche Weise zu verfahren.

Rushdie scheint einen Umgang mit seinem Schicksal gefunden zu haben, indem er weiterschreibt und dadurch bis zu einem gewissen Grad die Kontrolle über sein Leben behält. Man hat ihm für einige Zeit seine Bewegungsfreiheit genommen und ihn gezwungen abzutauchen, aber seine Stimme, seine Worte hat man nicht unterdrücken können.

UND SO BIN ICH jetzt also hier, in den Vereinigten Staaten von Amerika, Ende 2019, und denke wieder an Platon, seinen Sokrates und wie der Philosophenkönig mit dem Dichter im Streit liegt. Zu meiner eigenen Bestürzung reagiere ich seit den Wahlen 2016 oft in ähnlicher Weise auf die Nachrichtenlage und auf Trump wie früher im Iran in Bezug auf Ayatollah Khomeini. Ich ertappe mich dabei, wie ich Trump und seinen Verbündeten laut widerspreche, wenn ich sie im Fernsehen reden höre, wie ich mich aufrege, den

Raum verlasse und ihm sogar vernichtende Briefe schreibe.

Ich weiß, ich weiß: Trump ist nicht Ayatollah Khomeini, und Amerika ist nicht der Iran. Und doch teilt Trump mit Khomeini ein bestimmtes Denken, eine bestimmte Haltung. Ich sehe hier im Moment ähnliche Entwicklungen, ähnliche Muster. Meine Hoffnung liegt darin, dass Amerika immer noch eine demokratische Gesellschaft ist mit demokratischen Institutionen, die sich Trump und seiner Regierung widersetzen können.

Wir beide haben die überschwängliche und ungebrochene Begeisterung nie vergessen, mit der viele Iraner Ayatollah Khomeini 1979 bei seiner Rückkehr in den Iran begrüßten, nachdem er für fünfzehn Jahre im Exil leben musste, weil er Demonstrationen gegen Schah Mohammad Reza Pahlavi initiiert hatte. Wie könnten wir es auch vergessen? Seine Rückkehr fiel mit dem Sturz des Schahs zusammen und beendete 2500 Jahre Monarchie im Iran. Du hattest recht, als du meintest, dass viele von Khomeinis Anhängern keine Ahnung hätten, wer der Mann wirklich sei und was er mit dem Iran vorhabe. Sie folgten nur dem blinden Wunsch, das alte System abzuschaffen, ohne jede Vorstellung davon, was an seine Stelle treten sollte. Glaubst du nicht auch, dass es bei den meisten politischen Umstürzen einen bestimmten Moment gibt, an dem die Menschen ihre individuelle Stimme verlieren und eins werden, an dem eine Art Blindheit ihre Sinne lähmt, und dass das der entscheidende

Moment ist, in dem sich das tyrannische Denken durchsetzen und dominant werden kann?

Wir haben früher oft über solche Fragen gesprochen und versucht zu verstehen, warum und auf welche Weise diese Revolution Erfolg hatte. Es lag nicht nur daran, dass das islamische Regime von Anfang an jeder Opposition mit Gewalt begegnete und Angst verbreitete. Es lag auch daran, dass viele, vor allem aus der politischen und intellektuellen Elite des Landes, das Regime entweder unterstützten oder schwiegen. Es machte uns beide fassungslos, wie viele Leute die Augen vor den unheilvollen Anzeichen des Kommenden verschlossen: die Morde und Hinrichtungen, der Umgang mit Frauen und Minderheiten, die Einführung rückschrittlicher und brutaler Gesetze anstelle der bestehenden fortschrittlichen. Als das neue Regime Angehörige der abgelösten Regierung hinrichten ließ – oder Unschuldige, die zu Unrecht der Zusammenarbeit mit der alten Regierung beschuldigt wurden –, schwiegen viele, und die Mehrheit der politischen Organisationen und Gruppen innerhalb und außerhalb des Iran, darunter auch einige Linke, unterstützte die Maßnahmen des islamischen Regimes. Nach und nach wurden oppositionelle Gruppen und Einzelpersonen, Dissidenten, die sich für die Menschenrechte einsetzten, Frauen, die auf die Straße gingen, um ihre abgeschafften Rechte einzufordern, und ethnische und religiöse Minderheiten zum Schweigen gebracht, inhaftiert, gefoltert und getötet. Irgendwann fing das

Regime dann an, gegen die eigenen Leute vorzugehen, und die Gefängnisse füllten sich mit Abtrünnigen, die einst glühende Anhänger von Ayatollah Khomeini gewesen waren.

Es gibt Fragen, lieber Baba, die offen bleiben: Was wäre passiert, wenn wir den Wahnsinn nicht hingenommen hätten? Wenn wir nicht geschwiegen und uns mitschuldig gemacht hätten? Unsere Geschichte hält einige Lehren bereit für Menschen, die in demokratischen Gesellschaften leben und die schleichenden, heimtückischen Gefahren für eine offene Gesellschaft nicht wahrnehmen. »Wie konnte so etwas im Iran passieren?«, fragen sie in aller Unschuld. Als Antwort könnte man sie fragen: »Wie konnte es zu Trump in Amerika kommen?« Wir dürfen nicht die Augen davor verschließen, was derzeit in vielen demokratischen Gesellschaften, auch in den Vereinigten Staaten, passiert.

Trumps Aufstieg zur Macht in Amerika ähnelte in gewisser Weise dem Aufstieg Khomeinis im Iran. Trump erkannte eine Chance. Gleichzeitig waren viele Menschen mit dem Zustand des Landes zutiefst unzufrieden und hatten kein Vertrauen ins politische Establishment. Er hat es verstanden, die Aufmerksamkeit der Medien auf sich zu ziehen und ihr beharrliches Interesse an seiner Person zum eigenen Vorteil zu nutzen. Wir fanden seine Eskapaden und Clownerien unterhaltsam, und so entging uns, was tatsächlich passierte, und zwar schon seit vielen Jahren: das Umsichgreifen einer Unternehmermentalität, eines Nützlichkeitsdenkens und die Konzentration allein auf das Geld, die Vernachlässigung staatsbürgerlicher Pflichten, der wachsende Zynismus und das fehlende Vertrauen – all das zusammen hat zu der heutigen Situation geführt. Khomeini, könntest du einwenden, war kein Clown, und du hättest damit natürlich recht, aber auch er hypnotisierte die Menschen mit seinem Gerede über Gott und Spiritualität.

LIEBER BABA, DU HATTEST keinen Zugang zu meinen Texten und Büchern, nachdem ich den Iran verlassen hatte und in Amerika lebte. Was ich schrieb, erfuhrst du nur von Freunden oder durch meine Interviews für Voice of America und die BBC. Du weißt also vielleicht nicht, wie oft ich in den letzten Jahren darüber geschrieben und gesprochen habe, dass nicht nur totalitäre Gesellschaften, sondern auch Demokratien totalitäre Züge aufweisen können. Ihre Entstehung mag plötzlich und unerwartet scheinen, in Wirklichkeit aber haben sie ihre Wurzeln in schon länger bestehenden Schwächen. In solchen Zeiten wird uns einmal mehr bewusst, wie wichtig die Fantasie und Ideen für die Gesundheit und das Wohlergehen einer demokratischen Gesellschaft sind. Darum komme ich immer wieder auf Rushdies Werk und seinen Konflikt mit dem Ayatollah zurück. Wir brauchen den Dichter und seine Fähigkeit, den gegenwärtigen Zustand fortwährend zu hinterfragen, uns aus unserer Bequemlichkeit aufzurütteln, uns dazu zu bringen, die Welt mit den Augen anderer zu sehen und zu versuchen, Erfahrungen zu verstehen, die nicht unsere eigenen sind. Als Gegenstück zu den Lügen, die wir von Trump und seinem Gefolge zu hören bekommen, brauchen wir die Wahrheiten, die wir in literarischen Werken finden. Doch leider sind viele hierzulande entweder gleichgültig gegenüber der Fantasie und den Ideen oder fordern von Kunst und Literatur, dass sie ihrer eigenen Vorstellung der Realität zu gehorchen haben.

Auch aus diesen Gründen sollte man Platons *Der Staat* mehr als einmal lesen – insbesondere einen Abschnitt, den Dan und ich damals außer Acht ließen. Es geht um das berühmte Höhlengleichnis, ein schönes Beispiel für erweiterte Metaphern innerhalb des Textes. Findest du es nicht auch paradox, dass Platon, der den Dichter aus seinem Staat verbannte, sein literarisches Talent so gekonnt dazu einsetzte, seine Leser zu überzeugen und seine Argumente zu untermauern?

Ich bin mir nicht sicher, Baba, wie gut du dich an *Der Staat* erinnerst. Sokrates erzählt das Höhlengleichnis zu Beginn des siebten Buches. Er erzählt seinem Gesprächspartner Glaukon, Platons älterem Bruder, von einem Volk, das »in einer unterirdischen Wohnstätte« lebt. Sie sind an Hals und Beinen gefesselt und können sich nicht bewegen, nicht einmal den Kopf drehen. Das Einzige, was die Gefangenen sehen können, ist die leere Rückwand der Höhle. Hinter ihnen und weit oben in der Ferne brennt ein Feuer, und zwischen den Gefesselten und dem Feuer befindet sich eine Mauer, »ähnlich der Schranke, die die Gauklerkünstler vor den Zuschauern errichten«, hinter der Menschen entlanglaufen und »steinerne und hölzerne Bilder und Menschenwerk verschiedenster Art« vorbeitragen, die über die Mauer hinausragen. Durch den Schein des Feuers werden die Schatten der vorbeigetragenen Gegenstände auf die Rückwand der Höhle geworfen, wo die Gefangenen sie sehen können. Diese Schattenbilder stellen für die Gefangenen die gesamte Wirklichkeit dar, eine andere Vorstellung von der Außenwelt haben sie nicht. Sie sind an diese Welt gewöhnt und mit ihrem Leben dort sogar zufrieden. Bis hierhin ist es die Allegorie eines Volkes, das im Dunkel der Unwissenheit lebt, in einer Welt, die von Schatten bevölkert ist.

Jetzt aber stelle man sich vor, dass einer der Gefangenen von seinen Fesseln befreit würde, die Höhle verlässt und draußen das Feuer sieht. Es geht ihm dort jedoch nicht gut; das Licht des Feuers blendet ihn und schmerzt in den Augen. Würde dieser Mensch, dessen Augen vom Licht des Feuers schmerzen, so fragt Sokrates Glaukon, nicht lieber wieder in die Höhle zurückkehren? Nach dem Dunkel der Unwissenheit wirkt das Licht der Erkenntnis zunächst schmerzhaft. Doch der Gefangene durchläuft einen qualvollen und schwierigen Prozess, gewöhnt sich erst an das Licht des Feuers und wagt es zuletzt, sogar die Sonne unmittelbar anzusehen, die Quelle des Lichts und der Schatten. Es wird eine Weile dauern, bis sich seine

Augen an die Sonne und damit an die Wahrheit gewöhnt haben. Nun stelle man sich weiter vor, so Sokrates, er stiege wieder hinab in die Höhle und würde dort versuchen, die Gefangenen von seiner Erkenntnis der wirklichen Welt hinter den Schatten zu überzeugen. Die Gefangenen werden aber wütend auf ihn und halten ihn für gefährlich. Sie wollen weiter bequem im Dunkel ihrer Unwissenheit leben und fürchten sich davor, vom Licht der Wahrheit geblendet zu werden. Sokrates fragt Glaukon: »Und wenn sie den, der es etwa versuchte, sie zu entfesseln und hinaufzuführen, irgendwie in ihre Hand bekommen und umbringen könnten, so würden sie ihn doch auch umbringen?« Glaukon darauf: »Sicherlich.«

Es gibt einen inneren Widerspruch zwischen Platons Suche nach der Wahrheit und seinem Eintreten für die edle Lüge. Wenn ich heute *Der Staat* lese, ist für mich eine der Lehren des Buches für die Gegenwart, dass es nicht stimmt, dass wir alle für die Freiheit der Erkenntnis eintreten, denn sie hat einen hohen Preis. Sie ist mit Schmerz und Einsamkeit verbunden; sie verlangt Einsatz und Verantwortung.

Der verführerischste Aspekt einer totalitären Gesellschaft ist die Sicherheit, die sie bietet. Die Wahrheit ist unbequem, und Diktatoren entlassen uns aus der Verantwortung, ihr zu dienen. Man kann wohl mit Sicherheit sagen, dass die meisten von Trumps Anhängern in Amerika ihn nicht etwa deshalb unterstützen, weil sie ihn für einen ehrenwerten Mann halten oder von seinem umfassenden Wissen über

Außenpolitik beeindruckt sind. Sie schätzen vielmehr das Gefühl der Sicherheit durch sein Versprechen, das Land wie ein Unternehmen zu führen (materielle Sicherheit), und empfinden die Vorstellung als tröstlich, dass er Amerika »wieder groß« machen wird (ideelle Sicherheit).

HEUTE NACHMITTAG WÄHREND EINER Kaffeepause rief ich wieder in Teheran an und habe endlich Shirin erreicht. Als sie jetzt am Telefon war, haben mir plötzlich die Worte gefehlt. Ich habe sie nur immer wieder fragen können, ob es ihr und ihrer Familie gut gehe. Mit einem ironischen und verbitterten Ton in der Stimme erzählte sie mir, wie »sicher« und »gesund« sie seien – so sicher, fügte sie hinzu, dass sie nicht einmal das Haus verlassen könnten, um Brot einzukaufen. Was könne das Regime schon dafür, wenn sich die Leute draußen in Gefahr begäben; dann seien sie halt selbst schuld, sagte sie in gespielt ernstem Ton. Was habe diese junge Frau, Golnar Samsami, denn dort auf der Straße gemacht, als sie auf ein Taxi wartete?, fragte sie. Sei es etwa die Schuld des Schützen, wenn sie dort in der Schusslinie stehe? Und dann dieser dreizehnjährige Junge – die Kinder sind heutzutage so unvorsichtig, dass sie es geradezu herausfordern.

Wer nicht durch ihre Kugeln getötet würde, meinte sie, würde bald an der Luftverschmutzung sterben; die Schulen seien darum bereits geschlossen, und die Menschen blieben fast die ganze Zeit in ihren Wohnungen. Auf die eine oder andere Weise, fügte sie nach einer Pause hinzu, würden sie alle umbringen, sei es durch Gewalt, Inkompetenz oder Korruption. Während ich mir ein künstliches Lachen abrang, kehrten die alten Schuldgefühle und Sorgen zurück: Ich war in Sicherheit, und meine Freunde waren – noch – am Leben. Aber was ist mit der jungen Frau, dem dreizehnjährigen Jungen und all den anderen, die nicht so viel Glück hatten?

PLATONS ZWEITAUSEND JAHRE ALTE Darstellung der Notwendigkeit der Wahrheit und der Schwierigkeit, sie zu erkennen, ist seither durchgehend ein Thema literarischer Werke. Ich glaube nicht, Baba, dass du Ray Bradburys dystopischen Roman *Fahrenheit 451* gelesen hast, der erstmals 1953 erschien und heute wieder auf den Bestsellerlisten steht. In *Fahrenheit 451*, das in einem Amerika der Zukunft spielt, in dem Bücher verboten sind und »Feuerwehrmänner« alle Bücher verbrennen, die sie noch aufspüren können, begegnen wir den Insassen von Platons Höhle, nur in anderer Gestalt. Die meisten Figuren in Bradburys Klassiker sind zwar physisch frei und ohne Fesseln – aber auch sie nehmen nur das wahr, was das System für sie vorsieht; sie leben lieber in einer Welt der Schatten als in der realen Welt.

In demokratischen Gesellschaften greifen wir normalerweise nicht auf physische Gewalt zurück, um Andersdenkende zum Schweigen zu bringen, sondern wenden dafür andere Formen von Gewalt an: Vorurteile, Zensur und Verleumdung. Totalitarismus geht grundsätzlich mit einer rigiden Ideologie einher, die die Welt in zwei gegensätzliche Lager teilt: die Guten und die Bösen. »Will man verhindern«, sagt Beatty, der Feuerwehrchef in *Fahrenheit 451*, »dass es politisch Missvergnügte gibt, sorge man dafür, dass der Mensch nicht beide Seiten einer Frage kennenlerne, nur die eine. Oder noch besser gar keine.« Wir werden auf diese Weise vor den Zweifeln, Schwierigkeiten und Widersprüchen bewahrt, die wir auszuhalten haben, wenn wir individuelle Entscheidungen treffen und die Verantwortung für sie übernehmen. Wie die Gefangenen in Platons Höhle müssen wir so das grelle Licht der Sonne nicht ertragen.

Baba jan, ich habe mittlerweile großes Verständnis dafür, dass du zwar zeitlebens ein politischer Mensch warst, dabei aber alle politischen Ideologien ablehntest. Eine Ideologie braucht immer einen erfundenen Feind, um ihre Anhänger zu begeistern und auf Zack zu halten und die Gegner einzuschüchtern und zu lähmen. Wie wir im Iran so schmerzlich erfahren mussten, scheint es ein Leichtes, Feinde zu erfinden, wenn man die Welt in Schwarz und Weiß einteilt. In *Fahrenheit 451* sind die gefährlichsten Gegenstände Bücher. Bücher kennen keine Grenzen, sie wecken neue Sehnsüchte und unerwartete Leidenschaften, sie werfen mehr Fragen auf, als sie Antworten geben. Sie stellen die unbeherrschte Welt mit all ihren Widersprüchen und Schwierigkeiten dar, eine Welt, die das totalitäre Denken bedroht, weil sie sich seiner Kontrolle entzieht.

In der Welt von *Fahrenheit 451* gilt jeder, der sich weigert, seine illegalen Bücher auszuhändigen, als Wahnsinniger und Staatsfeind, und die Regierung hat einen mechanischen Spürhund entwickelt, der beim Aufspüren und Töten der Rebellen hilft. Wie der Gefangene, der Platons Höhle verlässt, wird ein Feuerwehrmann namens Guy Montag, dessen Aufgabe es ist, die Häuser der Bücherbesitzer in Brand zu stecken, einen schmerzlichen Prozess der Erkenntnis durchlaufen. Sein erster Kontakt mit der Welt jenseits der Höhle findet durch die Begegnung mit seiner Nachbarin Clarisse McClellan (nach eigener Aussage »siebzehn und nicht ganz bei Trost«) statt. Bei ihren wenigen Treffen öffnet Clarisse Montag allmählich die Augen für die Möglichkeit einer anderen Welt. Durch sie lernt er wieder, mit seinen Sinnen wahrzunehmen: den Geschmack des Regens zum Beispiel, die Farben des Grases und der Blumen. Montag hatte verlernt, die Welt zu sehen, zu hören, zu schmecken, zu tasten und zu spüren.

»Manchmal glaube ich, die Automobilisten wissen überhaupt nicht, was das ist, Gras oder Blumen, weil sie nie langsam daran vorbeikommen«, sagt Clarisse. »Wenn man einem Autofahrer etwas Grünverwischtes zeigte, würde er sagen: ›Ja, das ist Gras.‹ Etwas Rötlichverwischtes? ›Das ist ein Rosengarten.‹« Sie macht dem Feuerwehrmann die Gewalt bewusst, der sie unterworfen sind, die Geringschätzung des Menschseins und des menschlichen Lebens. Clarisse erzählt Montag, dass sie in der Schule von den anderen, die keine Fragen stellen, als asozial bezeichnet wird. Sie sagt: »Ich habe Angst vor meinen Altersgenossen. Sie bringen einander um. [...] Sechs meiner Freunde und Freundinnen sind allein im letzten Jahr erschossen worden. Zehn sind bei Autounfällen umgekommen.« Kurze Zeit später wird Clarisse von einigen dieser »Kinder«, die offenbar Spaß daran haben, Menschen zu überfahren, angefahren und getötet.

Ich muss dabei unweigerlich an eine weitere Art von Gewalt denken, die heute in Amerika weitverbreitet ist: die Amokläufe etwa in Schulen, Kirchen, Einkaufszentren, die diese Orte, an denen wir uns bislang sicher fühlten, hochgefährlich machen. Unser Sohn Dara war auf dem Campus der Virginia Tech, als dort 2007 ein Amoklauf stattfand. Ich weiß noch, wie mir an dem Morgen, während ich die Nachrichten verfolgte und versuchte, Dara auf dem Handy zu erreichen, immer wieder der Gedanke kam, dass mein Mann und ich es zwar geschafft hatten, für die Sicherheit unserer Kinder während eines Krieges und einer Revolution zu sorgen, nicht aber hier in einer Kleinstadt in Amerika.

»Was uns nottut, ist nicht, verschont zu werden«, sagt Montag zu seiner Frau Mildred, »was uns nottut, ist, von Zeit zu Zeit richtig aufgestört zu werden. Wie lange ist es her, seit du richtig verstört warst? Aus einem triftigen Grund, einem wesentlichen Grund?« Das ist eine Frage, Baba jan, die sich jeder in Amerika stellen sollte. Montag fängt an, Fragen zu stellen, stiehlt dann Bücher und versucht, seine Frau und ihre

Freunde über ihre Situation aufzuklären. Als die Behörden anordnen, dass sein Haus abgefackelt werden soll, tötet er den Feuerwehrchef und begibt sich auf die Flucht, um sich schließlich auf dem Land einer Gemeinschaft von Bücherfreunden im Exil anzuschließen.

Totalitarismus wird oft mit extremen Schmerzen und brutaler Gewalt assoziiert. Die Welt von *Fahrenheit 451* ist davon nicht ausgenommen. Angst und Unsicherheit sind allgegenwärtig. Nachbarn, Freunde und Familienmitglieder spionieren sich gegenseitig aus und zeigen sich an. Aber kein System kann allein durch Angst regieren. Autoritäre Herrscher wenden dazu noch eine andere, subtilere Methode an: Sie verführen uns mit intellektueller und geistiger Bequemlichkeit.

Lieber Baba, immer wieder muss ich an unsere Gespräche darüber denken, wie Angst und Verführung sich ergänzen und zusammenwirken. Ich muss an Rushdies Zitat über den Dichter denken: »Die Aufgabe des Dichters ist es, das Unbenennbare zu benennen, Betrug aufzudecken, Stellung zu beziehen, Auseinandersetzungen in Gang zu bringen, die Welt zu gestalten und sie am Einschlafen zu hindern.« In *Fahrenheit 451* übernimmt der Staat das Denken für die Bürger und belohnt sie dafür, dass sie nicht denken. Sie geben die Verantwortung ab und können für ihr vorprogrammiertes Verhalten nicht bestraft werden. Wenn wir aufhören zu denken, liegt uns auch nichts mehr am Herzen. Und, wie Bradbury einmal gesagt hat, »bombardieren« wir »die Menschen mit Sinneseindrücken«, »und ersetzen damit das Denken«. Sobald wir der Verführung nachgeben, geben wir unseren freien Willen auf. Beatty, der Feuerwehrchef in *Fahrenheit 451*, sagt: »Bedenken Sie doch, dass es der Feuerwehr kaum bedarf. Die Leute haben von selber aufgehört zu lesen.« Wie sehr mich das, liebster Baba, an das Leben im heutigen Amerika erinnert.

Vor seiner Flucht lebt Montag in einer komfortablen Schattenwelt. Statt mit Büchern sind drei der vier Wände in Montags und Mildreds Wohnzimmer von oben bis unten mit riesigen Fernsehbildschirmen bedeckt, über die das Publikum mit interaktiven Spielen unterhalten wird. Mildred ist, wie die meisten Bewohner ihrer Stadt, süchtig nach diesen Spielen und nach ihrer TV-»Familie« und freut sich auf den Tag, an dem sie sich die vierte »Fernsehwand« im Wohnzimmer leisten können. Baba jan, da du das heutige Amerika nicht kennst, kannst du dir nicht vorstellen, wie präzise das die alltägliche Realität hierzulande beschreibt. Nicht nur Zensur stellt eine Gefahr für das Wohl einer Gesellschaft dar, sondern auch die Geistlosigkeit, die durch das ständige Verlangen nach Unterhaltung und Sensationsgier entsteht; der Wunsch, an der Oberfläche zu bleiben und die Komplexität und die Schwierigkeiten zu vermeiden, die unweigerlich mit dem eigenen Denken und der Fantasie einhergehen.

Wie vorausblickend Bradbury war, verdeutlicht ein Zitat von ihm aus dem Jahr 1953, kurz vor Erscheinen des Buches: »Als ich den kurzen Roman *Fahrenheit 451* schrieb, dachte ich, ich würde eine Welt beschreiben, die in vier oder fünf Jahrzehnten Realität werden könnte. Aber erst vor ein paar Wochen gingen eines Abends in Beverly Hills ein Mann und eine Frau mit ihrem Hund an mir vorbei. Ich stand da und starrte ihnen fassungslos hinterher. Die Frau hielt in einer Hand ein kleines, zigarettenschachtelgroßes Radio, dessen Antenne zitterte. Von ihr gingen winzige Kupferdrähte aus, die in einem zierlichen Kegel endeten, der in ihrem rechten Ohr steckte. Da ging sie, ohne Notiz zu nehmen von Mensch und Hund, lauschte den fernen Winden, dem Flüstern und dem Soap-Opera-Geplärre, schlafwandelnd, und ließ sich von einem Ehemann, der genauso gut nicht hätte da sein können, die Bordsteine hinauf- und hinunterhelfen. Das war *keine* literarische Erfindung.«

Heute, Baba jan, fast sieben Jahrzehnte nach Erscheinen des Buches, sind die Geräte, über die Bradbury so besorgt war, zu einem festen Bestandteil unseres Lebens geworden: Während wir durch die Straßen gehen, in Restaurants essen und uns mit Freunden treffen, hängen wir ständig an unseren iPhones, ohne das Leben um uns herum wahrzunehmen. Hat Bradbury damals eine Zukunft vorausgesagt, in der die Geräte zu Erweiterungen nicht nur unseres Körpers, sondern auch unseres Geistes werden würden? Wir beide haben nie über die virtuelle Realität gesprochen, die nach deinem Tod so allgegenwärtig wurde. Meiner Ansicht nach sind die virtuelle Realität und das Internet nutzbringend, solange sie unser Leben bereichern. Sie werden jedoch zu einer Gefahr, wenn sie die faktische Realität ersetzen, wenn wir das Reale zugunsten des Virtuellen aufgeben.

Wir brauchen gar keinen obersten Führer, um unserer hart erkämpften Freiheiten beraubt zu werden. Wenn wir aufhören zu lesen, bereiten wir der Verbrennung von Büchern den Weg; wenn wir indifferent werden, wird jemand anders die Macht ergreifen; wenn Stellung für uns mehr zählt als Charakter und wir Reality-Shows oder die virtuelle Welt der Realität selbst vorziehen, dann bekommen wir die Sorte Politiker, die wir verdienen.

Lieber Baba, meine Sorge ist, dass die zunehmende Polarisierung und stetig wachsende Abhängigkeit von der virtuellen Realität verhindern, dass wir echte Verbindungen zu anderen Menschen und der realen Welt aufbauen. Dieser Mangel an Verbundenheit entmenschlicht nicht nur andere, sondern auch uns selbst.

VIELLEICHT WILLST DU WISSEN, wie die Geschichte ausgeht und ob für eine Gesellschaft, wie Bradbury sie beschreibt, überhaupt Hoffnung besteht. In seiner Gemeinschaft von Buchliebhabern im Exil, umgeben von den Geräuschen und Gerüchen der Natur, hört Montag das unheilvolle Geräusch von Düsenjets am Himmel, Vorboten des Bombardements, das die Stadt bald auslöschen und fast die gesamte Bevölkerung töten wird. Die Rebellen scheinen sich derweil auf die Zukunft vorzubereiten, in der sie die durch Krieg und

totalitäre Herrschaft zerstörte Welt neu aufbauen wollen. Jeder von ihnen hat zu diesem Zweck ein Buch auswendig gelernt, sodass es auch dann bewahrt wird, wenn alle Bücher physisch vernichtet werden.
Das Vergessen ist ein Komplize des Todes, und Bücher waren schon immer die Hüter unseres Gedächtnisses. Jetzt wird der Mensch zum Hüter der Bücher. »Lesen«, sagte Ray Bradbury in einem Interview, »bildet das Zentrum unseres Lebens. Die Bibliothek ist unser Gehirn. Ohne die Bibliothek gibt es keine Zivilisation.«

LIEBSTER BABA, SEIT DER Fatwa sind drei Jahrzehnte vergangen. Ich glaube weiterhin, dass einzelne Tyrannen wieder verschwinden, die Tyrannei aber Bestand haben wird, wenn wir nicht die richtigen Mittel finden, sie zu bekämpfen. Es ist leicht, zu einer Kopie des Tyrannen zu werden, wie er zu reden und zu handeln und den Gegner zu entmenschlichen, aber genau das vermeidet Rushdie, trotz aller Gewalt, die ihm angetan wurde. Auch die Rebellen in *Fahrenheit 451* widerstehen dieser Versuchung. Sie konzentrieren sich auf etwas, auf das auch du dich konzentriert hast: Selbsthinterfragung und Selbstkritik. Einer von ihnen, den alle nur Granger nennen, sagt zu Montag: »Wir haben alle Fehler gemacht, wie es sich gehört, sonst wären wir nicht hier. Als jeder noch für sich war, hatten wir nichts als unsere Wut.« Auch wenn Wut ganz zu Recht unsere erste Reaktion auf Grausamkeit und Korruption ist, müssen wir über diese Reaktion hinausgelangen. »Das Wichtigste indessen, das wir uns einhämmern mussten«, sagt Granger, »war das Bewusstsein unserer Unwichtigkeit; es durfte keine Gelehrteneitelkeit aufkommen, wir durften uns nicht über andere erhaben fühlen.« Es gehe vielmehr darum, betont er, sich zu erinnern, Bücher auswendig zu lernen, damit sie bald wieder geschrieben werden könnten, und zunächst sich selbst zu reflektieren und Selbstkritik zu üben, anstatt lange über die nachzudenken, vor denen sie geflohen sind. »Auf jetzt«, sagt Granger zu Montag, »zuerst gehen wir und bauen eine Spiegelfabrik und stellen ein Jahr lang nichts als Spiegel her, um uns ausgiebig darin zu betrachten.« Diese Zeilen passen so gut zu deiner Denkweise, Baba. Ich wünschte wirklich, du hättest *Fahrenheit 451* gelesen.

EINE SACHE NOCH, BABA jan, bevor ich diesen Brief beende: Als ich über den Konflikt zwischen dem Philosophenkönig und dem Dichter schrieb, fiel mir wieder eine Begebenheit aus meiner Zeit in der Islamischen Republik ein. Du erinnerst dich, dass das islamische Regime nach der Revolution die Statuen des Schahs und seines Vaters gestürzt hatte und die Straßen und Plätze, die ihre Namen trugen, umbenannt wurden. Das Regime wollte damals auch die Statue unseres großen Epikers Ferdausi stürzen, der über die vorislamische, ruhmreiche Zeit des Iran und seine Könige geschrieben hatte, und auch die Straße umbenennen, die den Namen des agnostischen

Dichters und Astrologen Omar Khayyam trug. Doch die Liebe der Menschen zu diesen Dichtern zwang die Behörden zum Einlenken. Und nicht nur das: Jahrzehnte nach der Revolution musste das Regime seine Niederlage eingestehen und feierlich des Dichters gedenken, dessen Statue es zu stürzen versucht hatte.

Khomeini konnte den König stürzen, aber nicht den Dichter. Mit den Worten von Shakespeare:

Nicht Marmor, nicht das Gold an Königssäulen
Kann überdauern dieses Reimes Macht.

Du wirst mir sicher zustimmen, dass Ferdausi weder an die Güte der Welt noch an die der Könige glaubte; er glaubte an seine Lyrik und beendete das *Schāhnāme* mit diesen Worten:

Ich habe das Ende dieser großen Geschichte erreicht,
Und das ganze Land wird von mir sprechen:
Ich werde nicht sterben, diese Saat, die ich gesät habe,
wird meinen Namen und mein Ansehen aus dem Grab retten,
und Menschen mit Verstand und Weisheit werden verkünden, wenn ich gegangen bin, mein Lob und meinen Ruhm.

In Liebe,
Babas Tochter,
Azi

DER ZWEITE BRIEF:

HURSTON, MORRISON

26. DEZEMBER 2019 BIS 30. JANUAR 2020

Liebster Baba,

heute Morgen bin ich kaum aus dem Bett gekommen, obwohl ich schon um fünf Uhr wach war. Ich habe das Licht angeknipst und noch mal einzelne Passagen aus Zora Neale Hurstons Autobiografie *Ich mag mich, wenn ich lache* gelesen. Aber ich konnte mich nicht konzentrieren. Ich habe mich ganz benommen und ängstlich gefühlt, fast am Rande einer Panikattacke. Dann bin ich aufgestanden, ganz vorsichtig, als würde ich meine eigene Hand halten wie die eines gebrechlichen Menschen, und bin in die Küche, wo ich mir einen Kaffee gekocht habe. Auf dem Esstisch lagen einige vergrößerte Fotos von Demonstrantinnen und Demonstranten, die bei den Novemberprotesten im Iran, von denen ich in meinem letzten Brief geschrieben habe, getötet wurden. Sie waren alle jung und sahen auf schmerzliche Weise lebendig aus, diese mir jetzt vertrauten Fremden, die durch ihren Tod den Weg in mein Esszimmer gefunden haben.

Die Fotos waren für eine Mahnwache vergrößert worden, an der Bijan und ich gestern Abend teilgenommen haben, zum Gedenken an die Ermordeten, vierzig Tage nach ihrem Tod. Die Zahl der Toten ist schwer zu bestimmen. Amnesty International weiß von mindestens 304 getöteten Menschen, Reuters berichtet von 1500. Die genaue Zahl werden wir nie wissen; das Regime hat die Familien der Opfer davor gewarnt, mit den Medien auch nur zu sprechen. Vielleicht hatte mein merkwürdiger Zustand heute Morgen noch mit der Erfahrung von gestern Abend zu tun. Wir waren eine kleine Gruppe von Leuten, die sich am Dupont Circle in D.C. versammelt hatten. Darunter auch Ladan, die Frau meines Cousins Abdi; die beiden sind seit zwanzig Jahren sehr gute Freunde von uns. Wahrscheinlich hast du Ladans Vater, Abdorrahman Boroumand, gekannt. Er war ein enger Vertrauter von Schapur Bachtiar, dem letzten Premierminister unter dem Schah. Wie Bachtiar wurde auch er 1991 vor seiner Pariser Wohnung von Agenten des islamischen Regimes erstochen. Ladan und ihre Schwester Roya haben ein Menschenrechtszentrum gegründet, das den Namen ihres Vaters trägt. Immer wieder haben sie betont, dass es ihrer Organisation nicht um Rache, sondern um Gerechtigkeit gehe.

Für Ende Dezember ist es ein ungewöhnlich milder Abend gewesen, einer dieser Tage mit winterlich gefärbtem Himmel, aber frühherbstlichen Temperaturen, was sich wegen der Diskrepanz zwischen dem, was man sieht, und dem, was man spürt, verwirrend anfühlt. Während der Mahnwache habe ich immer wieder daran denken müssen, wie sehr sie sich von unseren Mahnwachen und Protesten im Iran unterschied, wo man jederzeit die Gewalt des Regimes und seiner Miliz fürchten musste. Die Mahnwache hier war friedlich und ruhig, meine untergründige Angst nur ein Relikt der Erfahrungen im Iran.

Später sind Bijan, Ladan und ich in eins unserer Lieblingsrestaurants gegangen, wo Abdi schon auf uns wartete. Aber ich bin das Gefühl der Hoffnungslosigkeit, der Niedergeschlagenheit, die Gedanken an die vielen Toten, Tausende Verletzten, Verhafteten und Verschwundenen nicht losgeworden. Wie oft sind Menschen in den letzten vierzig Jahren auf die Straße gegangen, um gegen das Regime zu protestieren? Mit jedem Mal nimmt die Zahl der Demonstranten zu, die Slogans werden radikaler, und doch schlägt das Regime die Proteste jedes Mal brutal nieder. Wofür dann das Ganze?

Lieber Baba, ich habe Shirin angerufen, um mit ihr darüber zu reden. Wir sind uns einig, dass, solange dieses Regime an der Macht ist, die Menschen protestieren werden und dass die Regierung wiederum versuchen wird, sie zu töten, und wir im Ausland Mahnwachen abhalten und demonstrieren werden. Sie sagt, die Bedeutung der Proteste liege weniger in der

Hoffnung auf einen Regimewechsel als vielmehr darin, den Ajatollahs vor Augen zu führen: Wir sind hier, und wir widersetzen uns euch. Und auch darin, sich selbst vor Augen zu führen, dass die im Land geschaffenen Lebensbedingungen nicht einfach hinzunehmen sind.

Um sechs Uhr früh habe ich wie jeden Morgen *Morning Joe* angeschaltet, habe aber heute nicht richtig hingehört. Die Nachrichten aus Trumps Amerika machen mich ohnehin nur noch nervöser, noch gereizter und frustrierter. Schon seit Langem bin ich zunehmend besorgt über die Richtung, in die sich das Land entwickelt. Ich habe darüber geschrieben und gesprochen und fühle mich mittlerweile nur noch erschöpft. Fast immer, wenn ich über den Iran spreche, kommt jemand zu mir und fragt mit Sorge und Mitgefühl in der Stimme, was sie oder er für »sie« tun kann, als ob es Diktatur und Totalitarismus nur anderswo geben könne – dort, aber nicht hier. Nur kann es sie sehr wohl hier geben, und vielleicht gibt es sie bereits.

ALS MITTEL GEGEN MEINE Enttäuschung und Verzweiflung möchte ich mit dir über Zora Neale Hurston und ihren Roman *Vor ihren Augen sahen sie Gott* sprechen. Was für eine großartige Frau. Am besten lässt sie sich mit ihren eigenen Worten beschreiben: »Nein, ich weine nicht über die Welt. Ich bin zu sehr damit beschäftigt, mein Austernmesser zu schärfen.« Ich empfand das immer als ein ermutigendes Statement;

mir gefällt der trotzige Ton. Als afroamerikanische Frau mit großen intellektuellen Ambitionen in der ersten Hälfte des zwanzigsten Jahrhunderts hätte Hurston allen Grund gehabt, »über die Welt zu weinen«, aber sie tat es nicht. Eine Frau ganz nach deinem Sinn, Baba jan, die manche als tollkühn bezeichnen würden, ich jedoch temperamentvoll und beherzt nenne. Ihr selbstbewusster Trotz und Ungehorsam sind in schwierigen Zeiten wie diesen genau das, was wir brauchen.

Wenn ich mich recht erinnere, haben viele auch *dich* als tollkühn oder temperamentvoll bezeichnet, je nachdem, wer es sagte. So wie es in deinen Memoiren klingt, warst du wohl zeitlebens stur, ein Rebell, ein Nonkonformist. Ich muss daran denken, wie du in der zehnten Klasse im Gymnasium den Protest gegen einen Lehrer, der ungerechte Noten vergeben hatte, angeführt hast und mit deiner Beschwerde bis zur regionalen Vertretung des Ministeriums für Bildung und Kultur gegangen bist. Ich kann mich noch lebhaft an deine Berichte erinnern, wie du als junger Mann deine Familie und deinen Heimatort verlassen hast, nach Teheran gezogen bist und dich für eine Frau und einen Lebensstil entschieden hast, den dein Vater missbilligte – und wie du später das Gefängnis und eine ungewisse Zukunft dem Leben in Freiheit und allen damit verbundenen Vorteilen vorgezogen hast. Du hast uns viele Geschichten über dich und andere erzählt, und ich habe sie mir immer bildlich vorgestellt. Sie sind ein Teil von mir geworden, als wäre ich bei den von dir so anschaulich beschriebenen Ereignissen körperlich anwesend gewesen.

Ich muss an deinen Freund Herrn Safipur denken, einen Journalisten, der einmal zu mir sagte: »Du hast zwei starrköpfige Eltern, aber auf unterschiedliche Weise starrköpfig. Dein Vater scheint eigentlich der Flexiblere zu sein. Dennoch war er lieber vier Jahre im Gefängnis, als einen Reuebrief zu schreiben, der ihm nicht nur zur Begnadigung, sondern auch zu einem lukrativen Posten und der reibungslosen Wiedereingliederung in die Gesellschaft verholfen hätte.«

MEIN GOTT, BABA JAN, schon so viele Jahrzehnte ist es her, dass du aufgrund erfundener Anschuldigungen und ohne Gerichtsverfahren vier Jahre lang in Untersuchungshaft saßt, und doch fühlt es sich für mich so an, als sei es gestern gewesen. Ich muss mir diese Zeit nicht ins Gedächtnis rufen, denn ein Teil von mir ist immer dort. Ich war damals noch eine Teenagerin, musste mich aber wie eine Erwachsene verhalten und so tun, als wäre ich nicht tief getroffen von dem, was dir widerfahren war. Ich ließ mir nichts anmerken. Die Wahrheit, die ich dir nie erzählt habe, war aber, dass ich Angst hatte und zutiefst erschüttert war. Eben noch warst du der jüngste und beliebteste Bürgermeister von Teheran: Du verkehrtest mit dem französischen Präsidenten, der dir den Orden der Ehrenlegion verlieh, mit dem König und der Königin von Dänemark, dem deutschen Bundeskanzler, den

Präsidenten der Sowjetunion und Indiens und dem Vizepräsidenten der Vereinigten Staaten. Und jetzt saßt du auf einmal im Gefängnis.

Nach deiner Verhaftung war unser Haus ein Treffpunkt für Freunde und Sympathisanten. Jeden Freitagmorgen kamen sie dort zusammen, tranken Mutters türkischen Kaffee, sprachen über dein Schicksal und tauschten Neuigkeiten und Klatsch aus. Eines Freitagmorgens, als ich mal wieder mit leerem Blick dasaß und dem Stimmengewirr lauschte, hatte dein wunderbarer alter Freund Herr Khalighi, der mich immer an eine freundliche und sanfte Krähe erinnerte, Mitleid mit mir und setzte sich zu mir, um einige meiner Fragen zu beantworten. Es wollte mir nicht einleuchten: Wenn mein Vater unschuldig war und die Anschuldigungen nicht stimmten, warum hatten sie ihn dann verhaftet?

Herr Khalighi versuchte mir zu erklären, warum du zugleich unschuldig sein und im Gefängnis sitzen konntest. Er sagte, du würdest für deinen »Starrsinn« bezahlen. »Dein Vater«, sagte er, »hat viele gute Eigenschaften, aber er ist nicht für die Politik geschaffen; er ist zu starrköpfig.« Er sagte, dass du bereits seit deinen Anfangstagen als Bürgermeister Probleme mit dem Premierminister und dem Innenminister gehabt hättest. Was dir eine Frage der Unabhängigkeit schien, hatten sie als starrsinnige Arroganz empfunden. Die Lage hatte sich zugespitzt, wie mir Herr Khalighi erzählte, als am 5. und 6. Juni 1963 Tausende von Menschen auf die Straße gingen, um für die Freilassung Ayatollah Khomeinis zu demonstrieren, der verhaftet worden war, weil er die Proteste gegen das Reformprogramm des Schahs, insbesondere das Frauenwahlrecht, angeführt hatte.

Der Premierminister habe dir, so erzählte es Herr Khalighi, am Tag vor der Demonstration mitgeteilt, dass man hart durchgreifen werde und du als Bürgermeister anzuordnen hättest, dass die Geschäfte geschlossen bleiben, die Krankenhäuser keine Demonstranten behandeln dürften und du selbst unter keinen Umständen den Dialog mit den Geistlichen suchen dürftest. »Dein Vater«, so Herr Khalighi, »hat sich über alle drei Anordnungen hinweggesetzt; er hat sogar die Geschäfte früher als üblich öffnen lassen, damit die Menschen ihre Einkäufe erledigen konnten, bevor sich die Straßen mit Demonstranten und Polizei füllten. Und das«, sagte er kopfschüttelnd, »hat sein Schicksal besiegelt. Ein paar Monate später haben sie ihn verhaftet.«

Deinem Freund zufolge wollten deine Feinde, dass du deine Lektion lernst, Reue zeigst und um Vergebung bittest. »Aber dein Vater«, so Herr Khalighi, »war zu starrköpfig und sagte, er wolle seinen Namen reinwaschen und im Gefängnis bleiben bis zu einem ordentlichen Prozess, bei dem er sich öffentlich zu den Anschuldigungen äußern und seinen guten Ruf verteidigen werde.« Später, als der Leiter des Geheimdienstes dir im Gefängnis einen freundlichen Besuch abstattete und dir mitteilte, dass du freigelassen würdest, wenn du einen Reuebrief schreiben würdest, habe ich deine Starrköpfigkeit verstanden. Stattdessen hast du einen Brief geschrieben, in dem du zu jedem Anklagepunkt Stellung bezogen hast und dich weigertest, das Gefängnis zu verlassen, bis du einen ordentlichen Prozess bekommen würdest und dich äußern könntest. Freunden und deiner Familie hast du erklärt: »Ich muss meinen guten Namen verteidigen, mehr habe ich nicht.« Und das hast du getan.

Laut deinem Journalistenfreund Herrn Safipur war für deine Gegner der Preis dafür, dich weiter in Haft zu halten, jedoch irgendwann höher als der des von dir geforderten Prozesses. Über deine Geschichte wurde nicht nur in den iranischen Medien, sondern auch außerhalb des Landes berichtet, unter anderem in einem Artikel in der *Washington Post*. Du kannst dir nicht vorstellen, wie wir uns fühlten, als du dich endlich, nach vier Jahren, in einer nicht-öffentlichen Verhandlung verteidigen konntest. Wir durften nicht anwesend sein, erfuhren aber später, dass du deine Verteidigung selbst übernommen und alle Anschuldigungen zurückgewiesen hast. Was war das für ein aufregender Moment, als wir hörten, dass du von allen Anklagepunkten freigesprochen worden warst, bis auf den Vorwurf der Befehlsverweigerung, worauf wir stolz waren. Ich vernahm es fast mit Bedauern, dass sie später auch diesen Anklagepunkt fallen ließen – Befehlsverweigerung war im Kontext deiner Verhaftung eher eine Auszeichnung als eine Schande.

Ich war und bin immer noch stolz auf dich, aber nach diesen vier Jahren hatte ich jegliches Vertrauen in politische Funktionäre verloren – ich wurde zu einer überzeugten Gegnerin der Führungsschicht. Deine Zeit im Gefängnis hat mir darüber hinaus jegliches Gefühl von Stabilität und Sicherheit genommen; ich habe mich nie wieder wirklich zu Hause gefühlt in den eigenen vier Wänden. Aber an entscheidenden Punkten in jeder Phase meines Lebens, auch, als ich politischen Organisationen angehörte, habe ich mich immer daran erinnert, wie wichtig es ist, starrköpfig zu bleiben, wenn die eigene Würde auf dem Spiel steht.

ALS ICH, ZURÜCK IN Amerika, wieder amerikanische Literatur las, war ich besonders fasziniert davon, wie amerikanische Autorinnen und Autoren aus den am stärksten marginalisierten Mitgliedern der Gesellschaft die Helden und Heldinnen ihrer Bücher schufen.
Zu den vielen Bereicherungen der amerikanischen Kultur durch afroamerikanische Schriftstellerinnen und Schriftsteller gehört auch die Fülle neuartiger Romanfiguren, mit denen diese die Leserschaft beschenkt und so den Horizont nicht nur der Literatur, sondern auch der Realität erweitert haben:
Ralph Ellisons unsichtbarer Mann, James Baldwins Protagonisten Rufus Scott und John Grimes, die von Zora Neale Hurston erschaffene Figur Janie Crawford, Bigger Thomas von Richard Wright, Pecola Breedlove von Toni Morrison und viele andere.

Ich möchte mit dir über zwei dieser Figuren sprechen, Pecola Breedlove aus Morrisons *Sehr blaue Augen* und Janie Crawford aus *Vor ihren Augen sahen sie*

Gott. Beide Figuren sind als Reaktion auf einen besonders perfiden Lebensumstand zu verstehen, dem afroamerikanische Menschen unterworfen waren und den James Baldwin in einem Brief an Angela Davis aus dem Jahr 1970 sehr gut auf den Punkt gebracht hat: »Amerikas Triumph – der schon immer zugleich Amerikas Tragödie war«, schreibt er, »besteht darin, dass schwarze Menschen sich irgendwann tatsächlich selbst verachten.« Man sieht sich vor die Frage gestellt: Wie reagieren wir, wenn eine äußere Kraft versucht, uns unseres Selbstbildes zu berauben und zu einem Gebilde ihrer Fantasie zu machen? Sowohl *Sehr blaue Augen* als auch *Vor ihren Augen sahen sie Gott* stellen unter anderem eine Reaktion auf diese Form von Selbstverachtung dar, die nicht nur afroamerikanischen Bürgern, sondern allen unterdrückten Menschen aufgezwungen wird.

Und so kam es, dass ich intensiver über die Hauptfiguren von *Sehr blaue Augen* und *Vor ihren Augen sahen sie Gott* nachdachte. Pecola Breedlove und Janie Crawford, beide afroamerikanische Frauen, die aufgrund ihrer Hautfarbe und ihres Geschlechts Unterdrückung erfahren, sind zwei sehr unterschiedliche – fast gegensätzliche – Charaktere. Die eine ist ein Opfer, ohne jede Chance gegen das System, die andere eine unabhängige Frau, die dem System ihre Anerkennung verweigert.

Ich will mit Toni Morrison und Pecola Breedlove beginnen. Morrison ist erst vor wenigen Monaten gestorben, und wenn ich jetzt mit dir über ihr Werk spreche, kann ich damit auch um sie trauern und ihr Leben würdigen.

ICH WEISS NOCH GENAU, wann ich zum ersten Mal *Sehr blaue Augen* gelesen habe. Es war auf einer USA-Reise in den Neunzigerjahren. Du erinnerst dich, dass ich ab dem Winter 1989/90 bis 1997, als ich endgültig in die USA umzog, dort immer wieder zu Besuch für Vorträge und Konferenzen war. Und sicher erinnerst du dich auch daran, dass mir 1979, kurz nach meiner Rückkehr in den Iran, der Reisepass abgenommen wurde, paradoxerweise wegen meiner regierungsfeindlichen Aktivitäten zu Zeiten des Schahs, und dass ich elf Jahre lang das Land nicht verlassen konnte. Für mich war das eine sehr emotionale Zeit, in der ich irgendwann zu glauben anfing, dass ich den Iran niemals wieder verlassen, geschweige denn nach Amerika zurückkehren könne. Du wirst nicht vergessen haben, wie ich bei dir über mein Schicksal geklagt habe und du mir immer wieder vergeblich klarzumachen versuchtest, dass ich nur Geduld haben müsse, da nichts so bleibt, wie es ist.

Ich habe dir nicht viel über meine Erfahrungen während besagter Reisen erzählt, über meine Begeisterung und das Freiheitsgefühl – neben dem Gefühl der Schuld, das alles nicht mit meiner Familie teilen zu können. Bei jedem Besuch in Amerika war ich fasziniert von jeder noch so kleinen persönlichen Freiheit: sei es, einen unzensierten Film in einem echten Kino zu sehen oder draußen ohne den vorgeschriebenen Schleier herumzulaufen, unter dem ich im Iran mein Haar verbarg, oder Sirenen zu hören und sofort zu wissen, dass es sich nur um einen Krankenwagen handelte und nicht um einen Bombenalarm in Stadt, in der ich lebte.

Am meisten freute ich mich bei meinen Besuchen jedoch auf die Buchläden, die ich zwischen meinen Terminen und Vorträgen immer wieder aufsuchte. Durch diesen plötzlichen Zugang zu Büchern, die ich im Iran nie bekommen hätte, kam ich mir buchstäblich vor wie das Kind im Süßwarenladen. Nach einem Vortrag an der University of Pennsylvania verließ ich einen Buchladen einmal mit *Ariel* von Sylvia Plath, *Vorsätzlich Herumlungern* von Muriel Spark (das mein Lieblingsbuch von ihr wurde), *Ansichten eines Clowns* von Heinrich Böll und *Sehr blaue Augen* von Toni Morrison. Ich hatte im Iran schon *Menschenkind* von Morrison gelesen, auf Empfehlung eines Freundes, der in den USA lebte, und ich war neugierig auf ihre anderen Bücher.

Den kurzen Roman *Sehr blaue Augen*, den ich nach seiner leidgeprüften Protagonistin schon bald nur noch »Pecola« nannte, habe ich auf meinem Rückflug nach Teheran gelesen. Erzählt wird die Geschichte eines jungen afroamerikanischen Mädchens, Pecola Breedlove, das in Amerika während der Weltwirtschaftskrise aufwächst. Pecola hält sich für »abstoßend hässlich« und entwickelt einen selbstzerstörerischen Traum: blaue Augen zu haben wie die weißen Frauen, die sie für den Inbegriff von

Schönheit hält. Ich konnte mich unmittelbar in Pecola einfühlen.

Lieber Baba, ich weiß, dass du in der Zeit, als du mit einem Stipendium der American University in Washington, D.C., lebtest, oft über den Rassismus in Amerika nachgedacht hast. Ich bin auf ein Tagebuch von dir aus dieser Zeit gestoßen, in dem du über »die traurige Lage« in einem Land wie Amerika schreibst, das sich so gern mit seiner Freiheit und Gleichheit brüstet. Du würdest also verstehen, dass die Auswirkungen des institutionellen Rassismus in Amerika bei Pecola dazu führen, dass sie tiefe Scham darüber empfindet, wer sie ist und wie sie aussieht. Totale Macht erfordert totale Unterwerfung; ohne Letztere ist die Herrschaft Ersterer nicht möglich. In Pecolas Fall stellt bereits ihr Körper eine Transgression dar. Das junge Mädchen fühlt sich hässlich und wertlos, weil sie eine schwarze Frau ist und nicht den gesellschaftlichen Schönheitsstandards entspricht. Dazu kommt, dass sie von ihrem eigenen Vater vergewaltigt wird und keine Möglichkeit hat, sich zur Wehr zu setzen. Man verweigert ihr Eigenständigkeit, Individualität und Entscheidungsfreiheit. Sie hat keine Chance herauszufinden, wer sie wirklich ist. Sie definiert sich vielmehr durch das, was sie nicht ist: eine blauäugige weiße Frau. Für jemanden wie Pecola, deren Selbstwertgefühl so stark auf ihrem Äußeren beruht, gibt es keine Möglichkeit der »Selbstoffenbarung«, wie wir ihr bei Hurstons Protagonistin begegnen werden.

DU WIRST DICH AN meine Reisen in die USA schon allein deshalb erinnern, weil sie für dich immer großen Stress bedeuteten. Wann immer ich ein Problem hatte, kam ich damit ganz selbstverständlich zu dir, als würden meine Ängste und Sorgen auf magische Weise verschwinden, wenn ich dir nur von ihnen erzählte. Bei jeder Reise hast du meine Vorfreude und meine Sorgen mit mir geteilt. Ich bin dir dankbar dafür, dass du meinen düsteren Vorahnungen, ich könnte am Flughafen an der Ausreise gehindert und mein Pass wieder eingezogen werden, meiner Angst, ich würde es nie schaffen, Gehör geschenkt hast. Mit einem nachsichtigen Lächeln hast du mir zugehört. Einmal sagtest du: »Ich glaube, die haben drängendere Probleme als dich.« Dann fügtest du, ernster, hinzu: »Natürlich kann alles passieren, aber wenn du dich entschlossen hast, das Risiko einzugehen und solche Reisen zu unternehmen, dann versuche, dich zu entspannen und sie zu genießen; falls etwas schiefgeht, kannst du dir später noch genug Sorgen machen.« Doch in Wahrheit warst du so besorgt, dass du mich bei jeder meiner Reisen, der ersten bis zur letzten, zum Flughafen begleitet hast.

Vor meiner USA-Reise zu der Konferenz im Winter 1989 und dann vor jeder weiteren Auslandsreise wurde ich ins iranische Bildungsministerium einbestellt, wo ich mir zunächst Vorträge anhören musste, bevor ich die Reisegenehmigung ausgestellt bekam. Man erklärte mir, dass ich mich auch im Ausland an die Gesetze der Islamischen Republik zu halten hätte, keine Kritik am

Regime üben dürfe und mich genauso bescheiden zu kleiden hätte wie im Iran. Ich hielt mich nie daran. Nach jedem Aufenthalt überkam mich auf der Rückreise die Angst, dass sie davon erfahren haben könnten und mich dafür bestrafen würden. Trotzdem tat ich es jedes Mal wieder, wenn ich den Iran für eine internationale Konferenz verließ. Du wirst es nachempfinden können, Baba jan, dass ich es als erniedrigend empfand, die Befehle des Regimes befolgen zu sollen, dass ich mich für mich selbst schämte, als hätte ein Fremder die Herrschaft über meinen Körper übernommen.

ICH HABE VON DIR die schreckliche Angewohnheit übernommen, in Büchern zu unterstreichen und die Ränder mit Notizen vollzuschreiben. Ich erinnere mich, dass du als Jugendlicher einmal auf dem Rand eines Gedichtbandes von Hafiz, dem persischen Dichter aus dem vierzehnten Jahrhundert, ein ganzes Reisetagebuch geführt hast. Meine Notizen auf den Rändern von *Sehr blaue Augen* handeln nicht von meinen Ängsten und Sorgen. Sie handeln von Morrisons Protagonistin, einer Opferfigur, die in den Lügen und Illusionen gefangen ist, mit denen man sie unterdrückt. Das ist der Kernpunkt des Streits zwischen Machthabern und Geschichtenerzählern: der Kampf um die Bedeutung der Wahrheit, das Spannungsfeld zwischen Illusion und Fantasie. Die Fantasie enthüllt die Wahrheit, macht sie sichtbar, während die Illusion die Wahrheit verbirgt und verschleiert. Ich rufe uns noch mal Baldwins Satz ins Gedächtnis: »Amerikas Triumph – der schon immer zugleich Amerikas Tragödie war, besteht darin, dass schwarze Menschen sich irgendwann tatsächlich selbst verachten.«

Es gibt viele Gründe, warum wir Geschichten lesen und schreiben, und manchmal geschieht es aus Rache für die Ungerechtigkeiten der Gesellschaft. Morrisons Roman aus dem Jahr 1970 erzählt eine solche Rachegeschichte. Kannst du dir vorstellen, dass das Buch aufgrund der Darstellung von Inzest, Vergewaltigung, Rassismus und Kindesmissbrauch aus Bibliotheken und Schulen verbannt wurde? Pecola wird nicht nur von ihrem Vater vergewaltigt, ist dann schwanger und hat eine Totgeburt, sie ist auch ein Opfer täglicher Gehässigkeit und Grausamkeiten, allein ihrer Hautfarbe wegen. Sie wird als »hässlich« beschimpft und lernt, die Sicht der anderen zu verinnerlichen. Indem sie Schönheit mit Weißsein gleichsetzt, wird sie zum Opfer von Lügen, die ihr als unumstößliche Wahrheiten präsentiert werden. »Vor einiger Zeit war Pecola ein Gedanke gekommen: Wenn ihre Augen – diese Augen, welche die Bilder festhielten und die Dinge kannten, die sie erblickten –, wenn diese ihre Augen anders wären, nämlich schön – wäre sie selbst dann nicht auch anders?« Sie wünscht sich so sehnlich wie vergeblich, blaue Augen zu haben, im Glauben, dass sie dann schön wäre und geliebt würde. Ihr zwanghafter Drang, durch blaue Augen dieses allmächtige weiße »andere« zu werden, verhindert, dass Pecola ihre eigene Schönheit erkennen kann. »Sie war so in die feste Überzeugung verbissen, dass nur ein Wunder sie erlösen könne, und wusste nichts von ihrer Schönheit«, schreibt Morrison. »Sie sah nur, was es zu sehen gab: die Augen anderer Leute.«

Am Ende wird Pecola wahnsinnig, weil sie glaubt, dass ihr Wunsch irgendwie erfüllt wurde und ihre Augen blau geworden seien. Fortan treibt sie die Sorge um, dass jemand noch blauere, schönere Augen haben könnte als sie selbst. Die Einzigen, die ihr mit Empathie begegnen, sind die Erzählerin des Romans, Claudia Macteer – für kurze Zeit Pecolas Pflegeschwester – und Claudias Schwester Frieda.

Claudia fasst den Umgang der Menschen mit Pecola am Ende des Romans zusammen, als sie berichtet, dass Pecola jetzt am Stadtrand lebe und sich dort »ihren Weg« suche »zwischen allem Abfall und aller Schönheit der Welt, denn beides war sie selbst. Aller Abfall, den wir auf ihr abluden und den sie schluckte. Und all unsere Schönheit, die ursprünglich ihre war und die sie uns schenkte. Wir alle – alle, die sie kannten – fühlten uns so gesund, nachdem wir unseren Unrat über sie ausgeschüttet hatten.«

MORRISON BEDIENT SICH DER Poesie, um Pecolas innerer Schönheit, die weder die Welt noch sie selbst sehen können, Ausdruck zu verleihen. *Sehr blaue Augen* wurde mitunter als Gedicht bezeichnet. Die Poesie des Buches liegt darin, dass die Autorin die innere Schönheit ihrer Figuren zum Vorschein bringt, auch wenn deren Leben aus Demütigungen und Armut besteht. Die größte Demütigung, die vermeintliche Überlegenheit der Weißen, ist eine Lüge. Indem Morrison eine poetische Sprache für ihre Figuren findet, auch für diejenigen, die unsägliche Taten begehen, weist sie die Behauptungen der rassistischen weißen Herren zurück, die von den unterdrückten Schwarzen verinnerlicht wurden. Es ist Morrisons Weg, Gerechtigkeit für Pecola und andere schwarze Menschen zu fordern – indem sie deren wahre Schönheit zum Vorschein bringt, die weit tiefer geht und langlebiger ist als ein Paar blaue Augen.

Baba jan, ich glaube, dass sich der Roman durch Pecolas Geschichte und die sprachliche Schönheit, mit der Morrison sie erzählt, nicht nur für die Ungerechtigkeiten gegenüber afroamerikanischen Menschen, sondern gegenüber allen Opfern von Vorurteilen und Hass rächt. Pecolas Geschichte selbst ist zwar tragisch, aber indem Morrison die Lügen und Mythen ihrer Unterdrücker entlarvt, gibt sie ihrer Protagonistin die Würde zurück, die sie ihr nehmen wollten. Indem sie Pecolas Geschichte erzählt, gibt sie ihr die Hoheit über ihr Leben zurück und bringt die Wahrheit zum Vorschein. In Morrisons Worten aus *Menschenkind*: »Sich zu befreien war eine Sache; von diesem befreiten Selbst Besitz zu ergreifen eine andere.« Ich glaube, dir hätte dieser Gedanke gefallen.

ICH WEISS NOCH, WIE du während deiner Zeit im Gefängnis immer wieder auf Gedichte zurückgegriffen hast, wenn du Freunden und Feinden dein Handeln erklären wolltest. Ich war gerührt von deinen Gedichten an meinen Bruder Mohammad und mich, in denen du uns daran erinnertest, dass unser Vater kein Verbrecher war – die Verbrecher, so schriebst du, liefen frei herum. Du hast Gedichte an unsere Mutter verfasst, an Tante Nafiseh, an Onkel Reza und seine Frau Ashraf – und hast ihnen darin deine Gefühle für sie beschrieben. Aber du schriebst auch Gedichte an den Schah, den Justizminister und an deinen Vernehmungsbeamten, in denen du deine Gefühle über das, was man dir antat, zum Ausdruck brachtest. In deinen Memoiren schreibst du nicht ohne Häme, dass sie Gedichte weder mochten noch verstanden, was dir in dieser Situation irgendwie die Oberhand gab. Ich erinnere mich, dass du dein Schlussplädoyer im Prozess gegen dich mit einem Gedicht von Ferdausi begonnen hast und im Verlauf der Rede weitere Dichter, persische und anderer Herkunft, heranzogst. Du hast gefährlich geschrieben und gelesen. Die Lyrik war eine Waffe im Kampf gegen die leblose und formelhafte Sprache der Politiker, die einen starken Gegensatz zur flexiblen und dynamischen Sprache der Dichter und Schriftsteller bildet.

Ich war beeindruckt davon, wie du dieses ungewöhnliche Mittel des Widerstands gefunden hattest. Sie hatten dich ins Gefängnis gesteckt, um dich dort zu brechen, und du hast dich zur Wehr gesetzt und dich ungebrochen gezeigt, indem du eine Haltung und eine Sprache wähltest, die ihnen fremd war.

ALS ICH PECOLAS GESCHICHTE erneut las, fühlte ich mich an den Roman *Vor ihren Augen sahen sie Gott* erinnert, obwohl – oder vielleicht gerade, weil – Morrisons und Hurstons Protagonistinnen sehr unterschiedlich sind. Mich interessiert vor allem, wie sie jeweils auf ihre doppelte Unterdrückung als Afroamerikanerin und als Frau reagieren.

Auf das Werk von Zora Neale Hurston wurde ich Mitte der Siebzigerjahre durch eine feministische Aktivistin aufmerksam. Was für eine Ironie der Geschichte, dass Hurston, die sich zeitlebens nicht auf irgendwelche Ismen festlegen ließ, später eine so große Ikone des Feminismus wurde. Zwar erinnere ich mich weder an den Namen besagter Aktivistin noch an die Umstände unserer Begegnung, sehe aber noch deutlich ihre kurzen blonden Haare und die hellblauen Augen vor mir. Ich fühlte mich zu ihr hingezogen, weil sie sich so dezidiert als Feministin verstand und ich mich ebenso dezidiert als Nichtfeministin, da ich überzeugte Marxistin war. Tief im Innern interessierte mich der Feminismus aber bereits damals. Ich war zu jener Zeit in der Konföderation Iranischer Studenten aktiv, in der sich Schah-Gegner und andere politische Gruppierungen organisierten. Unsere Mitglieder kamen vorwiegend aus Europa und den Vereinigten Staaten. Ich sympathisierte mit der Linken und ihren politischen Anliegen, die in den Sechziger- und Siebzigerjahren en vogue waren. Zugleich hatte ich aber auch starke Vorbehalte gegenüber politischen und ideologischen Bewegungen. Ich hatte von Anfang an meine Probleme mit der Konföderation und fühlte mich dort nie ganz zu Hause, verschrieb mich aber für kurze Zeit ihrer politischen Agenda – und dazu gehörte auch, dass man auf jede Form des Individualismus verzichtete und den Feminismus als zu bürgerlich ablehnte, da er die Rechte der Frauen über den umfassenderen antiimperialistischen und antikapitalistischen Kampf stellte. Welch Ironie, dass ich in dem vermeintlichen Kampf für die Befreiung und Unabhängigkeit meines Landes meine eigene Unabhängigkeit zugunsten einer politischen Ideologie aufgegeben hatte.

Ich erinnere mich daran, dass diese Frau, die mir Hurston empfahl, mich während einer Diskussion über den Feminismus mit einem Blick ansah, in dem ich so etwas wie Mitleid ausmachte. Ich habe diesen Blick noch genau in Erinnerung. Um mich für ihre Sache zu gewinnen, war er weit effektiver als jedes ihrer Argumente für die übergeordnete Bedeutung der Frauenrechte. Ohne es mir eingestehen zu wollen, hatte ich mich bereits überzeugen lassen.

Diese feministische Aktivistin empfahl mir Alice Walkers Artikel »Auf der Suche nach Zora Neale Hurston«, der 1975 in der Zeitschrift *Ms.* erschienen war. Begeistert las ich Walkers Beschreibung ihrer abenteuerlichen Suche nach Zoras Grab auf einem verfallenen Friedhof für Schwarze mit dem Namen »Garden of the Heavenly Rest« in Fort Pierce, Florida, während sie von Mücken zerstochen wird und Schlangen ausweicht. Danach wollte ich unbedingt selbst etwas von dieser schwer fassbaren und unkonventionellen Lady namens Zora Neale Hurston lesen. Aber ihr Buch wurde in den Vereinigten Staaten erst 1978 neu aufgelegt, und zu diesem Zeitpunkt war ich bereits zu sehr mit den Ereignissen beschäftigt, die wenig später zur Islamischen Revolution führten. Es sollte noch weitere zwanzig Jahre dauern, bis ich *Vor ihren Augen sahen sie Gott* las.

DIE PROTAGONISTIN DES ROMANS, Janie Mae Crawford, ist eine schwarze Frau mit teils weißen Vorfahren auf der Suche nach Liebe und Selbstverwirklichung. Enttäuscht von ihren ersten beiden Ehen, setzt sie sich über gesellschaftliche Konventionen hinweg und verliebt sich in Vergible Woods, einen zwölf Jahre jüngeren, mittellosen Mann mit dem Spitznamen »Tea Cake«, und heiratet ihn. Janie sucht in dieser dritten Ehe nicht mehr Sicherheit, sondern Liebe, und sie hat ein vollkommen anderes Selbstverständnis als Pecola. Hurston scheint es in diesem Roman eher um Janies Innenleben und ihre Beziehungen zu den drei Männern in ihrem Leben zu gehen als um die direkte Verurteilung rassistischer Verhältnisse und Denkweisen.

Als ich also endlich *Vor ihren Augen sahen sie Gott* las, gefiel mir das Buch so gut, dass ich beschloss, es in ein von mir geplantes Seminar über subversive Frauenfiguren in der Literatur aufzunehmen. Bei der Recherche für das Seminar wurde mir klar, dass Janie Crawford in eine lange Reihe weiblicher Hauptfiguren der englischen und amerikanischen Literatur des 18. und 19. Jahrhunderts gehörte, wie Clarissa Harlowe von Samuel Richardson, Elizabeth Bennet von Jane Austen, Jane Eyre von Charlotte Brontë, Daisy Miller von Henry James und Edna Pontellier von Kate Chopin. Alle diese Frauen widersetzen sich den Sitten und Gebräuchen ihrer Zeit, riskieren viel – mitunter ihr Leben –, um allein ihrem Herzen zu folgen. Ihre Entscheidungen sind zwar persönlicher Natur, aber deren politischer, gesellschaftlicher und kultureller Widerhall trifft den Kern der Entscheidungsfreiheit.

HURSTON WURDE NACH DEM Erscheinen des Buches 1937 von einigen prominenten afroamerikanischen Kollegen harsch kritisiert, die ihr vorwarfen, vor den Weißen zu kuschen, indem sie das Thema Rassismus ausklammere. Der bedeutende Philosoph und Literaturwissenschaftler Alain Locke, der ab den Zwanzigerjahren bis zu seinem Tod 1954 als ausgewiesener Kenner afroamerikanischer Literatur galt, forderte in einer Rezension, Hurston solle sich, wie er es nannte, dem Schreiben von »motive fiction« und »social document fiction«, also der progressiven und sozialdokumentarischen Literatur zuwenden, statt »pseudo-primitive Unterhaltung« hervorzubringen. Richard Wright, dessen Roman *Sohn dieses Landes* 1940 erschien und zu einem Bestseller wurde, ging besonders hart mit ihr ins Gericht und behauptete, dass *Vor ihren Augen sahen sie Gott* »kein Thema, keine Botschaft, keinen Gedanken« enthalte.

Baba jan, sicher musst du jetzt lächeln. Vielleicht erinnert es dich an die hitzigen Debatten der Schriftsteller und Intellektuellen im Iran über die Rolle der Literatur und die Frage, ob Literatur politische Botschaften vermitteln müsse oder als Kunst unabhängig sei und nur für sich stehe. Hurstons Einstellung zum Verhältnis von Literatur und Politik unterschied sich stark von der vieler ihrer Kritiker. In einer Rezension von Wrights 1938 erschienenem Buch *Onkel Toms Kinder* wirft sie ihm vor, von Hass getrieben zu sein. Ihre harsche Kritik war nicht einfach eine Revanche für Wrights Angriff auf ihr eigenes Buch. Ich betone das, weil ich glaube, dass es bei dem Streit zwischen Hurston und Wright im Wesentlichen um zwei gegensätzliche Haltungen zur Rolle der Literatur geht. Wright sah die Literatur damals vor allem als Vehikel einer politischen Botschaft, während Hurston politische Anliegen und Ideologien scheute und sich auf das Individuum konzentrierte. Das macht Hurston für mein Empfinden zur besseren Geschichtenerzählerin – was nicht bedeutet, dass die amerikanische Literatur nicht sowohl einen Bigger Thomas als auch eine Janie Mae Crawford bräuchte.

Hurston, lieber Baba, war der Ansicht, dass Erzählen ein individueller Akt sei, der Individuen darstellt, dank derer das Erzählte eine größere Gemeinschaft erreicht. Ich glaube, dass Literatur nach Hurstons Auffassung von der Würde des Einzelnen handelt. Die Aufgabe der Literatur bestand für sie also nicht darin, Manifeste oder Botschaften zu verkünden, sondern die Leserschaft an individuellen Erfahrungen teilhaben zu lassen und bei ihr durch diese individuelle Erfahrung einen Erkenntnisprozess und Mitgefühl auszulösen. Die Würde des Individuums war sowohl für Hurstons Leben als auch für ihr Werk von zentraler Bedeutung. Wright interessierte sich dagegen für den Sozialrealismus oder den Protestroman, in dem sich das Individuum der gemeinsamen gesellschaftlichen oder politischen Sache unterordnet. Wrights Position war damals die vorherrschende. In *Sohn dieses Landes* wird Bigger Thomas als Opfer von Rassismus und Unterdrückung dargestellt. Sein gesamtes Handeln einschließlich seiner Verbrechen ist darauf zurückzuführen. Er tötet versehentlich die weiße Tochter seines Arbeitgebers, ermordet dann aber vorsätzlich seine eigene Freundin, weil er befürchtet, dass sie sein Verbrechen anzeigen könnte. Erst im Gefängnis, kurz vor seinem Tod, begreift er die Konsequenzen seines Handelns. Bigger ist ausschließlich Opfer seiner Lebensumstände; im Gegensatz zu Janie macht er keine Entwicklung durch, die es ihm ermöglichen würde, seine Opferrolle zu überwinden und Verantwortung für das eigene Handeln zu übernehmen. Hurstons Protagonistin hingegen weigert sich, die Rolle des Opfers anzunehmen und sich auf sie festlegen zu lassen.

In *The New Yorker* erschien 1997 ein Essay von Claudia Roth Pierpont über Hurston mit dem Titel »A Society of One, Zora Neale Hurston, American

Contrarian«. Pierpont argumentiert darin, dass Wrights Roman zwar sofort zum Bestseller wurde, eine Figur wie die des Bigger Thomas aber eigentlich nichts Neues dargestellt habe, in der Literatur der Südstaaten habe es ähnliche Protagonisten schon länger gegeben. Was sich mit Bigger jedoch geändert habe, sei »die Hautfarbe des Autors und die Schuldfrage«. Pierpont verweist auf den bezeichnenden Umstand, dass Wrights Roman trotz seiner scharfen Kritik an den USA und seiner ideologischen Agenda zu einem Book-of-the-Month-Club-Bestseller wurde, während Hurstons Buch, das keine derartige Agenda verfolgte, von namhaften schwarzen Autoren vorgeworfen wurde, dass es gesellschaftlichen und politischen Themen ausweiche. *Vor ihren Augen sahen sie Gott* erlebte keine zweite Auflage, und Hurston verarmte. Wrights Buch wurde unterdessen sowohl von der afroamerikanischen intellektuellen Elite als auch von weißen Kritikern und Lesern gefeiert. »Zum ersten Mal in der Geschichte der USA«, schreibt Pierpont, »ließ sich eine große weiße Leserschaft freiwillig unter Beschuss nehmen.«

Ich glaube, dass Hurstons Auffassung von Literatur die im Vergleich revolutionärere war, da sie über politische Anliegen hinausging und die Opferrolle für ihre Figuren ablehnte, um stattdessen die Würde des Einzelnen in den Mittelpunkt zu stellen. Janie Crawford ist – wie ihre Schöpferin – eine eigenständige Frau, die sich ihr Selbstbild von niemandem aufzwingen lässt. Ihr ausgeprägter Sinn für Würde lässt ihr keine Wahl, als jede Form von Autorität in ihrem Leben abzulehnen.

LIEBER BABA, ZWEI DINGE in Hurstons Werk möchte ich hier besonders lobend festhalten: Zum Ersten schreibt sie über schwarze Menschen, ohne dass ständig der übermächtige, dunkle Schatten der Weißen über ihnen schwebt; zum Zweiten schreibt sie über das Leben von Individuen statt über das von Repräsentanten einer Hautfarbe und entwirft so individuelle Menschen jenseits von Verallgemeinerungen und Etikettierungen. Liegt es vielleicht daran, dass Hurston in Eatonville in Florida aufwuchs, einer Stadt mit einer fast ausschließlich schwarzen Bevölkerung, regiert von Schwarzen, weshalb sie sich so sehr auf schwarze Menschen und deren Innenleben konzentrierte und nicht auf offenen Rassismus? Ich will damit nicht sagen, dass ihr Rassismus und die verheerenden Auswirkungen auf das Leben der afroamerikanischen Bevölkerung nicht bewusst waren. In einer Passage ihrer Autobiografie, die vom Verlag gestrichen wurde, kritisiert Hurston den westlichen Kolonialismus und Rassismus in Amerika und stellt dabei eine Verbindung zwischen der Sklaverei und anderen Formen der Unterdrückung her: »Aber ich fände es einfach erfreulich, wenn die Angelsachsen sich endlich die Vorstellung aus dem Kopf schlügen, dass jeder ihnen etwas schuldet, nur weil sie blond sind.« »Der Gedanke der Versklavung von Menschen sitzt so tief«, fährt sie fort, »dass die Weißhäute nicht davon loskommen.

Man hat soeben beschlossen, die Sklavenhütten in weiterer Entfernung vom Herrenhaus aufzustellen.«

Du mit deiner Sensibilität für Rassismus, Baba jan, hättest Hurston als Autorin sehr geschätzt. Anstatt afroamerikanische Menschen grundsätzlich als Opfer darzustellen, wollte sie sie von den ihnen aufgezwungenen Stereotypen befreien und ihnen die individuelle Würde und Menschlichkeit zurückgeben, derer sie durch Sklaverei und Rassismus beraubt worden waren. Auch darum lässt sich Janie nicht so einfach kategorisieren. Sie entspricht nicht unserer Erwartung, wie die Figur einer afroamerikanischen Frau zu sein hat – und widersetzt sich ganz bestimmt den Sitten und Erwartungen der Gesellschaft zu ihrer Zeit. Erst Jahrzehnte nach der Erstveröffentlichung von *Vor ihren Augen sahen sie Gott* entdeckten feministische Leserinnen Janie. Für die Frage, was es bedeutet, als schwarze Frau in Amerika zu leben, ist sie nicht minder aufschlussreich als Pecola.

Hurstons Essay »You Don't Know Us Negroes« enthält eine vernichtende Kritik daran, wie Weiße ihre afroamerikanischen Mitbürger wahrnehmen. Sie beschreibt, dass die meisten Weißen nach Jahrhunderten der Sklaverei in diesen Menschen »ausschließlich Arbeitswesen« sahen. Aber, so erklärt sie weiter, »in Wirklichkeit hat der Konflikt zwischen dem, was wir eigentlich wollten, und dem, wozu wir gezwungen wurden, unser Innenleben nicht zerstört, sondern gestärkt.« Hurston schließt mit den Worten, dass »die Realität der Schwarzen hundertmal fantasievoller und unterhaltsamer ist als alles, was je über einer Schreibmaschine ausgebrütet wurde.«

Auch wenn sie in diesem Essay Kritik an den Weißen übt, galt ihr Interesse als Romanautorin doch ausschließlich schwarzen Figuren und ihren Beziehungen. Meines Erachtens ging es ihr darum, dass sich die afroamerikanische Bevölkerung von der weißen Vorherrschaft befreit, und daher kritisierte sie auch den »intellektuellen Lynchmord, den die Schwarzen an sich selbst verübten, wann immer sie versucht haben, die Weißen nachzuahmen, in der Kunst wie im Leben.« Sie appelliert an ihre schwarzen Leserinnen und Leser: »Verdreht die Augen in Ekstase [über die Kunst der Weißen], ahmt jede Bewegung des Weißen nach, aber bis wir etwas Eigenes an seine Straßenecke gestellt haben, sind wir keinen Schritt weiter als in dem Moment, als sie uns das Halseisen abnahmen.« Ihr kunstvoller Roman ist ihre subversive Art, etwas Eigenes an diese Straßenecke zu stellen.

BABA JAN, ICH MÖCHTE mit dir über die Ereignisse im Iran sprechen. Ich bin mittlerweile wie besessen – ständig checke ich die Nachrichten, rufe meine Freunde in Teheran an, nur um ihre Stimmen zu hören, und sehe mir die Fotos der getöteten Demonstrantinnen und Demonstranten an. Wie viel Angst die Regierung haben muss, wenn ihre Sicherheitskräfte sogar auf die Friedhöfe marschieren, um die Familien und Freunde der Opfer daran zu hindern, am vierzigsten Tag nach ihrem Tod um sie zu trauern?

Shirin hat gesagt, dass sie es auf eine seltsame Weise als tröstlich empfinde: Sie fürchten die Protestierenden so sehr, dass sie sie töten müssen, um sich ein wenig sicherer zu fühlen. Aber je mehr Menschen sie töten, desto mehr gehen auf die Straße. »Natürlich zeigt es«, fuhr Shirin fort, »wie verzweifelt wir mittlerweile sind, wenn wir es als Trost empfinden, getötet zu werden!« Sie machte eine Pause und sagte dann, dass vorerst kein Ende in Sicht sei.

AUFGRUND MEINER ERFAHRUNGEN UNTER dem totalitären Regime der Islamischen Republik kann ich mit Hurstons Vorstellung von individuellem Widerstand gegen ein korruptes und unterdrückerisches System viel anfangen. Als ich noch im Iran lebte, war ich – wie du dich vielleicht erinnerst – zu der Überzeugung gelangt, dass es falsch sei, alles nach ideologischen Kriterien zu beurteilen und jeden Standpunkt abzulehnen, der vom eigenen abwich. Ich war, wie andere Aktivisten auch, zunehmend ernüchtert angesichts einiger politischer Organisationen und Gruppierungen, die vorgeblich revolutionäre Ziele verfolgten, sich aber in vielen Fragen auf die Seite von Ayatollah Khomeini stellten – besonders hinsichtlich der Frauenrechte, wobei sogar einige die Frauen dafür rügten, sich »zum falschen Zeitpunkt« gegen das islamische Regime aufzulehnen. Ich gehörte zwar schon bald keiner politischen Gruppierung oder Organisation mehr an, engagierte mich jetzt aber in meiner Rolle als Lehrerin, Schriftstellerin, Frau und Verfechterin der Menschenrechte gegen das System.

Natürlich empfand ich die Gefahr, verhaftet, gedemütigt und ausgepeitscht zu werden, als beängstigend. Ebenso wie die Aussicht, dass ich meinen Job verlieren könnte und meine Bücher zensiert und verboten würden. Aber zugleich war ich angetrieben von etwas, das stärker war als die Angst oder zwingender: von einem Selbsterhaltungstrieb. Ich wusste, dass es Selbstverneinung wäre, wenn ich ihnen nachgäbe. Dass es einer öffentlichen Selbstaufgabe gleichkäme. Aber nicht etwa, weil ich eine Intellektuelle oder besonders gebildet gewesen wäre. Es war eine Frage des Selbstwertgefühls, es ging um das, was Hurston »Selbstoffenbarung« nannte, und natürlich um Würde. Ich brauche wohl nicht zu erwähnen, dass ich in dir ein großes Vorbild dafür hatte, wie man seine Würde wahrt. Sagen wir einfach, dass ich anfing, an die Tugend des »Starrsinns« zu glauben!

Politische Bewegungen sind wichtig, stehen aber nicht im Widerspruch zu individuellem Widerstand. Im Grunde ergänzen sie sich sogar, wenn die Bewegungen flexibel und offen sind. Das war ein weiteres Thema, auf das Shirin und ich in unseren Gesprächen immer wieder zurückkamen. Wir sprachen darüber, dass am Anfang der Revolution der Forderung nach Frauenrechten kaum Beachtung geschenkt wurde, was sich aber mit der Zeit änderte, und heute stehen Frauen im Kampf gegen das islamische Regime und seine reaktionären Gesetze an vorderster Front. Iranerinnen leisteten damals jedoch eine Art von Widerstand, die nicht »politisch« im engeren Sinne ist. Mich erinnern diese Frauen, die aus ganz unterschiedlichen Verhältnissen stammten und auch nicht unbedingt die gleichen Überzeugungen vertraten, an Hurston, mit ihrem Verlangen nach Autonomie, ihrer besonderen Form von Subversion und ihrer Widerstandsfähigkeit, die sie in ihrer Autobiografie so schön mit folgenden Worten zum Ausdruck bringt: »Ich bin in der Küche des Kummers gewesen und habe alle Töpfe ausgeleckt. Und ich bin, in Regenbögen gehüllt, eine Harfe und ein Schwert in den Händen, auf ragenden Gipfeln gestanden.«

Ich musste kürzlich wieder daran denken, als ich auf Empfehlung Shirins die Aufzeichnungen aus dem Gefängnis *Kissing the Sword* der iranischen Schriftstellerin Shahrnush Parsipur las. Du erinnerst dich an sie, Baba jan? Nach ihrer ersten Festnahme saß sie ohne Anklage mehr als vier Jahre in Haft. Auch für sie stand die Würde an erster Stelle. In einer Passage beschreibt Parsipur, wie sie sich einmal weigerte, am Mittagsgebet teilzunehmen, im Gegensatz zu den anderen Insassinnen, die ungeachtet ihrer religiösen Überzeugungen einfach mitbeteten. »Ich war der festen Überzeugung, dass ich niemals aus Angst beten oder Gott auf die von der Hisbollah festgelegte Weise preisen könne«, schreibt sie und fügt hinzu: »Ich war überzeugt, dass ich meine schriftstellerische Kreativität verlieren würde, wenn ich es täte.
Ich glaubte und glaube immer noch, dass eines der

Geheimnisse des Schriftstellerdaseins darin besteht, ehrlich zu sich selbst zu sein.« Und weiter: »Eine Schriftstellerin kann feige oder eine Egoistin sein, aber wenn sie unehrlich ist, wird der Glanz ihrer Feder matt und die Klarheit ihres Denkens dunkel.«

Wie oft ich auch von den Grausamkeiten und dem Leid höre, kann ich mich doch nicht an sie gewöhnen; ich reagiere immer noch so, als hörte ich es zum ersten Mal. Parsipur hat im Gefängnis unvorstellbare Grauen erlebt. Eines Nachts blieben sie und ihre Zellengenossinnen wach und lauschten auf einzelne Schüsse, Kopfschüsse, um die Zahl der hingerichteten Gefangenen zu ermitteln. In jener Nacht zählten sie mehr als zweihundertfünfzig. Parsipur saß später in Einzelhaft. Sie hatte die Folterspuren auf den Körpern derer gesehen, die sich nicht unterworfen hatten, und doch sagte ihr eine innere Stimme, dass sie sich widersetzen müsse, weil sie Schriftstellerin war. Während all der Jahre, die sie ohne Anklage im Gefängnis saß, bezog sie ihre Kraft aus dem Verlangen zu schreiben und ihrem unbedingten Glauben an die Demokratie. Mit ihrer Entscheidung, nicht mitzubeten, hatte sich Parsipur nicht nur den Gefängniswärtern widersetzt, sondern auch ihren Mitgefangenen. »Ich habe gesehen«, schreibt sie, »wie schnell sich Menschen ändern können durch die Erfahrung von Folter, Hinrichtungen und dem ständigen emotionalen Druck.« Sie kam zu dem Schluss, dass man sie nur noch weiter beugen werde, wenn sie sich »dem Druck beugen« und wie die anderen Gefangenen mitbeten würde. »Mein Glaube an die Demokratie«, fährt sie fort, »brachte mich dazu, mein altes Ich aufrechtzuerhalten und den anderen zu zeigen, dass ich nicht eine von ihnen war. Und so beschloss ich, nicht ohne Furcht und wissend, dass die Entscheidung meine Lage verschlimmern könnte, nicht zu beten.«

Ich traf Parsipur zum ersten Mal bei einer Veranstaltung des iranischen Schriftstellerverbandes, bei der sie ihre Kurzgeschichte »Faezeh« las, in der eine Prostituierte eines Tages alle Männer ohne Kopf sieht. Nach ihrer Lesung warfen ihr einige Schriftsteller vor, keine politische Weltanschauung zu haben, da ihre Geschichte keinerlei politische Botschaft enthielte. Dabei waren ihre Geschichten im Grunde viel subversiver als die offen politischen Geschichten ihrer Ankläger. Drei Mal kam sie in der Islamischen Republik insgesamt in Haft, einmal davon wegen ihres Buches *Frauen ohne Männer*, das nur von Frauen handelt. »Faezeh«, eine der Geschichten dieses Buches, war vom Regime offenbar als anstößig empfunden worden, weil eine Prostituierte als Mensch mit eigener Würde dargestellt wird, der unser Verständnis verdient. Diese Reaktion überrascht wenig, wenn man bedenkt, dass nach den Gesetzen der Islamischen Republik auf Prostitution die Todesstrafe durch Steinigung steht.

Ein paar Jahre nach Parsipurs Lesung vor dem Schriftstellerverband, nachdem sie wieder aus der Haft entlassen worden war, besuchte ich sie zusammen mit einigen anderen Schriftstellern. In ruhigem, sachlichem Ton erzählte sie uns von den Grausamkeiten und der Folter, die sie erlitten hatte. Als wir gegangen waren und ich mich noch vom Eindruck ihrer Erzählungen erholte, sagte einer der Schriftsteller: »Junge intellektuelle Frauen ziehen die Aufmerksamkeit durch ihr Aussehen auf sich, ältere dadurch, dass sie politisch werden!« Ich antwortete sarkastisch, dass nicht nur das islamische Regime noch viel über Frauenemanzipation zu lernen habe, und suchte das Weite. Ich meinte es ernst, Baba jan. Er war ein bekannter Schriftsteller, ein Regimegegner, dessen Sicht auf Frauen sich nicht wesentlich von der des Regimes unterschied. Und er war nicht der Einzige, der so dachte; ich bin damals vielen Menschen begegnet, die es hätten besser wissen müssen. Parsipur war unabhängig, gehörte keiner politischen Organisation oder Gruppierung an und hatte keine politische Ideologie, und sie zahlte einen enorm hohen Preis dafür, sich selbst so unerschütterlich treu zu bleiben.

Für mich, Baba jan, ist der Fall Parsipur ein extremes Beispiel dafür, was iranische Bürger im Allgemeinen und iranische Frauen im Besonderen zu erleiden hatten. Dieses Leiden brachte eine Form von Widerstand hervor, der über die politischen Formen des Kampfes hinausging. Es wurde ein persönlicher Kampf, so wie der von Janie Crawford.

ICH LEBTE MIT PECOLAS Leid bis zu dem Tag, an dem ich Janie begegnete. Immer wieder haben Kritiker, Aktivistinnen und Feministinnen versucht, sowohl

Janie als auch ihre Schöpferin Kategorien zuzuordnen, ohne Erfolg. Beide sind zu komplex, zu widersprüchlich und lebendig. Wenn du dich fragst, was Hurston denn so subversiv macht, dann lautet meine Antwort, dass sie sich den Erwartungen entzieht, sich jeder Kategorisierung widersetzt, Fragen provoziert und den Leser zweifelnd zurücklässt. Mir ist bewusst, dass sie sich als Republikanerin bezeichnete und dass ihr vorgeworfen wurde, ohne gesellschaftskritischen Anspruch zu schreiben und nicht für die Belange der afroamerikanischen Minderheit einzutreten, und doch stelle ich bei der Lektüre ihrer Texte immer wieder fest, dass kaum jemand so vernichtend Kritik an Weißen geübt hat wie sie. Ich glaube, dass die einzige Konstante ihres Werks ihre Unabhängigkeit war. Wie sie zu ihrer Freundin Countee Cullen einmal sagte: »Ich möchte so leben und sterben, wie ich es will.« In ihrer Autobiografie *Ich mag mich, wenn ich lache* schreibt Hurston: »Aber ich habe nicht viel Herdeninstinkt mitbekommen. Oder, wenn ich schon mit der Herde zu tun bekomme, dann will *ich* höchstpersönlich der Hirte sein. So bin ich nun mal beschaffen.«

Eine Geschichte aus dem Buch gefällt mir besonders gut, Baba jan. Als Kind, schreibt Hurston, kletterte sie gern auf einen der hohen Paradiesbäume vor dem Haus und »schaute in die Welt hinaus«. Das Interessanteste, was es für sie von dort zu sehen gab, schreibt sie, sei der Horizont gewesen: »Wo ich mich auch hinwandte, er war da, und er war immer gleich weit weg.« Als sie neun

Jahre alt war, beschloss sie eines Tages, zum Horizont zu gehen. Sie fragte eine Freundin, ob sie mitkomme. Die Freundin sagte zunächst ja, aber als es so weit war, brach sie ihr Wort, weil sie Angst hatte, nicht rechtzeitig nach Hause zu kommen und bestraft zu werden. Die Wanderung fand nicht statt, aber der Zauber des Horizonts blieb. Es ist diese Sehnsucht nach dem Horizont – ihr unstillbares Verlangen nach etwas, das unerreichbar und dem Herzen doch so nah ist –, die Hurston ihrer Figur Janie mit auf den Weg gibt.

»Ich wundere mich«, schreibt sie über sich in einem Brief an ihre Freundin und Förderin Annie Nathan Meyer, eine Anti-Suffragette, Vorkämpferin für die Hochschulbildung für Frauen und Gründerin des Barnard College, »dass das Glühen, das innere Feuer keine Funken schlägt, sichtbar für alle Menschen. Prometheus auf seinem Felsen, dessen Leber so schnell gefressen wird, wie ihm eine neue wächst, ist nichts für meine Träume.« Und sie fährt fort: »Das, wovon ich träume, ist wundervoll vollkommen, von strahlender, astraler Schönheit.« Auch Janie will zum Horizont gehen, und am Ende des Buches berichtet sie, sie sei tatsächlich dort gewesen. Janies Träume, ihre verzehrenden Leidenschaften, sind das, was sie vom Rest ihrer Umgebung unterscheidet. Sie erzählt ihrer Freundin Pheoby Watson: »Ich bin vom Schicksal zum großen Kongress des Lebens geschickt worden. Yessuh! In der Großloge, der Vollversammlung von allem, was lebt, da war ich die anderthalb Jahre, wo ihr mich nicht gesehen habt.« Großartig! Aber wie erträgt man eine solche Intensität? Und doch scheint das Leben ohne diese wenig Sinn und Inhalt zu haben.

LIEBER BABA, VIELLEICHT FRAGST du dich, welche Rolle Rassismus in Hurstons Roman spielt. Die Handlung von *Vor ihren Augen sahen sie Gott* dreht sich zwar um Janies Beziehung zu den Männern in ihrem Leben, unterschwellig wird das Thema Rassismus aber fortwährend mitverhandelt – weniger allerdings in der direkten Begegnung mit Weißen als vor allem in der Beziehung zwischen Janie und ihrer Großmutter Nanny. Weiße Menschen kommen im gesamten Buch nur an zwei Stellen vor. Das erste Mal nach einem schrecklichen Unwetter, als Tea Cake mit vorgehaltener Waffe gezwungen wird, sich einem kleinen Trupp zwangsrekrutierter schwarzer Männer anzuschließen, die nach Leichen suchen und sie begraben müssen. Sie erhalten den Befehl, die weißen Leichen von den schwarzen zu trennen, da für die Weißen Särge gebaut, die Schwarzen hingegen in einen Graben geworfen werden. Tea Cake sagt zu seinem Nebenmann: »Machen die ein Gepingel darum, wie die Toten vor den Richterstuhl kommen«, und fügt hinzu: »Die scheinen zu denken, Gott hätte vom Jim-Crow-Gesetz keine Ahnung.« Die Szene ist so kurz wie grauenhaft und zeigt die Brutalität und Unmenschlichkeit des Rassismus in Amerika: Nicht einmal im Tod bleiben Schwarze von den Weißen verschont.

Die zweite Stelle ist eine Szene, in der Janie, die sich für den Mord an Cake vor Gericht verantworten muss, einer rein weißen Jury gegenübersteht, einem weißen Richter, einem weißen Verteidiger und einigen ihr wohlgesonnenen weißen Frauen im Publikum. Dieses Mal ist die weiße Zuhörerschaft angesichts ihrer Geschichte so berührt, dass sie freigesprochen wird und von den anwesenden Weißen auf der Tribüne des Gerichtssaals Applaus bekommt. Das zeugt von einem gewissen Maß an Empathie und Verständnis eben jenes weißen Publikums und auch von Janies Fähigkeiten als Geschichtenerzählerin, dank derer sie die Menschen im Saal in ihren Bann zu ziehen vermag. Doch wenn Janie einen weißen Mann getötet hätte, und sei es in Notwehr, wäre das Ganze mit Sicherheit anders verlaufen. Baba jan, ich glaube, dass du, als jemand, der selbst einen Prozess gegen sich erlebt hat, verstehst, warum die Wahrheit für Janie so wichtig ist und warum sie so sehr darauf besteht, dass man ihre Geschichte glaubt: Verwirft man sie, verwirft man ihre gesamte Person.

Für Janie spielt das Thema Rassismus und ethnische Zugehörigkeit eher in der Beziehung zu Nanny und in ihrer Familiengeschichte eine zentrale Rolle. Die Kämpfe in Janies Leben drehen sich weniger um die Beziehungen mit ihren Männern als um eine bestimmte Haltung, eine durch Sklaverei und Rassismus bedingte Denkweise, die ihre Großmutter verkörpert. An einem bestimmten Punkt in der Geschichte, nach dem Tod von Jody Stark, ihrem zweiten Mann, wird Janie klar: »Sie hasste ihre Großmutter und hatte es all die Jahre unter dem

Mantel des Mitleids vor sich selbst verborgen.« Janie hatte sich »seinerzeit rüsten wollen für ihre große Fahrt zum Horizont auf der Suche nach Menschen«. Aber »sie war geprügelt worden wie eine Straßentöle und auf den Abweg geraten, der Flucht zu den *Dingen*«. Janie ist überzeugt, dass alles im Leben davon abhängt, welchen Blickwinkel man einnimmt. »Manche konnten auf eine Dreckspfütze schauen und einen Ozean mit Schiffen sehen.« Ihre Großmutter Nanny aber hatte »sich das Größte genommen, was Gott geschaffen hatte, den Horizont«, und ihn dann »zu einem klitzekleinen Ringeldingchen zusammengezwängt und es der Enkelin so eng um den Hals gelegt, dass es sie fast erwürgte. Sie hasste die alte Frau, die sie im Namen der Liebe derart verbogen hatte.«

Der Unterschied zwischen Janie und Nanny, und auch zwischen Janie und Pecola, besteht darin, dass Janie »tief in ihrem Innern einen Edelstein gefunden« hatte und »an einen Ort gehen« wollte, »wo sie alle sehen konnten, und ihn herfunkeln lassen«, während ihre Großmutter sich allein über ihr Verhältnis zu den weißen Herren identifiziert. Sie sagt zu Janie: »Schätzchen, nach meiner ganzen Erfahrung ist der weiße Mann der Herr über alles.« Die Handlung des Romans wird vorangetrieben durch Janies Reise zur »Selbstoffenbarung« und ihren Kampf gegen die Sklavenmentalität ihrer Großmutter.

Wir als Leser, Baba jan, stimmen Nanny zwar nicht zu, verstehen aber ihre Ängste und haben Mitgefühl für sie. Wie könnten wir um ihre Lebensgeschichte

und ihr Leid wissen und *nicht* mit ihr fühlen? Janies Großmutter hatte die Brutalität der Sklaverei noch am eigenen Leib erfahren. Sie war von ihrem weißen Herrn vergewaltigt und misshandelt und von seiner Frau geschlagen und bedroht worden, als diese von dem Verhältnis der beiden erfuhr. Nanny war geflohen und hatte mit ihrer kleinen Tochter ums Überleben gekämpft, und später war dann dieses Mädchen, Janies Mutter, im Alter von siebzehn Jahren vergewaltigt worden und aus ihrem Leben verschwunden. Nannys Ängste und Leid prägen ihr gesamtes Handeln und bedrohen auch Janies Traum vom Horizont.
Durch ihre Erfahrungen gewinnt Janie im Verlauf des Romans nicht nur als Frau, sondern auch als Mensch an Unabhängigkeit. Sie muss sowohl gegen Frauenfeindlichkeit als auch gegen die Sklavenmentalität ankämpfen, und bis zu einem gewissen Grad ist sie dabei am Ende auch erfolgreich. Ihr Traum, den Horizont zu erreichen, erfüllt sich. Wie sie zu ihrer Freundin Phoeby sagt: »Ich bin zum Horizont gelaufen und wieder zurück, und jetzt kann ich hier in meinem Haus sitzen und kann vergleichen.«

Was am Ende bleibt, ist die Kraft, die eigene Freiheit und Identität durch die Erzählung zurückzuerobern. Als Janie vor Gericht steht, hat sie das Gefühl, dass sie im Gerichtssaal nicht gegen den Tod kämpft, sondern gegen »Lügengedanken«. Vor allem will sie, dass die Menschen die Liebesgeschichte zwischen ihr und Tea Cake glauben. Sie fürchtet sich nicht davor, zum Tode verurteilt, sondern »falsch verstanden« zu werden.

Spräche man sie schuldig, würde das Urteil bedeuten, dass sie Cake nicht geliebt und seinen Tod gewollt habe. Und das wäre »wahrhaftig eine Sünde und Schande. Es war schlimmer als Mord.« Janie wird freigesprochen – ihre Rettung war, dass sie ihre Geschichte erzählte.

NATÜRLICH WERDEN WIR ALLE sterben, Baba jan, aber die Geschichte bleibt und überdauert uns noch lange nach unserem Tod. Toni Morrison lässt Pecola Gerechtigkeit widerfahren, indem sie ihre Geschichte erzählt, ihre innere Schönheit zum Vorschein bringt, die Poesie ihrer Existenz. Hurston erzählt Janies Geschichte, indem sie ihr eine eigene Stimme gibt, mit der sie sie selbst erzählen und ihrer Freundin Phoeby sagen kann, dass auch sie diese Geschichte weitererzählen soll. So überdauern wir oder sterben, hat die persische feministische Dichterin Forough Farrokhzad einmal gesagt. So setzen wir der Grausamkeit des Menschen, der Vergänglichkeit des Lebens und der Absolutheit des Todes etwas entgegen. So untergräbt Literatur das totalitäre Denken: indem sie das Recht jedes Einzelnen verteidigt, unabhängig zu denken und zu fühlen. So hat Janie gelebt, so hat Hurston gelebt, und ich glaube, so hast auch du gelebt.

In Liebe,
Babas Tochter,
Azi

DER DRITTE BRIEF:

GROSSMAN, ACKERMAN, KHOURY

5. APRIL BIS 12. MAI 2020

Baba jan, dem nächsten Autor, über den ich mit dir sprechen möchte, David Grossman, bin ich zwei Mal persönlich begegnet. Das erste Mal in Barcelona, wo wir beide an einer literarischen Gesprächsreihe teilnahmen, das zweite Mal bei einer Veranstaltung in Washington, D.C. Am 20. März 2016 waren wir zu einem Podiumsgespräch eingeladen, moderiert von Leon Wieseltier, dem damaligen Literaturredakteur von *The New Republic*. Ich erinnere mich so genau an das Datum, weil es der Vorabend des persischen Neujahrs war.

Bei beiden Gelegenheiten schaffte ich es nicht, Grossman zu sagen, welche Wirkung sein 2008 erschienener Roman *Eine Frau flieht vor einer Nachricht* auf mich hatte. Die Handlung des Buches ist einfach und rätselhaft zugleich: Ora, eine Israelin, deren jüngerer Sohn Ofer als Soldat im Krieg kämpft, glaubt, dass sie seinen Tod auf magische Weise abwenden kann, wenn sie für die Nachricht seines Todes nicht erreichbar ist. Schon lange hat mich kein Buch mehr so beeindruckt. Erinnerst du dich, dass du mir mal beschrieben hast, wie du dich nach der Lektüre von Flauberts *Madame Bovary* fühltest? Mir ging es ganz ähnlich bei der Lektüre von *Eine Frau flieht vor einer Nachricht.* Ich reagierte auf das Buch, wie ich sonst auf ein Gedicht reagiere: indem ich es erst empfinde und erlebe, bevor ich seinen Sinn verstehe oder ihn in Worte fassen kann.

Aber selbst wenn ich die richtigen Worte gefunden hätte, welchen Sinn hätte es gehabt, sie Grossman mitzuteilen? Das wäre etwa so, als würde man sich in jemanden verlieben und versuchte dann, den Eltern des Geliebten zu erklären, wie sehr man ihr Kind liebe. Grossmans Buch war nach der Veröffentlichung zwar immer noch sein Werk, führte zugleich aber auch ein von ihm unabhängiges Eigenleben. Wenn ich versucht hätte, ihm zu beschreiben, welche Gefühle das Buch in mir auslöst, wäre ich vermutlich ziemlich unbeholfen gewesen, und das Gesagte hätte sich dumm und belanglos angefühlt. Aber dennoch verspürte ich einen vagen und beharrlichen Drang, mit irgendwem darüber zu sprechen. Vielleicht kann ich dir – über einen Umweg – erklären, warum mich *Eine Frau flieht vor einer Nachricht* so sehr bewegt hat.

Das Gespräch mit Grossman in D.C. drehte sich um die Fähigkeit von Literatur und fantasievoller Sprache, Widerstand gegen die Mächtigen zu leisten. Er sagte dazu zwei Dinge, an die ich seitdem immer wieder denken muss. Das Erste: »Solange wir über Vorstellungskraft und Fantasie verfügen, sind wir noch frei.« Das Zweite war seine Bemerkung, wie sehr es ihn berührt habe, dass ein ägyptischer Rezensent in der Zeitung *Al-Hayat* sein Buch besprach, das Buch eines israelischen Schriftstellers. Er sagte, dass es die erste Besprechung eines Buches von ihm in einer arabischen Zeitung gewesen sei, und diese Würdigung – nicht als namenloser israelischer Feind wahrgenommen zu werden, sondern als Schriftsteller, als Individuum – bedeute ihm sehr viel. Eine solche Art der Wahrnehmung scheint mir zentral für sein Werk, insbesondere für *Eine Frau flieht vor einer Nachricht.* In Grossmans 2007 erschienenem Essay »Schreiben im Katastrophengebiet« heißt es: »Ich schreibe. Ich befreie mich von einem fragwürdigen Talent, das der Kriegszustand, in dem ich lebe, mit sich bringt. Dem Talent, ein Feind und nur ein Feind zu sein.«

Nach unserem Gespräch kam ein junger Mann aus dem Publikum zu mir und sagte, dass er sehr erstaunt sei über unsere Betonung der Fantasie auf Kosten der Fakten. Fakten, so meinte er, seien wesentlich, seien real, während Fantasie ein Luxus sei, vor allem von Schriftstellern und Künstlern, irrelevant für unser tägliches Leben. Unser reales Leben. Ich erwiderte, dass Grossman und ich doch der lebende Beweis dafür seien, dass Fakten zwar wichtig sind, dies aber keineswegs die Fantasie ausschließe. Mein Leben in einem Land, in dem die Bevölkerung unterdrückt wird und das Regime Schriftsteller, Dichter und Künstler als Feinde betrachtet – und viele von ihnen inhaftiert, gefoltert und sogar umgebracht werden –, habe mir vor Augen geführt, so erklärte ich ihm, wie wichtig die Fantasie für die Freiheit ist. Leider (und vielleicht zum Glück für den jungen Mann) wurde ich von meiner Familie und meinen Freunden unterbrochen, die bereits auf mich warteten.

Baba jan, ich hoffe, du hast nichts dagegen, wenn ich aus Rücksicht auf den jungen Mann mit Fakten beginne und nicht mit literarischen Fiktionen. Am 12. August 2006, während Grossman *Eine Frau flieht vor einer Nachricht* schrieb, wurde sein jüngerer Sohn Uri, ein israelischer Panzerkommandant, durch eine Rakete getötet. Sie traf seinen Panzer, als er gerade versuchte, Soldaten aus einem anderen Panzer zu retten. Die Tragödie ereignete sich nur zwei Tage vor dem von der UNO vermittelten Waffenstillstand zur Beendigung des zweiten Libanonkriegs. Zwei Tage vor Uris Tod wiederum hatte Grossman zusammen mit einigen anderen prominenten Schriftstellerinnen und Schriftstellern öffentlich ein Ende des Krieges gefordert. Grossman arbeitete bereits seit drei Jahren an *Eine Frau flieht vor einer Nachricht*, und er hatte, wie er im Nachwort erklärt, während des Schreibens »das Gefühl – oder genauer gesagt, die Hoffnung –, dass das Buch, das ich schreibe, ihn [Uri] schützen wird«. Nach der Trauerwoche für seinen Sohn wandte sich Grossman wieder der Arbeit an seinem Roman zu. »Der größte Teil«, sagte er, »war bereits geschrieben. Mehr als alles andere hat sich der Resonanzraum der Wirklichkeit verändert, in dem die letzte Version entstand.«

Lieber Baba, du könntest jetzt fragen: »Und wie sieht es mit den Fakten unserer politischen Realität aus? Kommen die in Grossmans Roman gar nicht vor?« Dass die konkrete politische Realität Einfluss auf unsere Lektüre seines Romans hat, lässt sich nicht vermeiden. Es kommt aber darauf an, *welchen* Einfluss. Grossman ist israelischer Schriftsteller und zugleich politischer Aktivist sowie progressiv denkender Akteur in den arabisch-israelischen Konflikten und Kriegen. Er ist auch ein entschiedener Kritiker der israelischen Regierungspolitik in Bezug auf die Besetzung Palästinas und den Umgang mit der palästinensischen Bevölkerung. Er hat einmal geschrieben, dass das israelische Volk den Staat Israel zwar als seine »Festung« empfinde, aber noch immer nicht als »ein Zuhause«. Bei aller Empathie für das palästinensische Volk sieht er jedoch auch dessen Führung kritisch. Seine politischen Positionen beruhen auf seinen eigenen Prinzipien und nicht auf parteipolitischen oder ideologischen Programmen und Vorurteilen.

All diese Fakten waren aber nicht der Hauptgrund dafür, dass ich *Eine Frau flieht vor einer Nachricht* las. Was mich an Grossmans Büchern besonders fasziniert, ist, dass sie Produkte des israelisch-palästinensischen Konflikts sind, zugleich aber auch nicht. Sie erheben Protest, aber nicht nur in einem politischen Sinn – im Grunde sind sie Unabhängigkeitserklärungen, die sich gegen die Brutalität des Krieges und gegen die

Brutalität des Lebens an sich richten. Seine Werke handeln sowohl von existenziellen als auch von politischen Fragen.

Ich kann fast hören, Baba jan, wie du jetzt sagst: »Aber die literarischen, fiktionalen Fakten, die Grossmans Roman ausmachen, sind genauso wichtig wie die realen Fakten.« Und du hättest damit recht, denn ebenso wie in der Realität müssen wir auch in der Literatur die »Fakten« erleben – in diesem Fall mittels unserer Fantasie –, um sie zu verstehen:

Ora ist eine israelische Physiotherapeutin, Ende vierzig, deren Sohn Ofer sich freiwillig zu einem Militäreinsatz meldet, obwohl er gerade seinen Wehrdienst hinter sich gebracht hat. Er streicht dafür die gemeinsame Wanderung durch Galiläa, die er und seine Mutter geplant hatten. In einem Anfall von Verzweiflung drängt Ora ihren Freund und früheren Geliebten Avram, Ofers leiblichen Vater, die Wanderung durch Galiläa mit ihr zu machen. Avram hatte als Soldat im Jom-Kippur-Krieg 1973 gekämpft, war von den Ägyptern gefangen genommen und gefoltert worden und war danach innerlich erloschen, hatte sich vom Leben zurückgezogen und von allem, was er vorher geliebt und geschätzt hatte.

Ora, Avram und Ilan, Oras ihr inzwischen fremd gewordener Mann, begegnen sich als Jugendliche während des Sechstagekriegs 1967 auf der Isolierstation eines Krankenhauses und entwickeln eine tiefe Freundschaft. In der Gegenwart der Geschichte klammert sich Ora, die Angst hat, dass ihr Sohn den

Krieg nicht überlebt, an die Hoffnung, dass sie das drohende Unglück bannen kann, indem sie für die Nachricht seines Todes nicht erreichbar ist: Auf ihrer Flucht setzt sie auf die magische Kraft des Geschichtenerzählens, um ihren Sohn am Leben zu halten.

An einer Stelle erwähnt Grossman beiläufig den Namen von Scheherazade aus *Tausendundeine Nacht*, was natürlich kein Zufall ist. Grossman hat in einem Interview für *The Guardian* gesagt, dass er kurz nach Uris Tod an *Eine Frau flieht vor einer Nachricht* weitergeschrieben habe, um »so gegen die erdrückende Schwere der Trauer anzukämpfen ... und mich für das Leben zu entscheiden.« Scheherazade tut in *Tausendundeine Nacht* im Wesentlichen nichts anderes. König Schahriar wird von seiner Frau betrogen und lässt sie dafür hinrichten. Überzeugt, dass es keine treue Frau auf Erden gibt, heiratet er jede Nacht eine Jungfrau und tötet sie am folgenden Morgen, bevor sie ihn betrügen kann. Als Scheherazade seine Braut wird, erzählt sie ihm in der Nacht eine Geschichte, die seine Neugierde und sein Mitgefühl weckt, sodass er sie Nacht für Nacht weiterhören will. Auf diese Weise überzeugt sie den König von der Möglichkeit der Treue und rettet darüber hinaus ihr eigenes Leben. Für sie, wie auch für Ora, ist das Erzählen von Geschichten ein Mittel zum Überleben, etwas Lebensbejahendes.

Eine Frau flieht vor einer Nachricht besteht wie Scheherazades Geschichte aus zahlreichen kleineren Geschichten, die erzählt werden, um zu überleben und vielleicht dem tödlichen Einwirken einer äußeren

Macht entgegenzuwirken. Man könnte den Roman fast nach den Geschichten gliedern, die Ora Avram während ihrer langen Wanderung durch Galiläa erzählt: Ofers Geschichte, Adams Geschichte, Die Geschichte der Quelle, Die Geschichte des Bettes, Ilans Geschichte. Und wie in *Tausendundeine Nacht* gibt es auch hier eine Rahmenerzählung, die mit der Begegnung der drei Teenager Avram, Ora und Ilan und der Entstehung ihrer Freundschaft und tiefen Liebe zueinander beginnt.

LIEBER BABA, ICH HABE Neuigkeiten für dich, und Neuigkeiten verheißen dieser Tage selten Gutes. Wir haben unter einem Coronavirus zu leiden, das erstmals in Wuhan in China aufgetreten ist und mittlerweile zu einer globalen Pandemie geführt hat. Im Januar 2020 wurden die ersten Fälle gemeldet, und seither hat sich das Virus über die ganze Welt ausgebreitet. Zunächst klang es nach irgendeiner Nachricht aus der Welt – schrecklich, aber irgendwie fern; irgendwo im Hinterkopf, aber noch nicht real. Zum ersten Mal ganz konkret bekam ich die Existenz des Virus dann im Februar auf einer Vortragsreise nach Kuweit und Bahrain zu spüren. Während ich am Flughafen von Bahrain auf meinen Flieger zurück in die USA wartete, sah ich, dass mehrere Menschen medizinische Masken trugen – ein unheilvolles Zeichen dafür, dass etwas nicht stimmte. Zwei Wochen nach meiner Rückkehr, Anfang März, wurden in D.C. die ersten Fälle festgestellt.

Wir haben jetzt ein neues Vokabular, um unsere neue Realität zu beschreiben: *Lockdown* bedeutet, dass wir das Haus nur für lebenswichtige Besorgungen wie Lebensmittel verlassen dürfen. *Social Distancing* bedeutet, mindestens einen Meter Abstand zu anderen Menschen zu halten, da das Virus hauptsächlich über den Atem übertragen wird. Das bedeutet auch, dass wir unsere Kinder und Freunde nur virtuell sehen dürfen. Jetzt, drei Wochen nach Beginn des Lockdowns, begreife ich immer noch nicht, was das alles für uns, für das Land und die Welt bedeutet.

BABA JAN, ICH KANN Ora und ihren verzweifelten Versuch, Ofer am Leben zu halten, nur allzu gut nachvollziehen. Momente extremer Gewalt verlangen nach Momenten extremen Mitgefühls. Ora greift auf die Liebe, auf Geschichten und magisches Denken zurück, um Schaden und Gefahr abzuwenden. Manchmal geht mir ein Buch wie *Eine Frau flieht vor einer Nachricht* so sehr unter die Haut, dass es mich unablässig beschäftigt. Selbst wenn ich gerade nicht darin las, habe ich es immer bei mir gehabt. Ich nahm es vom Schlafzimmer mit ins Wohnzimmer und hatte es neben mir auf dem Couchtisch liegen, während ich fernsah. Ich nahm es zu Arztterminen mit, in die U-Bahn, in Cafés. Allein das Wissen, dass es in meinem Rucksack war, gab mir ein Gefühl von Sicherheit und Schutz. Während ich es las, fühlte ich mich in die angsterfüllte Zeit in der Islamischen Republik zurückversetzt, als ich andere Bücher wie Talismane mit mir herumtrug: *Ansichten eines Clowns* von Heinrich Böll, *Sturmhöhe* von Emily Brontë, *Hundert Jahre Einsamkeit* von Gabriel García Márquez und *Auf der Suche nach der verlorenen Zeit* von Marcel Proust.

WER GROSSMAN KENNT, WEISS, dass er öffentlich ein Ende der israelischen Besetzung palästinensischer Gebiete gefordert hat. Das Wunderbare an seinem Buch ist aber, dass diese Haltung zwar durchscheint, aber nicht die Grundlage des Romans bildet. Sie ist auf eine Art in die Geschichte eingewoben, die Politik zugleich zum Thema macht und über sie hinausgeht. *Eine Frau flieht vor einer Nachricht* ist ein Buch von schmerzlicher und fragiler Schönheit; vor dem Hintergrund der Gefühlskälte und Gewalt der politischen und gesellschaftlichen Realität wird diese Schönheit zu einem Akt der Rebellion. Indem Grossmann den ideologischen Jargon der Politiker meidet und sich über die tiefe politische, soziale und kulturelle Spaltung hinwegsetzt, die den Menschen in diesem Land aufgezwungen wurde, erschafft er einen universellen Raum und eine gemeinsame Grundlage an Wertvorstellungen, dank derer sowohl das israelische als auch das palästinensische Volk Menschlichkeit und den Wunsch nach einem menschenwürdigen Leben erfahren können. Wie der amerikanische Literaturkritiker Robert Alter in seiner schönen Rezension von *Eine Frau flieht vor einer Nachricht* schreibt, nimmt Ora die Welt nicht als Zionistin oder Antizionistin wahr, sondern als Mutter. Und als ihr erster Sohn Adam aus dem Krieg zurückkommt, weiß sie als Mutter instinktiv, dass niemand aus dem Krieg als der zurückkehrt, der er vorher war – dass sein früheres Ich für immer verloren ist. Kriege und Konflikte fordern von jedem ihren Tribut. Hast du schon mal darüber nachgedacht, Baba jan, wie du mit einem Kind umgehen würdest, das gerade die Bedeutung des Wortes *Feind* entdeckt hat? Was macht es mit der Psyche eines sechsjährigen Kindes, wenn es mit der Vorstellung konfrontiert wird, dass es Menschen gibt, Fremde, die nichts mit ihm zu tun haben und die es dennoch vernichten wollen? Im Roman erinnert sich Ora an einer Stelle daran, wie der sechsjährige Ofer sie eines Tages in Panik fragte: »Mama, wer ist gegen uns?«, und »Wer auf der Welt hasst uns?« Der Gedanke an die vielen ausländischen Feinde Israels erfüllt Ofer mit Angst. Um den Jungen zu beruhigen, fährt Ora mit ihm zur Gedenkstätte der Panzerbrigaden, zeigt ihm die Panzer und versichert ihrem Sohn, das sei noch lange nicht alles, was sie hätten. Was natürlich nicht der Ironie entbehrt, da Ora eigentlich gegen den Krieg ist.

Lieber Baba, man könnte meinen, die Antwort auf Ofers Fragen sei einfach: Die Araber, insbesondere die Palästinenser, sind der Feind. Gegen sie ziehen Israelis in den Krieg, sie sind es, die in israelischen Bussen, Restaurants und auf öffentlichen Plätzen Bomben zünden. Aber die Dinge liegen komplizierter, denn wenn wir von der verallgemeinernden und formelhaften Sprache der Politiker und ihrer Kriege absehen, entdecken wir, wie viele verschiedene Arten von Menschen unter diesem einen Begriff *Feind* zusammengefasst werden. Ich weiß genau, was Grossman meint, wenn er sagt: »In einem Katastrophengebiet oder in einem langwierigen Krieg ist den militanten Seiten natürlich daran gelegen, dem Feind seine Menschlichkeit abzusprechen, ihn auf ein Stereotyp oder eine Reihe von Vorurteilen zu reduzieren.« Baba jan, ich lebe heute in einer demokratischen Gesellschaft, und ich weiß, dass auch in einem demokratischen Staat, der sich nicht im Krieg mit einem anderen Land befindet und dessen Bürger nicht in besetzten Gebieten leben, eine tyrannische Denkweise Feinde erfinden und Menschen »auf ein Stereotyp oder eine Reihe von Vorurteilen« reduzieren kann.

In *Eine Frau flieht vor einer Nachricht* foltern ägyptische Soldaten Avram, indem sie ihm Nahrung und Wasser vorenthalten, die Finger- und Zehennägel ausreißen und ihn, wie Grossmann beschreibt, »unter die Decke hängten und seine Füße mit Gummiknüppeln schlugen und seine Hoden und seine Brustwarzen und seine Zunge an Strom anschlossen und ihn vergewaltigten.« Die Folter ist grausam, und doch verliert Avram nie die Hoffnung, klammert sich immer an etwas – die kleine freundliche Geste eines Gefängniswärters, das Zwitschern eines Vogels, und vor allem den Text eines Hörspiels, an dem er vor dem Krieg gearbeitet hatte. Seinen Lebenswillen verliert er erst, als er die grauenhafte Erfahrung machen muss, lebendig begraben zu werden, während ein ägyptischer

Offizier Fotos davon macht. Wie Grossman schreibt, wollte »Avram nicht mehr leben, in einer Welt, in der es möglich war, dass ein Mensch dastand und einen anderen fotografierte, wie der lebendig begraben wurde – und Avram ließ sein Leben los und starb.« Er wird dann jedoch freigelassen und kehrt nach Hause zurück, ist von diesem Erlebnis aber so traumatisiert, dass er nicht einmal Wut auf seine Peiniger empfinden kann. Er stirbt nicht physisch, verliert aber seine Liebe zum Leben und gibt damit auch das Schreiben auf. Die Stelle, in der Avrams Beerdigung bei lebendigem Leib beschrieben wird, Baba, geht mir nicht mehr aus dem Kopf. Ich lese sie wieder und wieder und frage mich, was Grossman erlebt hat, dass er diese Zeilen schreiben konnte.

Ich glaube, es erfordert viel Weitsicht, Verständnis und Lebenserfahrung, zuzugestehen, dass das ägyptische Volk trotz solcher Grausamkeiten nicht in seiner Gesamtheit mit den Folterern gleichgesetzt werden kann, so wie auch der Iran nicht mit den Verbrechen des islamischen Regimes gleichgesetzt werden kann und Amerika nicht mit dem Massaker von My Lai in Vietnam oder der Folter in Abu Ghraib. Jedes der Länder ist für diese Gräueltaten verantwortlich, aber nicht mit ihnen gleichzusetzen. Wenn wir uns das klarmachen, ändert sich unser Blick auf den Feind. Im Roman wird Ilans Erinnerung an eine Szene aus dem Krieg erzählt, als ein ägyptischer Pilot mit dem Fallschirm aus seinem brennenden Flugzeug absprang und sicher am Boden landete. Ägyptische

Soldaten liefen ihm entgegen und umarmten ihn, wie um ihn vor einem möglichen Beschuss aus dem israelischen Posten zu beschützen. Ilan erzählt Ora, dass er »nie so deutlich (…) wie in diesem Moment, als sie ihren Freund, den Piloten, umarmten«, gespürt habe, »dass sie echte, existierende Menschen aus Fleisch und Blut waren, Menschen mit einer Seele.«

Du hast einmal zu mir gesagt, dass eine der größten Herausforderungen deines Lebens gewesen sei, deinen Feinden mit Verständnis zu begegnen, sie als Menschen zu sehen. Es wäre einfacher gewesen, sie umstandslos zu dämonisieren, ihnen jede Ambiguität abzusprechen. Hast du nicht einmal gesagt, dass du dich oft gefragt hast, ob dein Erzfeind, der Premierminister, seine beiden Töchter so sehr liebe wie du Mohammad und mich? Vielleicht, meintest du, sei diese Liebe ja etwas, das ihr beide gemeinsam hättet. Die bewegendsten Szenen in Grossmans Roman sind die, in denen er die Feinde von ihrer menschlichen Seite zeigt. Während des Krieges, so erzählt Avram Ora, habe er gerne den Funkverkehr der feindlichen Offiziere abgehört, wobei ihn der Tratsch, die kleinen Intrigen und die Sticheleien unter ihnen mehr interessiert hätten als militärische Geheimnisse – er interessierte sich, mit anderen Worten, am meisten für die uns allen gemeinsamen Gefühle und Regungen. Einmal habe er zwei Funker der zweiten Armee belauscht und plötzlich begriffen, dass sie verliebt waren und »ihre Andeutungen füreinander in den offiziellen Meldungen transportieren«. »Solche Sachen«, fügt er hinzu, »hab ich gesucht.« »Die menschliche Stimme?«, fragt Ora. Auf mich, Baba jan, haben diese menschlichen Momente, die so gewöhnlich und fast alltäglich wirken, eine ganz wunderbare Wirkung, besonders in Zeiten extremer Traumata, wenn wir an unsere Menschlichkeit erinnert werden müssen.

Neulich erzählte ich meiner Freundin Shirin, wie dieses Virus und der Lockdown mir noch bewusster gemacht haben, dass wir, um menschlich zu bleiben, menschliche Verbundenheit brauchen. Ich erzählte ihr, wie ich mich während des acht Jahre dauernden Iran-Irak-Krieges dem irakischen Volk verbunden fühlte und mit ihm mitfühlte. Ich war mir sicher, dass sie den Krieg ähnlich empfanden wie wir: ein von zwei Tyrannen verursachtes Grauen. Dasselbe Mitgefühl mit dem irakischen Volk hatte ich während Amerikas katastrophalem Krieg gegen den Irak im Jahr 2003.

Lieber Baba, ich glaube, du hättest *Eine Frau flieht vor einer Nachricht* vor allem wegen seiner unvergesslichen Figuren gemocht. Da gibt es zum Beispiel einen arabischen Israeli namens Sami, ein Taxiunternehmer, der Oras Familie seit Jahren mit seinem Taxi herumführt. Ora und Sami haben ein freundschaftliches, sogar inniges Verhältnis. Ora liebt es, mit Sami über seine Familie und seine Leute zu reden, über die Intrigen im Stadtrat – sogar über die Frau, in die er sich mit fünfzehn verliebt hat und die er auch nach seiner Heirat noch liebt. Es brach mir das Herz, zu sehen, wie dann ein einziger Vorfall, eine Unachtsamkeit, fast alles zerstört hätte, was sie miteinander teilten.

Am Anfang des Romans ruft Ora Sami für eine Fahrt, um sie und Ofer ins Kriegsgebiet zu bringen, und denkt nicht daran, dass Sami Araber ist und Ofer in eine Gegend muss, wo er gegen Araber kämpfen und manche vielleicht töten wird. Später, am selben Tag, ruft Ora Sami erneut an, diesmal, um sich zu Avram fahren zu lassen, und sie hilft Sami, einen schwerkranken palästinensischen Jungen in ein Untergrundkrankenhaus für illegal in Israel lebende Palästinenser zu bringen. Als sie später bei einem Spaziergang mit Avram an das provisorische Krankenhaus denkt, wird ihr klar, »dass sie nicht kapiert hatte, was Sami durchmachte, wenn er diese Verwundeten und Geschundenen da sah«. Ora schwört sich, ihn sofort anzurufen, wenn sie zurück ist, und sich bei ihm zu entschuldigen, »denn wenn sie beide schon nicht in der Lage wären, sich wieder zu versöhnen, gäbe es vielleicht wirklich keine Chance, den großen Konflikt zu lösen«. Ich habe mich gefragt, Baba jan, ob der Autor hier sagen will, dass die Beziehung zwischen Sami und Ora schon lange vor der realen Begegnung der beiden beschädigt worden war, durch eine Kraft, die sich ihrer Kontrolle entzog.

ICH HABE MIT SHIRIN darüber gesprochen, was Trump mit den Führern der Islamischen Republik gemeinsam hat: Skrupellosigkeit, Inkompetenz und die rücksichtslose Missachtung des Lebens der Bürger seines Landes. Wenn uns im Iran die Sirenen vor einem drohenden Angriff warnten, war das ein Signal, dass wir uns in die

Luftschutzbunker begeben sollten. Wie du weißt, konnten wir nirgendwohin. Die Regierung hatte gar keine Luftschutzbunker gebaut, und die Sirenen wurden so zu einer Verhöhnung des iranischen Volkes. Wir waren uns selbst überlassen, ohne jeden Schutz.

Das Gleiche passiert natürlich auch jetzt während der Corona-Pandemie in der ganzen Welt. Ich hätte nie gedacht, dass ich in den USA einmal die gleiche Angst und Hilflosigkeit empfinden würde wie im Iran unter dem Islamischen Regime. Aber erschreckenderweise ist es tatsächlich ähnlich. Die Regierung sagt einfach, dass die Lage nicht besorgniserregend sei. Trump verkündet immer wieder, dass das Virus nicht so schlimm sei, dass es auf magische Weise verschwinden und das Land zur Normalität zurückkehren werde, dass wir uns keine Sorgen machen müssten. Wie kann er so unverantwortlich mit dem Leben von mehr als dreihundert Millionen Menschen umgehen? Das ist natürlich eine rhetorische Frage, ich kenne die Antwort.

ERSTAUNT ES DICH NICHT auch, wie vertraut wir mit unseren Feinden werden, wie viel sie über uns verraten, wie verbunden wir mit ihnen in der Schuld an unseren Kriegen sind? Kennst du den britischen Dichter Wilfred Owen, der als Soldat im Ersten Weltkrieg kämpfte und starb? Ich habe ihn während meines Studiums gelesen, und er ist mir immer in Erinnerung geblieben, nicht so sehr wegen der Schönheit seiner Verse, sondern wegen der bestürzenden Wahrheiten, die er über den Krieg ausspricht. »Alles, was ein Dichter heute kann, ist warnen«, schreibt er im Vorwort zu seinem Gedichtband *Die Erbärmlichkeit des Krieges*, und weiter: »Daher müssen wahre Dichter wahrhaftig sein.« Owens Gedicht »Dulce et Decorum Est« zum Beispiel richtet sich gegen die »alte Lüge«, dass es »süß und ehrenvoll« sei, »für's Vaterland zu sterben«. In einem anderen Gedicht, »Befremdliche Begegnung«, spricht ein gefallener Soldat den ins Totenreich hinabgestiegenen Erzähler an, der ihn am Tag zuvor in der Schlacht getötet hat. Owen bringt die schreckliche Intimität zum Vorschein, die zwischen Todfeinden entsteht, und rettet damit die Menschlichkeit beider Seiten:

Ich bin der Feind, den du getötet hast, mein Freund.
In dieser Dunkelheit erkannte ich dich:
Denn genauso missbilligend hast du geschaut
gestern, durch mich hindurch,
als du zugestoßen und getötet hast.

Lieber Baba, wenn ich Grossman lese, muss ich an Owen denken, dessen Gedicht ein Paradox heraufbeschwört, das auch Grossman umzutreiben scheint: Es ist möglich, sein Land zu lieben und sein Leben für dieses Land im Krieg zu riskieren, während man gleichzeitig den Krieg hasst und sein Land dafür verantwortlich macht. Oft waren die klügsten Kritiker des Krieges auch bereit, ihr Leben für ihr Land zu opfern. Krieg erfordert Mut und Opferbereitschaft, aber er zwingt uns auch, einen neuen Blickwinkel auf uns selbst, auf unsere Feinde und auf Fragen der Menschlichkeit einzunehmen. Die Frage nach Sieg oder Niederlage ist nur ein Aspekt des Krieges. Man mag Hass empfinden für den Feind und ihm eine Pistole an den Kopf halten, während er gleichzeitig seine Waffe an deinen Kopf hält. Aber vielleicht überkommt einen in diesem Moment auch die Erkenntnis, dass beide erniedrigt und entmenschlicht worden sind.

Grossman schildert es treffend in seinem Essay »Schreiben im Katastrophengebiet«: »Ich schreibe und versuche mich nicht gegen die berechtigten Ansprüche und das Leid meines Feindes abzuschirmen. Und auch nicht gegen die Tragik und die Kompliziertheit seines Lebens. Nicht gegen seine Fehler oder Verbrechen. Nicht gegen das Wissen darum, was ich ihm selbst antue. Und übrigens auch nicht gegen überraschende Gemeinsamkeiten, die ich zwischen ihm und mir entdecke.« Und weiter: »Ich schreibe. Auf einmal bin ich nicht mehr zu dieser irreführenden, erdrückenden, absoluten Dichotomie verurteilt – zu der unmenschlichen Wahl ›Opfer oder Aggressor‹ zu sein, ohne eine dritte, menschlichere Alternative zu haben.«
Aber, lieber Baba, natürlich funktioniert diese »dritte, menschlichere Alternative« nicht immer, da das von unseren Feinden verursachte Leid manchmal zu gewaltig ist. Und doch scheint es unsere beste Option zu sein.

WENN ICH VON DER Entscheidung für die »dritte Alternative« spreche, muss ich an ein Gemeinschaftsprojekt des mittlerweile verstorbenen palästinensisch-amerikanischen Literaturwissenschaftlers Edward Said und des in Argentinien geborenen israelischen Dirigenten Daniel Barenboim denken. 1999 gründeten sie das West-Eastern Divan Orchestra, benannt nach Johann Wolfgang von Goethes Gedichtsammlung *West-östlicher Divan* (die inspiriert war durch die Werke des klassischen persischen Dichter Hafis). Die Besonderheit dieses Orchesters besteht darin, dass seine Mitglieder aus verschiedenen Ländern kommen, die sich als politische Gegner oder sogar Feinde betrachten. Es sind Israelis und Palästinenser, Menschen aus anderen arabischen Ländern und dem Iran. Wie Said erklärte: »Humanismus ist die einzige, genauer, die letzte Verteidigungslinie, die wir haben, um uns gegen die unmenschlichen Exzesse und Ungerechtigkeiten zu wehren, die unsere Menschheitsgeschichte verunstalten. Wir gehen davon aus, dass die Trennung von Menschen und Völkern keine Lösung der Probleme ist, die zwischen ihnen liegen. Und gegenseitige Ignoranz ist das größte Übel. Zusammenarbeit und Koexistenz hingegen, so, wie wir sie in der Musik gemeinsam erleben, erspielen und lieben – das ist unser Ziel.«

Barenboim, der neben der israelischen Staatsbürgerschaft noch weitere besaß, erläuterte gegenüber der *Los Angeles Times* die über Musik hinausgehende Idee hinter dem Orchester: »Das Divan-Orchestra wurde als Projekt gegen die Ignoranz konzipiert. Es ist absolut unerlässlich, dass Menschen sich kennenlernen, dass sie verstehen, wie der andere fühlt und denkt, ohne unbedingt mit ihm übereinzustimmen.«

AUCH ANDERE DICHTER UND Schriftsteller, die wie Grossman in Kriegen gekämpft haben, bringen dieses Gefühl der Diskrepanz zum Ausdruck, zugleich dem eigenen Land als Soldat zu dienen und den Krieg als solchen abzulehnen. Virulent wurde dieses Gefühl besonders im Ersten Weltkrieg. Der britische Dichter Siegfried Sassoon, der als Soldat in diesem Krieg kämpfte, übte scharfe Kritik an denen, die ihn verherrlichten. In seinem Gedicht »Selbstmord im Schützengraben« heißt es:

Ihr Spießer jubelt, stolz und kühn,
wenn Truppen durch die Straßen ziehn.
Dankt Gott, dass ihr die Höll nicht kennt,
wo Jugend, Lachen, Glück verbrennt.

Für Grossman wie für viele andere Autoren ist das eigene Land ein Schauplatz des Krieges, und die Bevölkerung erlebt dort den Krieg als Teil ihres alltäglichen Lebens. Anders also als im heutigen Amerika, wo die Kriege auf fremdem Boden ausgetragen werden. Amerikanische Soldaten der Gegenwart müssen die Diskrepanz zwischen ihren Kriegserfahrungen in der Ferne und dem Land, in das sie zurückkehren, als kaum überbrückbar empfinden. Das Gefühl von Isoliertheit und Entfremdung muss enorm sein.

LIEBER BABA, ICH GLAUBE, dir würde der junge amerikanische Schriftsteller Elliot Ackerman gefallen. Er ist ein ehemaliger Marinesoldat, der fünf Einsätze im Irak und in Afghanistan hinter sich hat und mit dem Silver Star, dem Bronze Star for Valor und dem Purple Heart ausgezeichnet wurde. Die meisten seiner Texte handeln vom Krieg – nicht nur von den Kriegshandlungen, sondern auch von den Menschen, denen er in den Ländern begegnete, in denen er im Einsatz war. Wie Grossman interessiert sich auch Ackerman für seine Feinde und lernt sie genauer kennen, indem er über sie schreibt. Sein erster Roman *Green on Blue* aus dem Jahr 2015 handelt von der liebevollen Beziehung zwischen einem jungen Afghanen namens Aziz und seinem älteren Bruder Ali. Die Geschwister werden durch den Tod der Eltern aus der Geborgenheit ihres Familienlebens gerissen und müssen nun, um zu überleben, gegen die Brutalität und Gewalt eines ihnen aufgezwungenen Krieges ankämpfen. Ackermans 2019 erschienenes Buch *Places and Names: On War, Revolution and Returning* ist ein Memoir über Kriege, an denen er teilgenommen hat, und über deren Folgen. Er beschreibt darin unter anderem seine Begegnung mit einem Syrer namens Abu Hassar, der früher in Mesopotamien für al-Qaida kämpfte und jetzt in einem Flüchtlingslager in der Türkei lebt. Die Begegnung der beiden Männer – eines amerikanischen Marinesoldaten und eines ehemaligen Terroristen – lässt uns unwillkürlich an einen Roman von Grossman denken. Als sie einander vorgestellt werden, nimmt Abu Hassar ein Fläschchen Parfüm aus einer Tasche seiner Adidas-Trainingsjacke, tupft etwas davon auf seine Hand, fasst dann Ackerman am Handgelenk und reibt das Parfüm von seiner Hand auf Ackermans. Anschließend erklärt er: »Der Prophet sagt, es gibt drei Dinge, die man nie ablehnen darf: ein gutes Kissen, einen guten Joghurt und ein gutes Parfüm.« Manchmal ist an der Phrase »Das Leben ist voller Überraschungen« durchaus etwas dran: Von einem ehemaligen Al-Qaida-Rekruten hätten wir dieses Verhalten nicht unbedingt erwartet.

Lieber Baba, du hast einmal zu mir gesagt, dass wir den Iran-Irak-Krieg zwar physisch überleben könnten, aber wie wir ihn psychisch überleben würden, sei eine andere Frage. Der Krieg verstärkt die Extreme in uns und lässt wenig Raum für die Vielschichtigkeit und die Widersprüche, die uns menschlich machen.

Ackerman stellt sich in seinen Memoiren diesen Widersprüchen und versucht sie zu verstehen, ähnlich wie Grossman in seinen Texten. Wir würden Abu Hassar wohl als Terroristen bezeichnen, und während des Irakkrieges war er Ackermans Todfeind – und doch sitzen sie nun beim Mittagessen, bei Tee und Baklava an einem Tisch und sprechen mithilfe von Ackermans Übersetzer Abed, einem ehemaligen Aktivisten der syrischen Demokratiebewegung, über ihre Familien und ihre Kriegserlebnisse. Sie versuchen, den anderen zu verstehen, statt ihn zu verurteilen. Sie sprechen über ihre Kinder (Ackerman hat zwei, Abu Hassar drei), ihre Länder (beide sind mit ihren Kriegen gescheitert), ihre größten Ängste während des Krieges (Ackerman hatte Angst, sich zu verirren; Abu Hassars größte Angst war, *nicht* getötet, sondern verhaftet zu werden) und darüber, warum beide in Kriegen gekämpft haben, die sie eigentlich für falsch halten. Ackerman erklärt seine Entscheidung, zur Armee zu gehen und in den Krieg zu ziehen, folgendermaßen: Wenn das eigene Land Krieg führt, sieht man sich vor die Wahl gestellt mitzumachen oder nicht. »Und man wird sich immer daran erinnern, wofür man sich entschieden hat«, sagt er und fügt hinzu: »Ich bedaure meine Entscheidung nicht, aber vielleicht bedaure ich, vor die Wahl gestellt worden zu sein.« Ob David Grossman es wohl auch bedauert, dass er sich entscheiden musste?

Baba, ich muss dir sagen, dass ich dieses Dilemma nachvollziehen kann. Als iranische Staatsbürgerin habe ich mich, als ich im Iran lebte, hin- und hergerissen gefühlt zwischen dem Wunsch, mein Land zu unterstützen und zu verteidigen, und der Überzeugung, dass der Krieg zwischen dem Irak und dem islamischen Regime falsch war. Für mich war es der Krieg des iranischen Regimes, nicht meiner, nicht der des iranischen Volkes. Abu Hassar beschreibt in seinem Gespräch mit Ackerman ein ähnliches Gefühl. Nach dem Einmarsch der Amerikaner in den Irak 2003 sah er es als Araber und Muslim als seine Pflicht an, gegen sie zu kämpfen. Aus demselben Grund scheint Ofer in *Eine Frau flieht vor einer Nachricht* in den Krieg gezogen zu sein. Nicht weil er an den Krieg glaubte oder ihm die Idee des Krieges gefiel, sondern aus Loyalität. Weil sein Land es verlangte. Lieber Baba, offenbar ist es egal, ob man im Krieg kämpft oder sich weigert, der Widerspruch und das Dilemma bleiben bestehen.

Es gibt in Ackermans Memoiren eine Szene, die zentral ist für besagte Begegnung und die mir sehr gut gefällt: Abed, der Übersetzer, ist auf die Toilette gegangen, und die beiden Männer, die die Sprache des anderen nicht sprechen, sitzen schweigend da. Dann schlägt Ackerman sein Notizbuch auf und zeichnet den Flusslauf des Euphrat diagonal über eine Seite. Abu Hassar nimmt ihm den Bleistift aus der Hand und zeichnet die gerade Grenzlinie zwischen dem Irak und Syrien ein. Dann nimmt sich Ackerman wieder den Stift und schreibt »al-Qaim« – den Namen einer irakischen Stadt – an die von seinem ehemaligen Feind eingezeichnete Grenzlinie. Abu Hassar schreibt ein Datum daneben, dann Ackerman ein anderes. Und so tragen sie in die Karte Namen um Namen und Datum um Datum jener Orte ein, an denen sie gekämpft haben. »Unsere Hände verfolgen sich jetzt quer über die Karte, wie wir uns einst quer durch das Land verfolgten«, schreibt Ackerman. Zu seiner Erleichterung stellen sie fest, dass sie zwar »an vielen gleichen Orten waren, aber nie zur gleichen Zeit«. Die Erleichterung mag daher rühren, dass sie an diesen Orten offenbar nie gegeneinander gekämpft haben.

An einer Stelle schreibt Ackerman: »Abu Hassar hat etwas uns dreien Gemeinsames beschrieben: die

Erfahrung, dass im Krieg entstandene Freundschaften die stärksten sind, die wir kennen.« Dann fügt er hinzu: »Ich glaube, das ist der Grund, warum ich Abu Hassar aufgesucht habe: um zu sehen, ob diese Verbindung auch zwischen zwei Menschen besteht, die gegeneinander gekämpft haben.« Ackerman fragt sich, warum Abu Hassar bereit war, sich mit ihm zu treffen, und kommt zu dem Schluss: »Vielleicht ist er es müde, so wie ich, immer nur vermittelt zu bekommen, wie verschieden wir sind. Vielleicht will er herausfinden, welche Gemeinsamkeiten wir haben.« Vor ihrer Begegnung mit Abu Hassar hatten Ackerman und Abed vereinbart, ihm nicht zu sagen, dass Ackerman bei der Marine gewesen war, sondern ihn als Journalisten vorzustellen. Kurz nach Beginn des Treffens sagen sie ihm aber die Wahrheit, worauf Abu Hassar Ackerman ein Glas Wasser reicht.

Wäre es nicht in vielerlei Hinsicht einfacher gewesen, Baba jan, wenn die beiden Männer sich darauf versteift hätten, nicht miteinander kommunizieren zu können? Wenn sie den anderen nicht als Menschen gesehen hätten, mit einer Familie, mit Gefühlen und Sinn für Humor? Es hätte uns Fragen, Komplikationen, Widersprüche erspart. Ackerman hat loyal für sein Land gekämpft, sogar besonders tapfer, doch neben Orden und Erinnerungen brachte er aus dem Krieg die Erkenntnis mit, dass »diese« Menschen auch Menschen sind. Er kehrte heim mit der Neugier auf seine Feinde, dem Wunsch, sie kennenzulernen, sie als Individuen, als Menschen zu ergründen – und schrieb darum wohl auch *Places and Names*. Um die Schwierigkeiten zu vermeiden, die damit einhergehen, polarisieren wir und entmenschlichen die, die wir für »anders« halten. Manchmal haben wir keine andere Wahl, als im Krieg zu kämpfen; den Feind zu töten oder getötet zu werden. Doch unser umfassenderes Weltverständnis sollte über solche Schwarz-Weiß-Malerei hinausgehen, und deshalb brauchen wir Erzählungen und die Einsichten durch Geschichten. Nachdem ich die Szene zwischen Ackerman und Abu Hassar mehrfach gelesen hatte, musste ich an ein Zitat von David Grossman denken: »Über den Feind zu schreiben bedeutet in allererster Linie, über den Feind nachzudenken. Das ist fraglos die Pflicht jedes Menschen, der einen Feind hat, und wenn er sich hundertmal im Recht fühlt. Auch wenn die Bosheit und die Brutalität und der Irrtum des Feindes auf der Hand liegen. Über den Feind nachzudenken (oder zu schreiben) bedeutet nicht, ihn zu rechtfertigen.«

Das scheint mir eine wichtige Erkenntnis, Baba: Verstehen bedeutet nicht rechtfertigen, bedeutet *nicht einmal* verzeihen. Selbst wenn dein einziges Ziel darin besteht, den Feind zu besiegen, musst du ihn kennen, um ihn besiegen zu können. Ich frage mich, wie es dir wohl gegangen wäre, wenn du keinen Prozess bekommen hättest, nicht freigesprochen worden wärst.

An einer Stelle erzählt Ackerman Abu Hassar eine Geschichte: Weihnachten 1914, während des Ersten

Weltkriegs, schneite es in der kleinen Stadt Mons in Belgien, wo die Engländer gegen die Deutschen kämpften. Am ersten Weihnachtsfeiertag verließen die deutschen und die englischen Soldaten ihre Schützengräben und verbrachten den Tag damit, Geschenke auszutauschen und in der Kälte zusammen Fußball zu spielen. Auf die Frage von Abu Hassar, was sie am nächsten Tag getan hätten, antwortet Ackerman: »Sie gingen zurück in ihre Schützengräben und töteten sich noch vier weitere Jahre lang.«

Für mich kommt Ackermans, aber auch Grossmanns Art zu schreiben einer rituellen Reinigung der Seele gleich. Ein Wesenszug des Krieges ist es, den Feind zu entmenschlichen. Geschichten aber geben dem Feind eine Stimme und zwingen uns, ihn als Menschen zu sehen, ihm in die Augen zu blicken – und sie stellen dabei auch unsere eigene Menschlichkeit wieder her.

LIEBER BABA, IMMER WIEDER muss ich an das Leben im Iran zur Zeit des Krieges denken. Die gleiche Beklommenheit wie seinerzeit überkommt mich und wächst sich zur Angst aus. Eine Gemeinsamkeit der Raketen von damals und des tödlichen Virus von heute ist, dass wir ihre Wirkung zugleich als erwartet und unerwartet empfinden. Im Hinterkopf wissen wir, dass sie uns jeden Moment treffen können, wie der Tod, von dem wir wissen, dass er uns früher oder später ereilen wird.

Ich muss dir etwas erzählen, eine gute Nachricht, die beste überhaupt, auch wenn Sorgen und Angst mit ihr einhergehen: Negar und Daras Frau Kelli sind beide schwanger! Herzlichen Glückwunsch! Du wirst Urgroßvater! Ich erinnere mich noch daran, wie ich bei meinen beiden Schwangerschaften eine innige Verbindung mit diesem noch unfertigen Wesen in meinem Bauch spürte. Ich war aufgeregt, voller Zärtlichkeit für dieses Geschöpf und hatte den unbedingten Wunsch, es um jeden Preis zu schützen. Sorge bereitet mir jetzt auch, wie es Negar und Kelli mit ihren Schwangerschaften während der Pandemie ergehen wird.

Ich erinnere mich an den Tag von Negars Geburt zurück. Als sie mich aus dem Kreißsaal in mein Zimmer gebracht hatten und ich die Augen öffnete, sah ich dich am Ende meines Betts stehen. Du hast mich angeschaut und gelächelt. Jetzt muss auch ich lächeln, trotz meiner Sorgen.

EINE FRAU FLIEHT VOR *einer Nachricht* handelt, so scheint mir, auch vom Leben in einem »Katastrophengebiet«, in dem man, wie Grossman schreibt, ständig auf der Hut ist, man »unter Spannung« steht, »sowohl körperlich wie seelisch«. Da wir beide in der Islamischen Republik gelebt haben, wissen wir, was das heißt: in einem Katastrophengebiet leben. Grossman betont in einem Essay, dass es ihm dabei nicht primär um Politik gehe, sondern um die inneren Veränderungen und Prozesse, die bei Bewohnern eines Katastrophengebietes ablaufen, und auch um den Stellenwert der Literatur und des Schreibens »in einem tödlichen Klima wie dem unseren«.

In einem Katastrophengebiet zu leben wie Ora und ihre Familie, nimmt uns vollkommen in Beschlag und macht uns unempfänglich für die alltäglichen Freuden und Schmerzen des Lebens. Ich muss immer wieder an einen weiteren Essay von Grossman mit dem Titel »Den anderen aus dem eigenen Innern kennenlernen oder die Lust, Gisela zu sein« denken, abgedruckt in dem Band *Die Kraft zur Korrektur*. Darin erklärt er, warum er in den ersten beiden Jahren der zweiten Intifada (September 2000 bis Februar 2005) jeden Tag in sein Büro ging, um an einer Geschichte über einen Mann und eine Frau zu arbeiten, die eine ganze Nacht in einem Auto auf einer »intensiven und turbulenten Reise« verbringen. Es geht um seine Novelle »Raserei«. Auf die Frage, warum die politische Situation und die Intifada in seiner Geschichte nicht vorkämen, sagt Grossman, dass sich seine Figuren von der politischen Situation sogar ganz bewusst abwenden würden, weil sie instinktiv spürten, dass sie wegen dieser »Situation« das Wichtigste im Leben verpassen könnten. Sie hätten, so Grossmann, das Gefühl, dass ihnen die »politische Situation« und ihre Schrecken kaum Zeit und Energie ließen, sich mit den größeren Fragen der menschlichen Existenz und ihrer eigenen kleinen Existenz zu beschäftigen, die sie zufällig im Katastrophengebiet des Nahen Ostens führten.

Das gleiche Gefühl habe ich angesichts der Schwangerschaften von Negar und Kelli: Ich möchte den Moment genießen, die Vorfreude, aber sowohl die politische Stimmung als auch die Pandemie machen es unmöglich, und so weicht die Freude der Niedergeschlagenheit. Die Konzentration auf die einfachen, alltäglichen Ereignisse des Lebens wird zu einer existenziellen Form des Widerstands gegen die Logik des Katastrophengebietes. In einem Interview von 1986 hat Primo Levi einmal gesagt, für das Schreiben über Auschwitz habe er »bewusst die ruhige und nüchterne Sprache des Zeugen gewählt, nicht den klagenden Ton des Opfers oder die zornige Stimme von jemandem, der sich rächen will.« Ich glaube, Baba jan, deshalb brauchen wir das »dritte Auge der Vorstellungskraft«, von dem Nabokov schreibt; wir brauchen es, um die Welt so zu sehen, wie sie ist, aber auch, um über das Alltägliche hinauszublicken, um sie zu verstehen.

Lieber Baba, meine Erinnerungen an die acht Jahre des Iran-Irak-Krieges sind wesentlich geprägt von Angst und ständig drohenden Katastrophen. Auch in den Stunden, wenn keine Bomben fielen, lebte ich permanent in dem Gefühl, dass sie gleich einschlagen könnten. Ich hörte schon ihr dumpfes *Bumm*, und die Angst bestimmte selbst die alltäglichsten Handlungen: wenn ich das Eis aus dem Gefrierschrank nahm, Negar kämmte, im Bett lag und las und in der Luft über mir der Staub wirbelte. Nie war mein Geist frei von Bomben und Raketen. Das Leben in einer totalitären Gesellschaft ist durchaus vergleichbar mit dem Leben in einem Katastrophengebiet. Nur leben die Menschen mit einer etwas anderen Art der Angst: der ständigen Sorge, das eigene Aussehen, Verhalten, Denken und Fühlen könne illegal und strafbar sein. Jeden Moment muss man fürchten, zurechtgewiesen, verhaftet oder ins Gefängnis geworfen zu werden, einfach nur weil man so ist, wie man ist. Erinnerst du dich noch daran, wie wir jedes Mal, wenn in Teheran eine Bombe eingeschlagen hatte, panisch zum Telefonhörer griffen, um uns zu vergewissern, dass der andere noch am Leben war? Und danach kamen natürlich die Schuldgefühle, weil man wusste, dass jemand anderes einen geliebten Menschen verloren hatte.

BABA JAN, GESTERN HABE ich mit Shirin im Iran telefoniert, und sie hat mich gefragt: »Genießt du jeden Moment?« Als ich zurückfragte, was sie damit meine, erklärte sie mir, dass ich schon immer düstere Vorhersagen über politische und kulturelle Entwicklungen getroffen hätte und jetzt alle eingetreten seien – nicht nur im Iran, sondern auch in dem Land, in dem ich jetzt lebe, den USA. »Bei euch in Amerika«, sagte sie, »hat sich alles immer weiter verschlimmert, und jetzt ist es richtig schlimm.« Sarkastisch fügte sie hinzu, »Genieße also jeden Moment, solange es geht!« Ich erwiderte, dass ich das seltsame Gefühl hätte, dieser Moment werde sich sowohl im Iran als auch in den USA über Jahre hinziehen, sodass ich also ausreichend Zeit hätte, ihn zu genießen.

Auch wenn sie es im Scherz gesagt hatte, wünschte ich mir, derzeit überhaupt irgendwas genießen zu können. Auch meine Stimmung verschlechtert sich. Ich kann Trump und seine Hintermänner einfach nicht mehr ertragen, und irgendwie komme ich immer auf Trump zurück. Wenn mich Freunde fragen, wie es mir geht, antworte ich: »Wie soll es einem schon gehen unter den gegenwärtigen Bedingungen?« Ich finde jeden erdenklichen Vorwand, um über die Regierung zu schimpfen. Dabei geht es gar nicht nur um Trump, sondern auch darum, dass er sowohl in seinen Anhängern als auch manchen politischen Gegnern das Schlechteste zum Vorschein bringt. Ganz sicher bringt er in mir das Schlechteste zum Vorschein.

Ich versuche mir vorzustellen, wie das Leben wird, falls Trump im Herbst wiedergewählt wird. Ich fühle mich an Zeiten im Iran erinnert, als ich es irgendwann so leid war, das Regime die ganze Zeit wegzuwünschen. Ich weiß nicht, warum ich es sinnvoll fand, meine Lebenszeit darauf zu verwenden, und bin immer noch erstaunt über meine Unduldsamkeit. Ich, die immer predigt, wie wichtig es ist, seinen Feind zu verstehen, kann mich nicht einmal dazu durchringen, Trump auch nur zwei Minuten lang zuzuhören. Darin liegt das Problem: Man kann so sehr von seinem »Feind« eingenommen werden, dass man jegliche Objektivität verliert und wie gelähmt ist, unfähig, jenseits des Hasses irgendetwas zu denken oder zu verstehen. Der Feind beherrscht dann unser Handeln, das weitgehend aus Reaktionen besteht. So gewinnt er Kontrolle über uns, wird uns immer vertrauter und nimmt unser gesamtes Denken in Beschlag. Mir wird jetzt die Größe von Schriftstellern wie Grossman, Ackerman, Owen und Sassoon bewusst, die sich weigern, ihrer Wut und ihrem Hass nachzugeben, und die stattdessen versuchen, ihre Energie auf das Verstehen zu verwenden, egal wie bitter die Ergebnisse auch sein mögen. Hass und ungerichtete Wut entmenschlichen nicht nur den Feind, sondern auch uns selbst. Er zerfrisst uns und macht uns blind.

Baba jan, ich muss dir etwas erzählen: In einem dieser Momente der Wut erinnerte ich mich an ein großartiges Buch, das ich schon vor einiger Zeit gelesen habe: den poetischen und berührenden Roman Das *Tor zur Sonne* des gefeierten libanesischen Schriftstellers Elias Khoury, Gewinner des Palästinensischen Buchpreises. Wie *Eine Frau flieht vor einer Nachricht* handelt auch *Das Tor zur Sonne* vom Leben in einem »Katastrophengebiet« und vom Umgang mit dem Feind, diesmal aber aus Sicht der Palästinenser. Die beiden Bücher würde ich gern einmal zusammen in einem Seminar besprechen.

Es ist die innere Poesie, die *Das Tor zur Sonne* zu einem so unheimlich schönen Buch macht. An einer Stelle sagt der Erzähler Dr. Khalil Ayyoub, der 1995 in einem palästinensischen Flüchtlingslager in Shatila am Rande von Beirut lebt: »Gedichte, mein Sohn, sind Worte, mit denen wir unsere Verlegenheit, unsere Trauer und unsere Sehnsucht kurieren. Poesie ist eine Decke. Dichter bedecken uns mit Worten, damit unsere Seele nicht zugrunde geht. Poesie wirkt dem Tod entgegen. Sie ist Schmerz und Heilmittel. Wärmt die Seele und bringt sie gleichzeitig zum Frösteln. Ich friere jetzt und suche Zuflucht in der Poesie. Ich tauche den Kopf hinein und bitte sie, mich zuzudecken.« Hätten das nicht auch deine Worte sein können, oder deine Empfindungen?

Bei der Lektüre des Buches von Khoury musst du dich darauf einstellen, Baba jan, dass du auch irritiert sein und dich unwohl fühlen wirst, da es einen ganz in seinen Bann zieht und zugleich wenig Trost bietet. Schönheit und Zärtlichkeit, das schon, aber keinen Trost – wer den sucht, ist bei ihm falsch. Als ich *Das Tor zur Sonne* las, schien sich die Geschichte des Romans parallel zur aktuellen politischen Situation zu entwickeln; ich hatte das Gefühl, auf einem Seil hoch oben über dem Boden zu balancieren, um Gleichgewicht kämpfend.

Wie Grossmans Romanfigur Ora, die erzählt, um den Tod ihres Sohnes im Krieg zu verhindern, erzählt Khalil seinem im Koma liegenden Ziehvater Yunus al-Asadi, einem betagten palästinensischen Kämpfer und Helden, Geschichten, um ihn am Leben zu halten. Es sind Geschichten aus der Zeit nach dem arabisch-israelischen Krieg von 1948, die vom Leben und Sterben der Palästinenser handeln, vertrieben, ohne feste Heimat, ständig vom Tod bedroht. In kurzen Skizzen gelingt es Khalil, Figuren mit sehr individuellem Charakter zu entwerfen, indem er einen entscheidenden Moment in deren Leben aufgreift und ausmalt. Manchmal erzählt er ein und dieselbe Geschichte aus verschiedenen Perspektiven. »Ich habe Angst vor einer Historie, die nur eine Erzählweise kennt«, erklärt er. »Geschichte hat unzählige Erzählweisen. Wird sie auf eine einzige reduziert, dann führt sie unweigerlich in den Tod.« Khalil versucht mit seinen Geschichten nicht nur Yunus vor dem Tod zu bewahren, sondern auch die Palästinenser, die in seinen Erzählungen auftauchen, mit all ihrer Verzweiflung.

In einem Interview hat Khoury einmal gesagt, Worte seien Wunden, und an anderer Stelle erklärt, dass die arabische Bezeichnung für »Wort« auf »Wunde« zurückgehe. Er versteht das Schreiben als einen Akt, bei dem man mit seinen Wunden schreibt, um diese Wunden zu heilen. Du kannst dir vorstellen, wie es sich anfühlt, ein Buch zu lesen, in dem Worte wie Wunden verwendet werden; man fühlt sich verwundet und geheilt zugleich.

DA WIR IN DER Pandemie das Haus nur noch für Einkäufe verlassen können, haben wir uns gestern mit den Kindern über Zoom »getroffen«. Ich vergesse immer wieder, was du über die heutige Welt alles nicht weißt. Du hast zum Beispiel noch nie von Zoom gehört, einem Softwaredienst, der damit wirbt, »virtuelle Besprechungen und Konferenzen an jedem Ort mit einer Internetverbindung« zu ermöglichen. Videokonferenzen über den Computer. Die Science-Fiction-Filme und -Bücher, die wir beide zusammen früher geschaut und gelesen haben, sind Wirklichkeit geworden! Viele Menschen sind begeistert von der Technologie, die es uns ermöglicht, dass wir uns wenigstens sehen können, wo wir uns schon nicht treffen dürfen, und natürlich haben sie recht. Wir haben sogar eine Babyparty für Negar und Kelli über Zoom gefeiert. Ich fand diese Zoom-Begegnungen mit den Kindern aber letztlich sehr deprimierend. Sie ließen uns die Entfernung und die Unmöglichkeit, sich im echten Leben zu treffen, nur noch schmerzlicher spüren. Ihre Anwesenheit in der virtuellen Realität verstärkte das Gefühl ihrer Abwesenheit im wirklichen Leben. Ich habe Sehnsucht nach ihnen, selbst wenn sie gerade auf meinem Computerbildschirm zu sehen sind. Ich habe so vieles verpasst, auch die Schwangerschaft von Negar.

Es gibt einen großen Unterschied zwischen dem Leben im Krieg und dem in einer Pandemie. Im Krieg sind wir nicht nur unseren Familien und Freunden körperlich näher, sondern auch Fremden, mit denen wir unter normalen Umständen gar nicht in Kontakt kämen. In der Pandemie ist es genau umgekehrt: Wir müssen unsere Lieben und unsere engsten Freunde behandeln, als würde von ihnen eine Gefahr ausgehen – die Gefahr der Ansteckung –, und körperlich Abstand wahren. Es ist ein seltsames Gefühl, auf der Straße an Menschen vorbeizugehen und zu wissen, dass wir Distanz wahren müssen und selbst ein kurzer Austausch eine potenzielle Gefahr darstellt.

Du erinnerst dich, Baba jan, an die Filmabende während des Krieges, als sich manchmal bis zu zwanzig Leute bei jemandem zu Hause versammelten und wir uns verbotene Filme auf Video anschauten, Klassiker oder auch neue Kinofilme. Meist blieben die Leute wegen der Stromausfälle dann die ganze Nacht da. Ich erinnere mich an einen solchen Abend bei uns zu Hause – ein John-Ford- und Howard-Hawks-Abend, glaube ich –, als überall in unserer Wohnung Leute übernachteten. Am nächsten Morgen saß ich mit ein paar Freunden in der Küche, trank Kaffee und aß Toast mit Frischkäse und Honig, als wir ein heftiges *Bumm* hörten und die Fenster schepperten. Es folgte ein Moment vollkommener Stille, und dann standen die Leute Schlange an unserem Telefon, um ihre Nächsten anzurufen und sich zu vergewissern, dass sie unversehrt geblieben waren. Wenn irgendwo eine Detonation zu hören war, rannte ich immer instinktiv zu unseren Kindern in ihren Zimmern, als ob meine Anwesenheit dort eine undurchdringliche Barriere schaffen würde, die keine Rakete oder Bombe durchdringen kann.

WENN ICH AN UNSERE Zeit in der Islamischen Republik zurückdenke, Baba, wird mir klar, dass eine Folge des Traumas des Lebens in einem Katastrophengebiet in der untrennbaren Verknüpfung von Opfer und Unterdrücker besteht. Als Opfer lässt man zu, dass der Unterdrücker bestimmt, wer man ist, und fügt sich in die Opferrolle. Wie befreit man sich unter solchen Lebensumständen aus ihr? Sowohl Grossman als auch Khoury geben eine überraschende Antwort: Kenne deinen Feind! Erkenne ihn an.

Baba jan, ich glaube nicht, dass diese Antwort dich überrascht, da du deinen Feind während der Zeit im

Gefängnis mit Sicherheit gekannt und ihn als solchen anerkannt hast. Es leuchtet erst mal ein, dass man den Feind kennen muss, denn Wissen ist Macht. Aber nun stell dir die Situation vor, dass man mitten in einem Krieg ist oder die politische Landschaft wie im heutigen Amerika kriegsähnliche Züge annimmt und kaum Zweifel daran bestehen, wer die Guten und wer die Bösen sind. Den Feind zu kennen, ihn somit zu verstehen, ihn als Menschen anzunehmen, wird unter solchen Umständen zu einem brisanten Konzept.

Grossman erklärt: »Ich schreibe und versuche, mich nicht gegen die berechtigten Ansprüche und das Leid meines Feindes abzuschirmen. Und auch nicht gegen die Tragik und Komplexität seines Lebens. Nicht gegen seine Fehler und Verbrechen. Nicht gegen das Wissen darum, was ich ihm selbst antue. Und übrigens auch nicht gegen überraschende Gemeinsamkeiten, die ich zwischen ihm und mir entdecke.« Es sind diese »überraschenden Gemeinsamkeiten«, die Khalil interessieren. Er behauptet, das »Geheimnis des Krieges« entdeckt zu haben. Er glaubt, dieses Geheimnis sei der Spiegel: Dein Feind ist dein Spiegel! »Ich weiß, niemand wird mit mir darin übereinstimmen«, sagt er. »Man wird behaupten, dass ich dies nur aus Angst sage. Aber keineswegs. Wer Angst hat, sieht in seinem Feind keinen Spiegel, sondern läuft vor ihm weg.« All das mag für manche abwegig klingen, aber wenn die Lage so polarisiert ist, dass es keine Berührungspunkte, keinen Raum mehr für irgendeine Form des Diskurses gibt, kann es leicht passieren, dass der Feind und man selbst zu zwei Seiten derselben Medaille wird. Man mag in bestimmten Fragen unterschiedlicher Meinung sein, teilt aber dieselbe Haltung, handelt auf gleiche Weise. Genau darum geht es in Wilfried Owens Gedicht »Dulce et Decorum Est«. »Dennoch möchte ich bemerken«, sagt Khalil, dass »der wahre Krieg anfängt, wenn der Feind zu deinem Spiegelbild wird. Dann tötest du ihn nämlich, um dich selbst zu töten.«

»Massaker dürfte es gar nicht erst geben«, sagt Dr. Khalil Ayyoub. »Und wenn es doch dazu kommt, dann müssten sie verurteilt und die Täter vor Gericht gestellt werden.« Wohlgemerkt, er sagt nicht, dass *wir* uns an den Tätern rächen sollen oder dass manche Massaker gerechtfertigt sind und andere nicht. Massaker sind verwerflich, egal wer sie verübt. Er dokumentiert akribisch das Leid, das den Palästinensern von den Israelis zugefügt wurde, aber der gleichen Logik folgt seine Beschreibung der Ermordung israelischer Sportler bei den Olympischen Spielen in München 1972. »Ich kenne deine Ansicht dazu«, sagt er zu Yunus. »Ich weiß auch, dass du einer der wenigen warst, die es wagten, sich deutlich gegen Flugzeugentführungen, gegen Operationen im Ausland und gegen das Töten von Zivilisten auszusprechen.«

Natürlich können wir nicht die Taten unserer Unterdrücker verurteilen und sie dann selbst wiederholen. Wir müssen anders sein als sie und anders als sie handeln – das habe ich von dir gelernt. Khalil ruft sich und Yunus die Tragödie von Damur in Erinnerung. Diese überwiegend christliche Stadt südlich von Beirut wurde 1976 von der palästinensischen Miliz Saika angegriffen, die dabei rund vierhundert Einwohner tötete und den Rest vertrieb. Anschließend sollten palästinensische Flüchtlinge aus dem Lager Tel al-Zaatar, die ihrerseits durch extremistische christliche Gruppen von dort vertrieben worden waren, sich in Damur ansiedeln. »Genau das Gleiche haben die Juden mit uns gemacht, dachte ich«, sagt Khalil. »Und nun wiederholen wir es mit den Menschen aus Damur. Nein, ausgeschlossen, das ist ein Verbrechen.« Es sind Ereignisse wie diese, die Khalil dazu bringen, zu seinem Mentor zu sagen: »Im Grunde genommen hat der Mensch nur vor sich selbst Angst, lieber Yunus, mein Sohn. Wenn du die Grenze überquertest, so hast du mir einmal anvertraut, habest du dich einzig und allein vor deinem Schatten gefürchtet, der dir lang gezogen über den Boden gleitend folgte.«

Mir scheint das so enorm wichtig, Baba jan, weil eine solche Weltsicht uns vor Selbstgerechtigkeit bewahrt, und Selbstgerechtigkeit ohne Demut und Zweifel habe ich in beiden Ländern, die ich mein Zuhause nenne, zur Genüge erlebt.

»Die Schuld für unsere Fehler schieben wir immer den Juden in die Schuhe«, klagt Khalil. Sich als Opfer zu verstehen bedeutet, die Verantwortung abzugeben, und vor allem sich selbst aufzugeben. »Alle Kriegsgeschichten, dir wir durchlebt haben, sind nun verwischt. Geblieben sind nur die Massaker. Ahmen wir unsere Feinde nach? Oder ahmen wir unsere Henker nach?« Erst wenn man die Opferrolle von sich weist, wird man zu einer Bedrohung, zur Gefahr für die Unterdrücker. Will man sich aus dieser Rolle befreien, muss man die Verantwortung dafür übernehmen, wer man ist und wer man werden könnte – und so sind es ironischerweise die Kenntnis des Feindes und die Einsicht, dass man ihm vielleicht ähnlicher ist, als man dachte, die einen aus der Opferrolle befreien. Wenn wir verstehen, dass der Feind kein allmächtiger und allwissender Herrscher über unser Schicksal und jede unserer Handlungen ist, findet eine Machtverschiebung statt. Wir haben eine Wahl; daher sind wir frei. Wir können uns entscheiden, wie der Feind zu werden – oder nicht.

FÜR KHOURY IST ES besonders schmerzhaft zu sehen, dass die heutigen Feinde der Palästinenser einst die Opfer der schrecklichsten Verbrechen des zwanzigsten Jahrhunderts waren. Er empfindet Mitgefühl mit diesen Opfern und ihrem Schicksal. Mit erstaunlicher Weitsicht erinnert uns der Autor an die tragische Geschichte des Feindes. In einer viel zitierten Passage sagt Khalil zu seinem im Koma liegenden Ziehvater: »Du, ich und jeder einzelne Mensch auf dieser Welt hätte es wissen müssen, nicht schweigen dürfen und diesem Ungeheuer, das auf eine nie gekannte, bestialische Art Menschen verschlang, Einhalt gebieten müssen. Nein, nicht weil die Opfer Juden waren, sondern weil deren Tod auch den Tod des

Menschen in uns bedeutete.« In seinen Augen kann die Art, wie wir auf individueller Ebene handeln, eine universelle Dimension haben. Er fragt Yunus: »Aber sag, habt ihr in den Gesichtern derer, die zur Vernichtung abtransportiert wurden, keine Ähnlichkeiten mit euch selbst wahrgenommen?«

Lieber Baba, wie du siehst, will Khoury die Komplexität der Verhältnisse hervorheben: Opfer können zu Tätern werden – deshalb ist es so wichtig, sich bewusst zu machen, dass die Rollen tauschbar sind –, und Täter können zuvor Opfer gewesen sein. In einem Interview mit der israelischen Tageszeitung *Yediot Aharonot* hat er einmal gesagt: »Als ich an dem Buch arbeitete, wurde mir klar, dass der ›andere‹ der Spiegel meines Ichs ist. Wenn ich über ein halbes Jahrhundert der Erfahrung von Palästinensern schreibe, kann ich diese Erfahrung daher nicht ohne den Spiegel des israelischen ›anderen‹ verstehen. Ich habe mich deshalb beim Schreiben des Romans stark bemüht, nicht nur die stereotype Darstellung der Palästinenser aufzulösen, sondern auch die Klischees der Israelis, wie man sie in der arabischen und insbesondere palästinensischen Literatur findet, beispielsweise in den Werken von Ghassan Kanafani [1936–1972, Schriftsteller und einer der Führer der Volksfront für die Befreiung Palästinas, der von der israelischen Geheimpolizei Mossad ermordet wurde] und selbst bei Emile Habibi [1922–1996, ein palästinensisch-israelischer Schriftsteller und Mitglied der Knesset]. Der Israeli ist nicht lediglich Polizist oder

Besatzer, sondern der ›andere‹, ein Mensch mit eigener Erfahrung, und wir müssen diese Erfahrung verstehen. Unser Verständnis ihrer Erfahrung ist ein Spiegel des Verständnisses der palästinensischen Erfahrung.« Im Roman sagt Khalil: »Sie und wir. Wie du siehst, sind sie wie wir geworden, kommt das Sie inzwischen dem Wir gleich. Und das Wir kommt dem Sie gleich. Wir haben nun kein anderes Gedächtnis mehr.«

Dass man selbst einmal Opfer war, rechtfertigt nicht, andere zum Opfer zu machen. Nahila, Yunus' Frau, sagt zu dem Militärermittler, der sie befragt, dass die Juden zwar viel gelitten hätten, ihnen das jedoch nicht das Recht gebe, die Palästinenser zu malträtieren. Genau so ist es.

LIEBER BABA, ICH FINDE es schön, wie Grossman in *Eine Frau flieht vor einer Nachricht* eine politische Frage in eine existenzielle verwandelt: Können wir es uns erlauben, wenn wir anständige Menschen bleiben wollen in einer anstandslosen Zeit, unsere Feinde ohne Anstand zu behandeln? Grossmans Antwort – nein – ist der Kern seiner Weltsicht und die Grundlage für den Roman *Eine Frau flieht vor einer Nachricht*. Es stellt sich heraus, dass ein Leben als anständiger Mensch die größte Herausforderung überhaupt ist.

Kehren wir für einen Moment auf den Boden der historischen Tatsachen zurück: Das Gebot, den Feind anständig zu behandeln, hat im Laufe der Geschichte in guten, wenn auch keineswegs perfekten Lösungen wie den Genfer Konventionen, dem Völkerbund, den

Vereinten Nationen, der Allgemeinen Erklärung der Menschenrechte, dem Internationalen Strafgerichtshof und Mandelas Versöhnungsabkommen seinen Niederschlag gefunden. Bei jedem dieser Beispiele wurde vor dem Hintergrund von Krieg und Gewalt der Versuch unternommen, alle Beteiligten, und eben auch Feinde, fair und gerecht zu behandeln. Fällt dir hier ein Widerspruch auf, Baba? Der Krieg beruht ja gerade darauf, dass es keine anständige oder gerechte Art des Umgangs mit dem Feind gibt, während zugleich genau das eingefordert wird. Trotz des Widerspruchs geht es bei dieser Forderung darum, den Sinn für Würde und Anstand zu wahren, und zwar auch gegenüber einem Feind, der diesen Sinn nicht teilt, weil nämlich der Verlust der eigenen Würde und des Anstands dem Verlust des eigenen Lebens gleichkommt.

Diese Einstellung liegt den meisten Werken Grossmans zugrunde. Er schreibt, »dass in den Rüstungen Menschen stecken. In unseren und in denen unserer Feinde. In der Rüstung der Angst, der Gleichgültigkeit, des Hasses und der Verkümmerung der Seele. Was in jedem von uns in diesen schweren Jahren immer mehr erloschen ist, hinter all den Schutzwällen und Straßensperren und Wachtürmen gibt es *Menschen.*« Um dieses menschliche Wesen in der Rüstung zu sehen, müssen wir einen abgetrennten Bereich schaffen; eine alternative, fiktionale Realität. Wir müssen in einer anderen Sprache kommunizieren, die ohne Verallgemeinerungen, Kategorisierungen und ohne das auskommt, was er im Englischen als

Nationalisation, also als staatliche Aneignung oder Vereinnahmung bezeichnet. Wenn ich an *Eine Frau flieht vor einer Nachricht* denke, denke ich in Metaphern. Und ich verstehe auch, wie Grossman die Magie der Sprache, des Erzählens, als eine Art Schutz und Protest verwendet. Das Schreiben ist hier ein Akt des Widerstands gegen die absolute Stille des Todes, gegen die Verallgemeinerungen, die immer schon den Tod nachahmen, indem sie die Details und das Individuelle, die Besonderheit des Einzelnen auslöschen. Eine Möglichkeit, sich gegen Krieg und Tod zur Wehr zu setzen, besteht darin, sich an das Leben zu erinnern, mit all seinen Banalitäten. Und zärtlich zu sein. Das ist das Erste, was Krieg und Unterdrückung einem nehmen: Zärtlichkeit.

IN *EINE FRAU FLIEHT VOR EINER NACHRICHT* fragt Ora sich, ihre Familie, Avram und schließlich die Leser des Buches: Wie steht es um einfachen menschlichen Anstand? Ist das Leben lebenswert, wenn wir gezwungen sind, ihn aufzugeben? Wir sahen uns in der Islamischen Republik vor die gleichen Fragen gestellt, und ich kann mich in Ora gut hineinversetzen. Wir begegnen in diesem einen Buch so vielen Kriegen und Kämpfen gegen Feinde, aber der wichtigste scheint mir Oras Kampf gegen die Selbstgefälligkeit und Grausamkeit ihrer eigenen Leute und Familie zu sein. In diesem Kampf geht es nicht nur darum, ihre Familie zusammenzuhalten, sondern auch darum, dass sie anständig bleibt.

Es gibt in dem Roman eine schreckliche Episode, in der die israelischen Soldaten in Ofers Einheit einen alten Palästinenser aus dem Dorf Dura achtundvierzig Stunden lang in einem Kühlraum einsperren. Sie hatten vergessen, dass er in dem Kühlraum war, und als sie sich wieder an ihn erinnern und ihn befreien, ist er verrückt geworden. Ora kommt nicht darüber hinweg, dass Ofer ihn einfach in dem Kühlraum vergessen hatte. Ihr Mitgefühl, ihre Vorstellungskraft, gilt dem Palästinenser; sie hat das Gefühl, dass »man heutzutage als Palästinenser wahnsinnig werden muss, damit man von den Checkpoints und den ganzen Erniedrigungen nichts mitkriegt«.

Oras Familie bricht auseinander, weil sie, Ora, sich nicht mit dem Gedanken abfinden kann, dass ihr Sohn jemanden töten muss, selbst wenn es sich dabei um seinen Feind handelt. In ihrer Wut und Panik beklagt sie, wie gewaltsam ihr Land ins Leben ihrer Familie eindringt. »Es war die alte Geschichte: Dieser Staat hatte seinen schweren Militärstiefel wieder einmal brutal da hingesetzt, wo er nichts zu suchen hatte.« Im weiteren Verlauf des Romans wird deutlich, dass das zentrale Thema die Zerstörung von Oras Familienleben durch eine äußere Kraft und Oras anschließender Versuch ist, dieses Leben wiederherzustellen, es zu begreifen, indem sie selbst ihre Geschichte erzählt.

Ora hat in zweifacher Hinsicht Angst, Ofer an den Krieg zu verlieren – sie hat Angst, dass er im Krieg stirbt, aber ebenso, dass er durch den Krieg seine Menschlichkeit verliert, wenn er überleben sollte, oder die Menschlichkeit ihm vor dem Hintergrund der Anforderungen des Krieges zu etwas Nebensächlichem wird. Darum will sie, dass er ihr verspricht, niemanden zu töten, auch nicht den Feind. Sie ist überzeugt, dass »es nicht passieren durfte, dass Ofer einem Menschen etwas antat. Denn wenn das geschähe – selbst wenn er tausend gute Gründe dafür hätte, selbst wenn einer mit einem entsicherten Sprengsatz vor ihm stünde –, würde Ofers Leben danach kein Leben mehr sein. So einfach war das, da gab es nichts zu diskutieren, er würde kein Leben mehr haben.«

WIE KANN MAN UNTER solchen Umständen überleben, Baba jan? Und wie – jenseits der Frage des schieren Überlebens – sein Leben mit Anstand und getreu den eigenen Prinzipien führen? Grossman entscheidet sich für den von ihm so genannten »literarischen Umgang« mit »uns selbst, mit dem Feind, mit dem politischen Konflikt, mit unserem Leben«. Ich verstehe diesen Begriff so, dass Literatur ein Akt des Widerstands gegen die Entmenschlichung ist. Krieg und Trauma stumpfen die Sinne ab und lassen unsere Gefühle erstarren. Die Literatur stellt uns wieder her, weckt Emotionen und gibt uns unseren Sinn für Individualität und Integrität zurück. Schreiben und Lesen werden zu Formen des Protests, zu einer existenziellen Rebellion gegen angeordnete Gewalt. Mensch zu bleiben, *menschlich* zu bleiben wird zur obersten Maxime. Das lässt sich vor allem an den Worten und Taten Oras und Avrams beobachten, den beiden Figuren des Romans, die Geschichten erzählen. Ora hofft auf die magische Wirkung des Erzählens: Wenn sie Ofers Geschichte erzählt, wird sie ihn vor dem Tod bewahren. Wie in *Tausendundeine Nacht* führt eine Geschichte zur nächsten, wobei Ora auf der Wanderung mit Avram Ofers Leben mit den Lebensgeschichten anderer verknüpft. Diese Geschichten sind Akte des Widerstands gegen Tod und Vergessen.

Während Oras und Avrams Reise wird, wie in Scheherazades Geschichte, immer deutlicher, dass sowohl die Erzählende als auch der Zuhörer an der Handlung teilhaben und Teil der Erzählung werden. Avram, der sich vom Leben abgekehrt hatte, kommt durch Oras Erzählungen allmählich wieder zu Sinnen, und ihm wird bewusster, dass er seit seiner Gefangenschaft eigentlich kein richtiges Leben mehr geführt hat. Er ist zwar nicht König Schahriar, aber genau wie dieser blüht er beim Zuhören langsam auf. Ora ruft in ihm die Erinnerung an sein früheres Selbst wach, wie lebendig, wie unbändig wortgewaltig er war, als Leben und Schreiben für ihn noch untrennbar zusammengehörten.

Am Ende des Romans wissen wir nicht, was die Zukunft bringen wird und ob Ofer überlebt oder stirbt. Wir wissen aber, dass durch den Akt des Geschichtenerzählens etwas Bedeutendes geschehen ist. Und wir wissen, dass Ora bis zu einem gewissen Grad die Kontrolle über ihr bis dahin vom Staat vereinnahmtes Leben zurückerlangt, indem sie nämlich Herrin ihrer eigenen Geschichte wird. Was die Zukunft auch bringt, es gibt einen Ort in ihren Geschichten, an dem Ofer fortan leben wird, und dieses Leben kann ihm niemand nehmen. Es war einmal ein verzweifeltes und verliebtes Paar, Ora und Avram, die bekamen ein Kind, Ofer, und »irgendwann, nicht jetzt, aber irgendwann mal«, sagt Ora zu Avram, »wirst du über unsere Wanderung schreiben. (...) und zum Schluss (...) wird daraus ein Buch geboren werden.«

Lieber Baba, erinnerst du dich an den wunderschönen Frühlingstag in Teheran, als du wie so oft vorbeikamst, um mit mir und den Kindern in den Park zu gehen? Vielleicht hast du ihn ja vergessen, auch wenn ich das bezweifle. Ich möchte ihn noch einmal mit dir durchgehen, und ich will ihn nie vergessen. Ich hielt Dara an der Hand und du Negar. Es war ein friedlicher Tag, der das trügerische Gefühl von Ruhe und Sicherheit vermittelte. Du hast mit den Kindern ein Spiel gespielt, bei dem es um imaginäre Wesen ging, die in den Bäumen lebten. Ihr habt euch darüber unterhalten, dass es in den Stämmen und Ästen der Bäume Tunnel gäbe, die zu den Wohnungen der Baummenschen führten, und wie die Wurzeln die Bäume miteinander und mit einer unterirdischen Welt unter den Bäumen verbanden. Da erschien plötzlich in der Ferne eine Wolke am Himmel, dann der Einschlag einer Rakete, dann der Rauch. Wir beide erstarrten und sahen uns an. Negar und Dara zogen dich ungeduldig am Ärmel und wollten, dass du die Geschichte weitererzählst. Und du hast so getan, als wäre die Wolke nur eine Wolke, und hast weitererzählt.

Erinnerst du dich, wie du später an jenem Tag zu mir gesagt hast, dass wir, solange wir Angst empfinden, lebendig sind? Unsere Ängste gehörten zum Leben, hast du gesagt, sie seien der Beweis dafür, dass wir leben, denn das Reich des Todes kenne keine Angst. Nur müsse man wissen, wie man seine Ängste kontrollieren und sich gegen sie zur Wehr setzen kann. Du hast gesagt, es tue dir leid, uns so erzogen zu haben, dass wir meinten, unsere Ängste und Schmerzen vor der Welt verbergen zu müssen. Du hättest uns lehren sollen, sagtest du, Angst und Schmerz zuzulassen und uns ihnen zu stellen.

Ich habe diesen Tag, der so vollkommen war, bevor die Rakete fiel, noch ganz klar vor Augen. Ich wollte die schönen Momente festhalten, bewahren, die Zeit zurückdrehen vor dem Einschlag der Rakete, vor dem Schock. Wie viele Raketen in der Stadt auch einschlugen, jede schien immer die erste zu sein. Ich wollte einfach nur, dass der Moment nicht vergeht: Du hältst Negars Hand, ich Daras, deine Stimme ist leise und geheimnisvoll, als du die Baumbewohner und ihre Häuser beschreibst. Aber ich glaube nicht mehr an vollkommene Tage, nicht seit ich das Grauen erlebt habe, das in der Schönheit und Zärtlichkeit verborgen liegt.

Ich möchte also durch das Schreiben jenen lang zurückliegenden Tag festhalten, an dem wir in den Park gingen – wir vier: du, ich, Negar und Dara. Wir hätten sterben können, aber wir haben überlebt, und von da an war kein Baum mehr nur ein Baum.

SOWOHL FÜR KHOURY ALS auch für Grossman ist das Geschichtenerzählen ein Akt der Liebe. Schreiben hat immer auch etwas Hoffnungs- und Liebevolles. Es erfordert Empathie – man muss sich den Herzen und Gedanken anderer Menschen öffnen. Es kündet nicht allein davon, wie die Dinge sind, sondern auch davon, wie sie sein könnten – und eben darin liegt das Wesen der Hoffnung.

Khoury schildert detailliert das Leiden der Palastinenser und sinnt dabei doch nie auf Rache. Stattdessen wendet er sich der Liebe zu. Da er an die heilende Kraft der Liebe glaubt, rückt der Autor die beeindruckende, ergreifende Liebesgeschichte zwischen Yunus und seiner Frau Nahila ins Zentrum des Romans. Yunus verbringt sein Leben größtenteils im Kampf, führt daneben aber auch ein weiteres, ganz anderes Leben: Mit Nahila trifft er sich heimlich in einer Höhle, von Yunus »Tor zur Sonne« genannt, in der sie miteinander schlafen, essen, streiten und Neuigkeiten austauschen.

An einer Stelle erinnert sich Khalil daran, dass der Schriftsteller Kanafani Yunus interviewt hatte, dann aber beschloss, nicht über ihn zu schreiben, »denn er war auf der Suche nach symbolischen Geschichten, und deine Geschichte war nur die eines liebenden Mannes. Was ist schon symbolhaft an dieser völlig belanglosen Geschichte? Wie hätte er deine Liebesgeschichte, die Liebe eines Mannes zu seiner Ehefrau, ernst nehmen können? Ist es die Geschichte der Liebe eines Mannes zu seiner Ehefrau überhaupt wert, niedergeschrieben zu werden?« Wie würdest du die Frage beantworten, lieber Baba?

Im Laufe der Geschichte wird uns klar, dass Yunus, der Kämpfer, nur eine leere Hülle gewesen wäre – sein Leben und Tod bedeutungslos –, wenn er nicht Nahila so heftig und bedingungslos geliebt hätte. Das würde man über einen Krieger, der sein Leben ganz dem Kampf verschrieben hat, eigentlich nicht denken, Baba jan, aber wie wir selbst während des Krieges und der Revolution erfahren haben, kommt der Liebe unter solch extremen Lebensbedingungen ungeheuer viel Bedeutung zu. Wenn man Zeuge wird von Grausamkeiten, die einen den Glauben an die Menschheit und das eigene Menschsein verlieren lassen, kann dieser Glaube durch die Liebe eines einzelnen Menschen wiederhergestellt werden. Khalil sagt zu Yunus: »Für deine Liebe hast du jedes Mal den Tod in Kauf genommen. Ist das nicht großartig! Ist deine Geschichte nicht einzigartig!«

ICH FÜHLE MICH JETZT, gegen Ende dieses Briefes, leichter, bin mir aber nicht sicher, ob ich deutlich genug beschrieben habe, wie intensiv ich sowohl Freude als auch Schmerz verspürt habe, als ich *Eine Frau flieht vor einer Nachricht* las, die Gefühle der Zärtlichkeit und Trauer bei *Das Tor zur Sonne* oder das Gefühl der Verbundenheit und Menschlichkeit, das ich bei der Lektüre von *Places and Names* empfand. Auch bin ich mir nicht sicher, ob meine Argumentation den jungen Mann, dem so sehr an Fakten lag, zufriedengestellt hätte. Keines der Bücher, über die ich jetzt mit dir gesprochen habe, gehört zu der Sorte, die einem warm ums Herz werden lässt und ein wohliges Gefühl vermittelt. Sie sind nicht beruhigend, sondern verstörend – umso mehr, als sie zum Kern der Fakten durchdringen, sie für uns sichtbar machen und über sie hinausblicken lassen. Fakten müssen, wie der sprichwörtliche Ton in unseren Händen, geformt und zum Leben erweckt werden, um lebendig zu werden, und in diesen Büchern werden sie lebendig. Genau wie du, Baba, Geschichten lebendig werden ließest und uns damit so sehr bereichert hast.

Während ich diese Worte schreibe, erinnere ich mich an Avram, der Ora zuflüstert: »*Und ob ich schon wanderte im finstern Tal, (...) fürchte ich kein Unglück,* denn meine Geschichte ist bei mir.«

In Liebe,
Babas Tochter,
Azi

DER VIERTE BRIEF:

ATWOOD

11. BIS 26. MAI 2020

Liebster Baba,

heute Morgen bin ich schon um fünf aufgewacht, früher als sonst, und da ich nicht wieder einschlafen konnte, bin ich aufgestanden, habe mir Kaffee gekocht und bin dann mit der Tasse auf den Balkon, um den Potomac zu grüßen. Es war noch dunkel, und ich konnte den Fluss eher spüren als sehen. Ich spürte zwei Arten von Stille gleichzeitig. Zum einen die Stille des Flusses am frühen Morgen, in seiner Schönheit und Ruhe, die Bäume wie Schatten in der Dunkelheit. Zum andern die innere Stille; das Gefühl, das ich habe, wenn ich an das Virus denke, beunruhigend und heimtückisch. Das Coronavirus bringt eine todesgleiche Stille mit sich, als ob mich die Angst vor dem Virus wie ein Nebel umhüllen würde. Diese Stille ist so durchdringend und bedrohlich, dass sie auch durch

Beruhigungsmittel nicht verschwindet. Sie ist existenzieller Natur. Anders als während des Iran-Irak-Krieges ist die Bedrohung jetzt jedoch nicht mit lauten Geräuschen verbunden, sondern verfolgt mich stumm, umgibt mich, kalt und klamm.

Und dann ist da noch die Stille des Buches, über das ich dir heute schreiben will, Baba, Margaret Atwoods *Der Report der Magd*. Mir scheint, dass die Autorin darin beide Seiten der Stille nebeneinanderstellt: Schönheit und Tod, Letzterer von der Sorte, die wir beide erlebt haben, als wir in einer totalitären Gesellschaft lebten und eine ständige Gefahr in der Luft lag, auch in relativ friedlichen und ruhigen Momenten.

Ich wollte schon immer mal mit Margaret Atwood über *Der Report der Magd* sprechen. Als ihr Bestseller von 1985 für eine populäre Fernsehserie adaptiert wurde, die 2017 anlief, schien das Publikum Trumps Denkweise instinktiv mit der der Herrscher in Atwoods Republik Gilead in Verbindung zu bringen. Bei meiner ersten Begegnung mit ihr auf dem Toronto International Festival of Authors im Harbour Front Center erzählte sie mir in unserem kurzen Gespräch, dass ihre Bücher ins Persische übersetzt worden waren. Ich überlegte damals, ihr von meiner Erstlektüre von *Der Report der Magd* zu erzählen – wie schwierig es für mich war, da die Grenzen zwischen ihrer Erzählung und meiner Realität immer zu verschwimmen schienen, das eine das andere überlagerte, sodass ich zunächst auf ihren literarischen Text so reagierte, als beschriebe er meine Realität. Ich habe es ihr damals nicht erzählen können, da schlicht die Zeit gefehlt hätte, es ihr genauer zu erklären.

In meiner Wahlheimat Amerika hat das Interesse an *Der Report der Magd* und an der Fortsetzung *Die Zeuginnen* aus dem Jahr 2019 enorm zugenommen. Ich lebe zwar nicht mehr im Iran, aber die Realität in Trumps Amerika wird nicht nur immer unwirklicher und geradezu surreal, geprägt von Angst und von der Sorge, wohin sich das Land entwickeln wird. Du, Baba jan, würdest vielleicht einwenden, dass dieses Amerika nicht die Islamische Republik ist. Und du hättest ja recht, aber dennoch lassen sich bei Trump und seinen Anhängern Zeichen und Erscheinungsformen totalitären Denkens beobachten, die man nicht unterschätzen sollte.

Nachdem *Der Report der Magd* in Amerika erneut in den Bestsellerlisten stand, wollte ich gern wissen, wie es dem Buch im Iran ergangen war, also rief ich Shirin an, die eine leidenschaftliche Leserin ist. Sie sagte, unsere gemeinsame Freundin Maryam, eine bekannte Übersetzerin, habe ihr erzählt, dass viele von Atwoods Büchern in Übersetzungen vorlägen und *Der Report der Magd* sehr erfolgreich sei und bereits elf Auflagen erlebt habe. »Aber ich weiß nicht, wie ich es geschafft habe, das Buch zu lesen«, sagte sie. »Eigentlich war es kaum zu ertragen. Ich habe die letzten vierzig Jahre in der Welt gelebt, die Atwood in ihrem Buch beschreibt, und ich muss es nicht noch mal durchleben.«

Shirin sagte, das Schlimmste daran sei, soweit sie das von mir und anderen Freunden in den USA gehört habe, dass viele Amerikaner den im Buch beschriebenen totalitären Staat zwar für ein Grauen hielten, das es in den USA um jeden Preis zu verhindern gelte, dass eine Gilead nicht unähnliche Staatsform wie die Islamische Republik jedoch durchaus zum Iran passe, da sie »unsere Kultur« repräsentiere. Noch schlimmer sei, sagte ich, dass die Vereinigten Staaten tatsächlich eine ähnliche Entwicklung wie Gilead nehmen könnten. Atwood hat den Staat in ihrem Buch nicht umsonst auf dem Gebiet der USA angesiedelt. Wir kamen dann auf eines unserer Lieblingsthemen zu sprechen: wie das islamische Regime zu seiner Legitimation allen weismachen will, dass die Theokratie, die es unserem Volk aufgezwungen hat, in der wahren Kultur und Tradition des Iran verwurzelt sei.

Ich erklärte Shirin, wie nahe es mir gehe, dass diese falsche Behauptung von so vielen Rechten wie Linken im Westen, insbesondere in Amerika, einfach hingenommen werde. Wie herablassend es sei, zu glauben, die Menschen aus anderen Kulturen wollten nicht ebenso frei sein wie die Menschen hier und die Frauen dort nicht die gleichen Rechte haben wie die, für die Amerikanerinnen gekämpft haben – und das, obwohl auch die Frauen in den meisten dieser Kulturen, einschließlich des Iran, seit mehr als einem Jahrhundert für eben diese Rechte kämpfen, bis heute. Wenn ich die Not der Frauen in der islamischen

Republik beklagt habe, bekam ich oft zu hören: »Das ist eine westliche Sicht«, und »Das ist nun mal ihre Kultur!«

Shirin stimmte dem zu. »Wir haben eine jahrtausendealte Geschichte und Kultur«, sagte sie, »die größtenteils in die vorislamische Zeit fällt, als Persien das größte Reich der alten Welt war. Und auch in der islamischen Zeit des Landes haben wir viele große Dichter, Wissenschaftler und Philosophen hervorgebracht. Wir wissen unendlich viel über die westliche Geschichte und Kultur. Was weiß der Westen über unsere Geschichte und Kultur? Was wissen die Menschen dort über unsere Dichter, Wissenschaftler und Philosophen?«

Ich erinnere mich, Baba jan, dass du dich immer darüber beklagt hast, wie wenig die Amerikaner, selbst ihre Politiker und sonstigen Persönlichkeiten des öffentlichen Lebens, über andere Länder wissen, mit ihrem Unwissen dabei aber ausgesprochen positiv und entspannt umgehen. Die Welt, so sagtest du, wisse enorm viel über Amerika, während Amerika kaum etwas über die Welt wisse. Die völlige Unwissenheit der Amerikaner über den Iran und die anderen Länder der »islamischen Welt« dürfte dich also kaum überraschen.

Ich erzählte Shirin, dass ich schon 1997, als ich in die USA zurückzog, einen Wandel in der Haltung gegenüber diesen Ländern festgestellt hatte. Das verschärfte sich natürlich nochmals nach dem 11. September. Zu meiner völligen Überraschung und

Bestürzung wurde dem vom Regime der Islamischen Republik in die Welt gesetzten Mythos über den Iran und den Islam Glauben geschenkt und dieser auch auf alle anderen mehrheitlich muslimischen Länder übertragen. All diese Länder mit ihrer jeweils ganz unterschiedlichen Geschichte und ihren verschiedenen Nationalitäten, Sprachen und Kulturen wurden auf einen einzigen Aspekt reduziert: die Religion. Und diese Religion, die, wie andere Religionen auch, viele verschiedene Richtungen und Auslegungen hat, wurde auf ihre extremsten Ausprägungen reduziert: den Fundamentalismus und die Scharia. Und dann wurden diese Länder schließlich noch ihrer Namen beraubt und als »islamische Welt« zusammengefasst, ohne jede Rücksicht auf die Vielfalt des Islam und seiner Vertreter. Ungefähr so, als würde man Frankreich, Großbritannien und die Vereinigten Staaten als »christliche Länder« und Teil der »christlichen Welt« zusammenfassen!

Politiker der äußersten Rechten wie Trump bedienen sich dieser Verallgemeinerungen für ihre reaktionäre und rassistische Politik gegenüber Menschen aus mehrheitlich islamischen Ländern und begründen sie damit, dass Gewalttätigkeit zu »ihrer Kultur« gehöre, während Vertreter der äußersten Linken davor warnen, Kritik an »ihnen« zu üben, da man »ihre Kultur« zu achten habe, und damit keinen Unterschied machen zwischen Herrschenden und Beherrschten, den Regimen, die solche Mythen in die Welt setzen, und den Menschen, die ihnen unterworfen sind. Das wäre so, sagte ich zu Shirin, als würde man sagen, Trumps Amerika sei das gesamte Amerika.

Wir unterhielten uns noch eine Weile, und als wir auflegten, war es hell, und auf der Oberfläche des Potomac schimmerten kleine Wellen. Die auf der anderen Seite des Flusses, in Virginia gelegenen Hochhäuser tauchten langsam hinter den Bäumen aus der Dunkelheit auf, und ich trank meine dritte Tasse Kaffee. Ich erinnerte mich daran, dass Mitra, eine andere Freundin und Immigrantin wie ich, mir erzählt hatte, dass es auch ihr schwergefallen sei, *Der Report der Magd* zu lesen. »Mich nimmt es zu sehr mit«, sagte sie. Meine beiden Freundinnen sind leidenschaftliche Leserinnen und können ohne Probleme beklemmende dystopische Romane wie *1984* lesen. Was macht Atwoods Buch für sie so unerträglich?

ICH HABE *DER REPORT der Magd* zum ersten Mal 1998 gelesen. Die Geschichte spielt in einer nach dem Sturz der US-Regierung errichteten Theokratie. Die Erzählerin ist eine Frau namens Desfred, eine der »Mägde«, deren Aufgabe es ist, Kinder für die »Kommandanten«, die Führungsschicht, zu gebären. Als ich das Buch gelesen habe, waren meine Erinnerungen an das Leben in der Islamischen Republik noch frisch – ich lebte zwar physisch in den USA, emotional aber immer noch im Iran. Besonders nachts, wenn ich Albträume hatte und mit einem klaustrophobischen Gefühl aus dem Schlaf aufschreckte. In den ersten Jahren nach meinem

Umzug aus dem Iran zurück in die USA las ich unheimlich viel, um nachzuholen, was mir dort alles entgangen war. Ich nahm mir einen Autor vor, versuchte, alles von ihm zu lesen, und dann kam die nächste Autorin. Die Bücher von Atwood verschlang ich eines nach dem anderen: *Alias Grace, Tips für die Wildnis, Der lange Traum, Lady Orakel, Die eßbare Frau.* Als ich die ersten Kapitel von *Der Report der Magd* las, war ich erstaunt über die Ähnlichkeiten zwischen der theokratischen Republik Gilead im Buch und der Islamischen Republik Iran – es kamen viele vertraute Gefühle wieder hoch.

Die Ähnlichkeiten, Baba jan, sind nicht einfach ein subjektiver Eindruck. *Der Report der Magd* endet mit einem akademischem Symposion in der Zukunft. Der Hauptredner Professor Pieixoto, ein Experte für die Republik Gilead, hält einen Vortrag mit dem Titel »Iran und Gilead: Zwei Monotheokratien des späten zwanzigsten Jahrhunderts im Licht von Tagebüchern«. Atwood war sich der Ähnlichkeiten zwischen Gilead und der Islamischen Republik Iran natürlich bewusst. Wenn wir den Eindruck haben, dass der Roman die Realität widerspiegelt, liegt es jedoch vor allem daran, wie virtuos Atwood für den Entwurf ihres fiktiven Staats historische Fakten heranzieht. Wenn du die Geschichte gelesen hättest, Baba, würdest du mir sicher zustimmen, dass Atwood neben vielen Details auch die Atmosphäre und Stimmung in einem totalitären Staat wie der Islamischen Republik sehr genau einfängt.

2017 schrieb Atwood einen Essay für die *New York Times* über die Bedeutung von *Der Report der Magd* im Zeitalter von Trump, in dem sie erklärt, dass die Begebenheiten des Buches tatsächlich auf historischen Fakten beruhen. Einige dieser faktischen Details habe sie bei Besuchen in Osteuropa während der Sowjetzeit erfahren. In Anspielung auf eine Zeile aus einem Gedicht der amerikanischen Dichterin Marianne Moore erklärt sie ihr Vorgehen mit den Worten: »Wenn ich einen imaginären Garten anlegen würde, würde ich wollen, dass die Kröten darin echt sind.« Für ihre Leserinnen, die in der Islamischen Republik gelebt haben, waren ihre Kröten nur allzu echt. In dem Artikel erklärt sie auch: »Eine Regel war, dass ich keine Ereignisse in das Buch aufnehmen würde, die nicht schon einmal in dem von James Joyce so genannten ›Albtraum der Geschichte‹ vorgekommen waren.«

Auch wenn sie in dem Artikel schreibt, dass die Fakten des Romans auf realen Ereignissen in der westlichen Welt beruhen, ergeben sie das Bild einer theokratischen Republik, die in vielem ein fiktionaler Zwilling der Islamischen Republik Iran ist. Atwood schreibt, dass die nach einem Staatsstreich in den Vereinigten Staaten gegründete Republik Gilead »auf den puritanischen Wurzeln des siebzehnten Jahrhunderts fußt, die sich immer unter dem modernen Amerika verbargen, das wir zu kennen meinten«, und zwar bis hin zur bescheidenen Kleidung, die die Frauen in Atwoods Buch tragen.

Sie schreibt weiter: »Viele historische Begebenheiten fließen in *Der Report der Magd* mit ein: Massenhinrichtungen, Luxusgesetze und Kleiderordnungen, Bücherverbrennungen, das Lebensborn-Programm der SS [zur Steigerung der Geburtenrate »arischer« Kinder] und der Kinderraub der argentinischen Generäle, die Geschichte der Sklaverei, die Geschichte der Polygamie in den USA ...«

Lass mich noch etwas weiter ausführen, inwiefern die Republik Gilead der Islamischen Republik Iran gleicht, Baba jan. Zunächst einmal ist Gilead, ebenso wie der Iran, eine Theokratie – oder, wie Atwood es nennt, eine Monotheokratie, in der die Gesetze auf einer wörtlichen Auslegung der Bibel beruhen und in der extreme Angst und Gewalt herrschen. Die öffentlichen Hinrichtungen in Gilead ähneln den öffentlichen Hinrichtungen und Steinigungen, deren Zeugen wir im Iran wurden. In Gilead sind religiöse Minderheiten und christliche Glaubensgemeinschaften, die von der extremen Bibelauslegung durch die Herrscher Gileads abweichen – wie Baptisten, Katholiken und Quäker –, der Verfolgung ausgesetzt. Ganz ähnlich sieht es in der Islamischen Republik aus, wo nicht nur Juden, Bahai und Zoroastrier, Christen und Atheisten unterdrückt werden, sondern auch muslimische Glaubensgruppen wie die Sunniten, Sufis und Schaichi. In beiden Republiken werden Frauen und Minderheiten verfolgt. Beide betrachten Frauen als geistig minderbemittelt, den Männern untergeordnet, ihre Körper als sündig, warum sie auch von Kopf bis Fuß zu verhüllen sind. Wahrscheinlich müssen wir dankbar sein, dass die Situation der Frauen im Iran nicht ganz so schlimm ist wie die der Frauen in Gilead, wo sie nicht schreiben und lesen dürfen und ihnen die menschliche Würde abgesprochen wird. Im Iran gibt es zwar Zensur und Bücherverbote, aber immerhin wird in dieser Hinsicht kein Unterschied zwischen den Geschlechtern gemacht.

In der hierarchischen Ordnung Gileads bilden die Frauen der Kommandanten die Spitze, gefolgt von den »Marthas«, einfachen Haushilfen, und den »Ökonofrauen«, der untersten Klasse. Mägde bilden eine eigene Klasse; sie sind wichtig, aber nur aufgrund ihrer Funktion als Gebärmaschinen. Für die Mägde mit ihrem schrecklichen Schicksal empfinde ich großes Mitgefühl. Die Lösung für das in Gilead auftauchende Problem der Unfruchtbarkeit ist denkbar brutal. Die Vorstellung, wie diese jungen, gebärfähigen Frauen zu einer bizarren monatlichen »Befruchtungszeremonie« mit dem ihnen zugewiesenen Kommandanten gezwungen werden, und dass die Kinder, die sie zur Welt bringen, nicht ihnen gehören, sondern den Frauen der Kommandanten übergeben werden, ist grauenhaft. Und nicht nur das: Stellt sich heraus, dass eine Magd unfruchtbar ist, bedeutet es für sie den sicheren Tod oder die Verbannung in die Kolonien, wo sie ein Leben erwartet, das mitunter schlimmer als der Tod ist.

Darüber hinaus gibt es in Gilead unverheiratete »Tanten«, die als einzige Frauen lesen und schreiben dürfen, da ihre Aufgabe darin besteht, die anderen Frauen einer Gehirnwäsche zu unterziehen und sie zu indoktrinieren. Wenn ich darüber nachdenke, ähneln die Tanten in Gilead in gewisser Weise den Frauen, die in der Islamischen Republik zusammen mit bewaffneten Männern auf den Straßen patrouillierten, um nicht vorschriftsmäßig verschleierte Frauen aufzuspüren und zu verhaften und sie dann – während man sie ins Gefängnis abführt – zu belehren und sie dazu zu bringen, ihrem sündigen Lebenswandel abzuschwören und Gottes Gesetze zu befolgen. Erinnerst du dich an sie, Baba, die Miliz der Sittenpolizei, die sich »Blut Gottes« nannte? Aber die iranischen Frauen haben sich widersetzt und nicht klein beigegeben: Sobald sie wieder auf freiem Fuß waren, machten sie sich direkt wieder derselben »Vergehen« schuldig. Irgendwann kam das Regime zu dem Schluss, dass die Patrouillen nicht die erhoffte Wirkung hätten, und schaffte sie ab. In ganz ähnlicher Weise hat der Widerstand der Frauen noch zu weiteren Lockerungen der Vorschriften bezüglich des öffentlichen Auftretens von Frauen geführt; die Gesetze blieben zwar in Kraft, ließen sich aber zunehmend schwieriger umsetzen.

BABA JAN, DIE SITUATION ist in beiden Ländern, die ich meine Heimat nenne, in den letzten Monaten so absurd geworden, dass ich mich manchmal wie in einem psychedelischen Song einer meiner Lieblingsbands, Queen, fühle, als würde ich langsam »slightly mad«, wie Freddy Mercury singt. Meine Freundin Shirin meinte, ich solle die Ansprache lesen, die Ayatollah Khamenei, der oberste Führer der Islamischen Republik, anlässlich des iranischen Neujahrs am 21. März gehalten hat. Khamenei kam in der Rede auch auf das Coronavirus zu sprechen – aber nicht etwa, um vernünftige Maßnahmen zu verkünden, sondern um die Theorie zu entfalten, dass übernatürliche Wesen, die sogenannten Dschinn, zusammen mit menschlichen Feinden gegen die Islamische Republik intrigierten. Er sagte: »Die Dschinn und die menschlichen Feinde helfen sich gegenseitig. Die Geheimdienste vieler Länder arbeiten zusammen gegen uns.« Er lehnte medizinische Hilfe sowohl aus den USA als auch seitens der Ärzte ohne Grenzen ab und sagte, dass der »schlimmste Feind der Islamischen Republik« – Amerika – ein Medikament entwickelt habe, das angeblich der medizinischen Behandlung diene, in Wirklichkeit aber die Krankheit im Iran nur noch weiter verbreiten würde, statt sie zu bekämpfen. Khamenei, der oft Parallelen zwischen sich und dem Propheten zieht, glaubt, dass die USA einen Stamm des Virus entwickelt haben, an dem nur die Iraner erkranken.

Ich erzählte Shirin, dass Aberglaube und Verschwörungstheorien auch in den Vereinigten Staaten weitverbreitet seien, wo Trump, der seinerseits gern Parallelen zwischen sich und großen historischen Figuren wie Abraham Lincoln zieht, unter anderem vorschlug, gegen COVID-19 mit dem Spritzen von

Bleichmittel vorzugehen. Solche Absurditäten behaupten die beiden Staatsführer, während Tag für Tag mehr Menschen in ihren Ländern an dem Virus sterben. Der Iran hatte am Anfang der Pandemie wohlgemerkt eine der weltweit höchsten Infektions- und Todesraten. Statt sich um den Schutz der Bevölkerung zu bemühen, hat sich die iranische Regierung darauf konzentriert, Informationen über die Zahl der Todesopfer zu unterdrücken und das medizinische Personal zum Schweigen zu bringen. Trump verschließt derweil weiter die Augen vor der Gefahr und erzählt irgendeinen Unsinn. Sowohl in der Islamischen Republik als auch in den USA grenzt derzeit vieles ans Absurde. Die Tragödie ist, dass wir mit dieser Absurdität leben und sie hinnehmen.

IN IHREM ARTIKEL FÜR die *New York Times* erwähnt Atwood, dass ihr als Vorbild für das Befruchtungsritual, dem die Mägde unterzogen werden, die biblische Geschichte von Jakob und seinen zwei Frauen, Rahel und Lea, und deren zwei Mägden gedient habe. Rahel, die »unfruchtbar« ist, weist Jakob an, mit ihrer Magd Bilha zu schlafen, um ihr auf diese Weise Kinder zu »verschaffen«: »Da ist meine Magd Bilha. Geh zu ihr! Sie soll auf meinen Knien gebären, dann komme auch ich durch sie zu Kindern.« Zum Verlust der körperlichen Selbstbestimmung und der eigenen Kinder kommt in *Der Report der Magd* der Verlust des eigenen Namens hinzu. Die Mägde bekommen den Namen ihres Kommandanten mit dem Präfix »Des« als

Besitzkennzeichnung. Die Protagonistin des Romans heißt zum Beispiel Desfred. Des Fred.

In der Islamischen Republik mag es zwar keine Mägde geben, aber sowohl in Gilead als auch im Iran gelten die Körper von Frauen als etwas Anstößiges, allein zur Fortpflanzung geschaffen und den Männern zu Diensten. Wie in Gilead werden Frauen aufgefordert, sich den Blicken von Männern zu entziehen. Frauen müssen sich für Männer unsichtbar machen, da ihre Körper als Quelle der Sünde und Versuchung gelten, weshalb in beiden Staaten die Haare und Körper von Frauen vollständig bedeckt sein müssen. Wie es bei Atwood heißt: »Bescheiden sein ist unsichtbar sein, pflegte Tante Lydia zu sagen. Vergesst das nie. Gesehen werden, *gesehen* werden, bedeutet, und hier zitterte ihre Stimme, penetriert zu werden.«

Baba jan, ich muss hier in den USA wieder und wieder erklären, dass die Verschleierungspflicht im Iran eben deshalb zu einem so zentralen Thema des Kampfes für Frauenrechte geworden ist, weil die Kontrolle über das Erscheinungsbild von Frauen in der Öffentlichkeit zum Symbol der Staatsmacht und Kontrolle über die Bevölkerung geworden ist. Ich erkläre also immer wieder, dass die Einführung der Verschleierungspflicht nach der Revolution von 1979 wenig mit dem Glauben, aber sehr viel mit der Kontrolle des Staats über seine Bürgerinnen zu tun hat. Frauen sollten zur Uniformität gezwungen, unsichtbar gemacht und ihrer Macht beraubt werden. Der Kampf gegen die Verschleierungspflicht ist also kein Kampf gegen die Religion, sondern für die Entscheidungs- und Meinungsfreiheit, weshalb sogar einige Frauen, die freiwillig den Schleier tragen, den Kampf gegen die Verschleierungspflicht unterstützen. Ich muss an Desfreds Worte denken: »Ich vermeide es, an meinem Körper hinunterzuschauen, nicht weil es schändlich oder unziemlich wäre, sondern weil ich ihn nicht sehen will. Ich möchte nicht ansehen, was mich so ganz und gar bestimmt.«

Erkennst du, Baba jan, wie in beiden Republiken Religion zu einer Ideologie wird, zu einem Machtinstrument, und die Religion selbst dieser Macht zum Opfer fällt? Du weißt so gut wie ich, dass die nach der Revolution eingeführten Gesetze zur Unterdrückung der Frauen auf der frauenfeindlichen Überzeugung beruhen, dass Frauen Männern geistig und intellektuell unterlegen seien. Du, Baba jan, hast es genauso wie ich gehasst, dass die Richterinnen im Iran ihres Amtes enthoben wurden und dass die Aussagen von Frauen vor Gericht weniger zählen als die von Männern. Wir waren empört darüber, wie unter dem neuen Regime die fortschrittliche Frauengesetzgebung den Scharia-Gesetzen weichen musste, die zum Beispiel vorschreiben, dass bei der Scheidung iranischer Ehepaare das Sorgerecht für die Kinder immer dem Vater zugesprochen wird – und im Falle des Todes des Vaters an das nächste männliche Familienmitglied übergeht. Mir wird immer noch schlecht, wenn ich daran denke, dass sie Polygamie und zeitlich begrenzte Ehen für Männer legalisiert haben, Frauen für

»Ehebruch« und »Prostitution« aber gesteinigt werden. Das sind die Gesetze, lieber Baba, die die Apologeten des Regimes »unsere Kultur« nennen!

Erinnerst du dich, wie wütend wir waren, als das Regime zu Beginn der Revolution das Heiratsalter für Frauen von achtzehn auf neun Jahre herabsetzte? Erst nach dem massiven Protest und Kampf von iranischen Frauenrechtlerinnen wurde das Alter schließlich auf dreizehn (dreizehn!) angehoben, wobei jüngere Mädchen mit Zustimmung ihrer Väter und eines religiösen Richters auch weiterhin verheiratet werden können.

Sowohl im Iran als auch in Gilead werden Frauen ihrer Autonomie, ihrer Individualität beraubt und wird ihnen das Recht auf Selbstbestimmung verweigert. Die Ähnlichkeiten des Lebens in Gilead und in der Islamischen Republik gehen bis ins kleinste Detail. Im Iran zum Beispiel vergleicht das Regime Frauen mit Perlen in einer Auster, da Perlen als Symbole für Bescheidenheit und Keuschheit gelten – und auch in Gilead wird den Frauen erklärt, dass sie wie Perlen seien. In Gilead wie auch in der Islamischen Republik Iran werden Bilder von Frauen übermalt, auf denen andere Körperteile entblößt zu sehen sind als das Gesicht und die Hände.

Aber es sind nicht nur solche Details, die die beiden Republiken so unglaublich ähnlich erscheinen lassen. Am beeindruckendsten ist die Realitätsnähe des Romans. Das von Atwood beschriebene Gilead fühlt sich so real an, dass man beim Lesen das gleiche klaustrophobische Gefühl bekommt, sich der gleichen

Atmosphäre ausgesetzt fühlt wie in der Islamischen Republik – in beiden herrscht das gleiche Denken.

Ich bin dir dankbar dafür, lieber Baba, wie nachdrücklich du darauf beharrt hast, dass wir mit unseren Kindern über die wahre Geschichte und Kultur des Iran sprechen. Du sagtest, dass sie dieses Wissen in der Schule nicht vermittelt bekämen und es daher unsere Aufgabe sei, sie darüber zu unterrichten. Und du hattest recht. In einem totalitären Staat beginnt die Abschaffung und Neuformung der Realität seiner Bürgerinnen und Bürger mit der Unterschlagung und Neuerfindung der Geschichte des Landes. Um die Gegenwart zu legitimieren, wird die Vergangenheit ausgelöscht und neu geschrieben.
In Gilead hatten Frauen vor der Revolution, genau wie im Iran, viele Rechte und arbeiteten in den verschiedensten Berufen. Desfred war Lektorin in einem Verlag, Tante Lydia war Richterin. Bis zur Revolution, Baba jan, hielt ich die großen Leistungen iranischer Frauen für etwas Selbstverständliches.
Ich habe darüber schon oft mit Shirin gesprochen. Wir haben uns daran erinnert, wie natürlich es vielen von uns schien, dass Frauen die gleichen Tätigkeiten wie Männer ausübten; dass es Ingenieurinnen und Pilotinnen gab, Richterinnen, weibliche Parlamentsabgeordnete (wie meine Mutter, eine der sechs ersten Frauen im Nationalkongress des Iran) und Ministerinnen – einschließlich einer Ministerin für Frauenangelegenheiten, der zweiten überhaupt auf der Welt in einem solchen Amt.

Es ist dieser Geschichte der Frauen im Iran zu verdanken, ihrem Kampf für Frauenrechte und ihren Errungenschaften, dass sie überhaupt dazu in der Lage waren, gegen das islamische Regime Widerstand zu leisten und sich zu weigern, ihre hart erkämpften Rechte aufzugeben.

Uns schien das alles ganz natürlich, als wäre es schon immer so gewesen, als hätten die Frauen nicht schon seit Generationen – schon seit der Zeit vor meinen Großmüttern – für ihre Rechte gekämpft, als hätten wir diese Rechte, errungen durch so viele Opfer und so viel Leid, auf ewig sicher und als könne man sie uns nie wieder nehmen. Wie hatten wir nur übersehen können, fragte ich, dass unsere Rechte dem langjährigen Kampf unserer Mütter, Großmütter und sogar Urgroßmütter zu verdanken sind. Shirin hielt es für eine Generationenfrage. Scheinbar empfinde jede Generation die Annehmlichkeiten und Privilegien, mit denen sie aufwächst – hart erkämpft von früheren Generationen –, als selbstverständlich, da sie nichts für sie tun musste. Wie in Gilead sind die meisten dieser Rechte jetzt abgeschafft; selbst das Recht, uns so zu kleiden, wie wir wollen, haben wir verloren, da unser Kleidungsstil als »verwestlicht« bezeichnet und verboten wurde, so wie es auch Desfred aus Gilead berichtet.

JETZT HABE ICH ALSO die Gemeinsamkeiten von Atwoods Gilead mit unserer Islamischen Republik beschrieben, Baba jan. Aber was folgt daraus? Mir scheint, dass einige Frauen *Der Report der Magd* lesen, weil sie sich mit den Frauenschicksalen identifizieren, und andere es aus genau diesem Grund nicht tun; eigentlich sollte das aber nicht der Grund für unsere Entscheidung sein, ein Buch zu lesen oder nicht zu lesen. Die Ähnlichkeiten zwischen unserer Realität und Atwoods fiktionaler Welt sind keine erschöpfende Erklärung meiner Faszination für ihren Roman oder das Schicksal der einzelnen Figuren. Auf paradoxe Weise fühle ich mich durch die Lektüre zugleich zurückversetzt in die Islamische Republik, aber auch ihr entronnen und hineingezogen in die Welt dieser Geschichte. Natürlich fügen persönliche Erfahrungen meiner Lektüre eine weitere Dimension hinzu. Und ich verstehe auch Shirin und ihre Schwierigkeiten, als eine im Iran lebende Frau Atwoods Roman zu lesen – wir können nicht so einfach von unserer eigenen Lebensrealität abstrahieren. Aber dennoch weigere ich mich, der Islamischen Republik die Macht zuzugestehen, mein Denken und meine Gefühle so stark zu vereinnahmen, dass ich einen Roman nicht als einen von meiner Lebenswelt unabhängigen Text lesen kann.

SPÄTER AN DIESEM TAG, als ich mich nach der vierten Tasse Kaffee weiter mit diesem Brief an dich herumschlug, überkam mich ein diffuses Gefühl der Erregung. Ich lief im Zimmer auf und ab, hielt am Fenster inne und beobachtete ein einsames Boot auf dem Fluss, zwei Jogger auf dem Uferweg und den dahingleitenden Straßenverkehr.

Dann rief ich wieder Shirin im Iran an. Nach einer knappen Begrüßung platzte ich heraus: »Das Faszinierende an Atwoods Buch ist nicht die Ähnlichkeit mit der Islamischen Republik, sondern wie *universell* diese Dinge sind!«

»Welche Dinge?«, fragte Shirin.

»Totalitarismus und Demokratie«, antwortete ich. Man müsse sich nur einmal fragen, ob es etwa Zufall sei, dass Atwood für ihre Geschichte weder einen fiktiven Ort noch einen existierenden autoritären Staat gewählt hat, sondern Gilead in die USA verlegt? Das bedeute doch auch, sagte ich zu Shirin, dass Totalitarismus und Demokratie nicht nur in bestimmten Ländern möglich und auf diese beschränkt sind. Ich erzählte ihr von Atwoods Bemerkung in dem *New York Times*-Artikel, dass alle Begebenheiten in *Der Report der Magd*, auch das Gebot, dass Frauen Haut und Haare bedecken müssen, auf historischen Vorbildern in westlichen Ländern beruhten. Das untermaure doch nur, sagte ich, dass der kulturelle Determinismus in Bezug auf den Iran, den wir beide so ablehnten und verabscheuten, falsch sei; dass es, egal wo man lebt, im Westen oder im Osten, sowohl rückschrittliche als auch fortschrittliche Elemente und Traditionen gebe.

»Wir bewahren einfach das Gute und werden das Schlechte los!«, erklärte ich meiner Freundin triumphierend. Ich sprach ganz atemlos, als würden meine Erkenntnisse unwiederbringlich verloren gehen, wenn ich sie nicht hier und jetzt formulierte. »Der

Kampf für Rechte wie die Wahlfreiheit und die Versammlungsfreiheit ist keine westliche Tradition, sondern ein menschliches Bedürfnis«, fuhr ich fort. Dann las ich Shirin ein Zitat von Frederick Douglass vor, das ich hinten in Atwoods Buch geschrieben hatte: »Ein Lächeln oder eine Träne hat keine Nationalität; Freude und Leid sprechen alle Nationen gleichermaßen an und künden – ungeachtet aller Sprachverwirrung – von der Brüderlichkeit der Menschen.«

BABA JAN, ICH MACHE mir große Sorgen wegen der Schwangerschaften von Negar und Kelli, versuche aber, sie das nicht spüren zu lassen. Ich möchte sie nicht zusätzlich mit meinen Sorgen belasten, erinnere mich jedoch gut daran, wie es war, mit Negar und dann mit Dara während eines Krieges schwanger zu sein. Zu den allgemeinen Ängsten kam hinzu, dass man mir immer wieder erzählte, Kinder, die in Kriegszeiten geboren würden, kämen manchmal mit Fehlbildungen zur Welt, weil ihre Mütter während der Schwangerschaft ständig unter Stress stünden. Zu der Anspannung durch den Krieg trat also die Sorge um meine ungeborenen Kinder, besonders um Dara, mit dem ich zu einer Zeit heftiger Angriffe auf Teheran schwanger war. Und jetzt mache ich mir die gleichen Sorgen um meine Enkelkinder, die während eines anderen Krieges geboren werden: einer Pandemie. Ich frage mich, ob Kelli und Negar solche Ängste teilen, will sie aber nicht fragen. Ich versuche mir dann immer wieder klarzumachen, dass meine Kinder trotz meiner Ängste gesund zur Welt gekommen sind, aber das beruhigt mich nicht wirklich.

HAST DU SCHON EINMAL über die Rolle nachgedacht, die ganz gewöhnliche, oft rechtschaffene Menschen bei der Entstehung totalitärer Staaten spielen? Es mag den Anschein haben, als würden solche Systeme teils blitzartig aus dem Nichts auftauchen – was aber nur daran liegt, dass viele die Warnzeichen nicht sehen wollen, auch wenn sie offen zutage liegen. Es ist ein Prozess. Zuerst gehen die Machthaber meist gegen Menschen und Dinge vor, die viele von uns nicht mögen und ablehnen – wie im Iran, als sie zunächst die Funktionäre des alten Regimes hingerichtet haben. Wir nehmen es also achselzuckend hin oder billigen es vielleicht sogar, aber irgendwann sind wir selbst an der Reihe: Dann werden wir der Dinge beraubt, die wir schätzen, die uns wichtig sind. Es ist ähnlich wie bei der Reaktion auf das Virus – die Menschen hoffen, dass die Lage sich irgendwie verbessern wird, was aber nicht passiert, wenn wir nichts dafür tun.

Zu Beginn der theokratischen Revolution wird Desfred allmählich klar, dass die Gleichgültigkeit gegenüber der Unterdrückung anderer Menschen – auch gegenüber denen, deren Sicht wir nicht teilen und die wir ablehnen – eines Tages zu ihrer eigenen Unterdrückung führen könnte. »Die Lage blieb mehrere Wochen in diesem Schwebezustand«, erzählt sie, »in dem das Leben stillzustehen schien, obwohl einiges geschah. Die Zeitungen wurden zensiert, und einige mussten ihr Erscheinen einstellen, aus Sicherheitsgründen, wie es hieß. Die ersten Straßensperren waren plötzlich da, und die Identipässe wurden eingeführt. Alle hielten das für sinnvoll, da es offenkundig war, dass man gar nicht vorsichtig genug sein konnte. Es hieß, es würden Neuwahlen abgehalten werden, aber die Vorbereitungen würden noch einige Zeit dauern. Das, worauf es jetzt ankomme, hieß es, sei, so weiterzumachen wie gewöhnlich.« Und sie machten weiter wie gewöhnlich in dieser ungewöhnlichen Zeit. Die Menschen unternahmen nichts, um sich gegen das neue Regime zur Wehr zu setzen. Sie brachen ihre Demonstrationen ab, wenn bekannt wurde, dass die Polizei oder die Armee das Feuer eröffnen würde. Und bald darauf konnten sie nichts mehr tun. Erinnert dich das nicht auch an die Anfangszeit der Islamischen Revolution?

In der Fortsetzung *Die Zeuginnen* erinnert sich Tante Lydia daran, dass es vor der Machtübernahme des neuen Regimes »jahrelang bergab« ging. Erst hätten die Menschen Angst bekommen, dann seien sie wütend geworden und hätten in Ermangelung »wirksamer Gegenmittel« »nach einem Sündenbock« gesucht. »Warum glaubte ich dennoch, es werde schon irgendwie so weitergehen wie immer?«, fragt sie. »Vermutlich deshalb, weil uns diese Themen schon aus den Ohren kamen. Man glaubt nicht, dass der Himmel einem auf den Kopf fällt, bis man selbst von einem großen Stück getroffen wird.« Lieber Baba, ich habe

Ähnliches in den USA beobachtet, die ja beileibe kein totalitärer Staat sind und wo man seine Meinung frei äußern und Kritik üben kann. Aber auch hier hat die Regierung Maßnahmen ergriffen, die den grundlegenden Werten und Prinzipien des Landes zuwiderlaufen, wenn sie sich beispielsweise bei feindlichen Mächten anbiedert und damit die nationale Sicherheit gefährdet. Mit politischen Führern, die gewohnheitsmäßig lügen, gegen das Gesetz verstoßen und sich der Vertuschung schuldig machen. Und doch glauben viele Menschen, dass es hier nicht »dazu« (zum Totalitarismus) kommen kann, sie unterstützen Trump und rufen »Make America Great Again!«.

ES IST JETZT SPÄT am Nachmittag, und ich bin schon bei der fünften Tasse Kaffee. Jetzt mit einem Schuss Brandy. Ich brauche etwas anderes, Beruhigendes, auch wenn ich weiß, dass Kaffee mit Brandy nicht die Lösung ist. Der Blick von meinem Balkon ist so schön; ich wünschte, du könntest es sehen, Baba. Vorhin hat es geregnet, und dann drang langsam das Licht durch die frischen grünen Blätter. Der Himmel war bedeckt, bis allmählich eine blasse Sonne durch die Wolken brach und den Fluss, die Bäume und die Gebäude am anderen Ufer beleuchtete. So blieb es eine Weile, bis die Sonne schließlich richtig strahlte.

Zurück zu unserer Geschichte, Baba jan. An einer Stelle im Buch sagt Desfred: »Ich glaube an die Widerstandsbewegung, so wie ich glaube, dass es kein Licht ohne Schatten geben kann; oder vielmehr keinen

Schatten, wenn es nicht auch Licht gibt.« Da stimme ich ihr zu. Ich glaube an dieses Licht. Ich habe es gesehen. Wie leistet man Widerstand? Wenn wir an totalitäre Systeme denken, denken wir an ihre extremen Merkmale, an Folter, Hinrichtungen, an barbarisches Verhalten. In Gilead werden Menschen öffentlich gehängt und dann tagelang hängen gelassen, zur Abschreckung. Es handelt sich bei diesen Hinrichtungen um eine hysterisierte Art des Mordens vor großem Publikum, darin sind sie den öffentlichen Hinrichtungen, den Steinigungen, Folterungen und Vergewaltigungen in der Islamischen Republik nicht unähnlich. Es sind verbrecherische Spektakel, die Angst und Lähmung in den Herzen und Köpfen der Bürgerinnen und Bürger bewirken sollen. Ich habe Bilder gesehen, auf denen neben den Erwachsenen auch Kinder bei den Hinrichtungen dabei sind.
Das vormals Ungewöhnliche, das Unglaubliche und Schockierende wird gewöhnlich, üblich, ja sogar alltäglich. Wie Tante Lydia in *Die Zeuginnen* sagt: »Das Normale (...) ist das, was ihr gewohnt seid. Was ihr jetzt erlebt, mag euch vorläufig noch nicht normal vorkommen, aber nach einiger Zeit wird sich das ändern. Es wird das Normale werden.«

Davor habe ich am meisten Angst, Baba: Dass Dinge, die einst als entsetzlich galten, ganz gewöhnlich werden, dass sich die Menschen sogar an extreme Gewalt gewöhnen und mit ihr zu leben lernen.
Der erste Schritt des Widerstands gegen Totalitarismus ist die Weigerung, extreme Brutalität oder die

Abschaffung individueller Freiheiten zu etwas Normalem und Alltäglichem werden zu lassen. Desfred widersetzt sich instinktiv – sie findet Mittel und Wege, um sich immer wieder klarzumachen, dass sie nicht in dieses System gehört, bis hin zur Weigerung, das ihr zugewiesene Zimmer im Haus ihres Kommandanten »mein Zimmer« zu nennen. Sie wird gezwungen, den Grausamkeiten beizuwohnen, beteiligt sich aber nie an ihnen und gewöhnt sich nie an sie. Der erste Impuls angesichts solcher Grausamkeiten ist es, die Augen zu schließen, sich abzuwenden und möglichst zu vergessen. Doch der Punkt ist, dass wir diese Gräuel nie als Normalität akzeptieren dürfen.

Im Iran war mein erster Impuls, die Nachrichten zu ignorieren, die Realität um mich herum zu ignorieren oder als normal hinzunehmen, sie zu akzeptieren und mein Leben zu leben. Ich habe versucht, die Nachrichten im Fernsehen zu vermeiden, las keine Zeitung, zog mich in mein Zimmer zurück und vertiefte mich stundenlang in Bücher, aber nichts davon hat funktioniert. Ich brauchte starke Nerven, wenn ich versuchte, mich nicht an die Situation zu gewöhnen, nicht zu verdrängen, sondern hinzusehen: die Ansprachen der Funktionäre im Fernsehen, die Schauprozesse, die Bilder von Hingerichteten, die Geschichten über Hinrichtungen und Schläge wegen des Besitzes von alkoholischen Getränken und Musikkassetten, die nächtlichen Straßensperren, die Berichte über Folterungen.

LIEBER BABA, VIELLEICHT IST auch dir aufgefallen, dass in totalitären Gesellschaften das eine das andere bedingt: Wenn außergewöhnliche Ereignisse zur Normalität werden, wird das vormals Alltägliche, Normale, Selbstverständliche zu etwas Außergewöhnlichem, Seltenem, Unerreichbarem. Die Herrscher von Gilead regieren nicht nur mittels extremer Gewalt, sondern auch durch den Entzug von Freiheiten, die uns klein scheinen – so klein, dass wir sie als vollkommen selbstverständlich empfinden, als unser natürliches Recht, so klein, dass wir sie nicht einmal als Freiheiten erkennen, die erkämpft werden müssen und verloren gehen können.

Man hat angemerkt, dass Totalitarismus sich im Kern gegen das Leben richtet, sodass das Leben an sich, die Freude am Leben, bereits zu einem Akt der Übertretung wird. Totalitäre Systeme bekämpfen Genuss, Lebensfreude und Schönheit; mit ihrem selbstgerechten Puritanismus verwandeln sie noch das einfachste Vergnügen in eine Sünde. »Immerhin, ein Stuhl, Sonne, Blumen: Das darf man nicht von der Hand weisen«, sagt Desfred. »Ich bin am Leben«, fährt sie fort, »ich lebe, ich atme, ich strecke die Hand aus, geöffnet, ins Sonnenlicht. Ich bin hier nicht im Gefängnis, sondern ich genieße ein Privileg, wie Tante Lydia sagte, die in das Entweder-Oder verliebt war.«

Im wirklichen Leben schrieb Jewgenija Ginsburg, die während der brutalen Diktatur Joseph Stalins achtzehn Jahre lang in einem der sowjetischen Gulags in Sibirien inhaftiert war: »Ich fühlte instinktiv, dass ich lebe, solange mich der Wind, die funkelnden Sterne und die Gedichte noch erregen konnten; ich lebte, auch wenn meine Knie schlotterten und ich unter dem Gewicht der glühenden Steine fast zusammenbrach.« Desfred denkt oft an ihre Vergangenheit zurück: an ihren Geliebten und späteren Ehemann Luke, an ihre Tochter, an die einfachen Freiheiten, die ihr selbstverständlich schienen. »Wir glaubten, wir hätten furchtbare Probleme«, sagt sie. »Wie sollten wir wissen, dass wir glücklich waren?« Als Desfred einer Gruppe japanischer Touristen begegnet, die so gekleidet sind wie sie selbst vor dem Leben in Gilead, bemerkt sie wehmütig: »Ich habe mich früher auch so angezogen. Das war Freiheit. *Verwestlicht* wurde es genannt.«

AUCH IM IRAN WERDEN solche Freuden und Privilegien als »westlich« bezeichnet und den Bürgerinnen und Bürgern genommen. Im heutigen Amerika könnten diese Rechte bald schon geschwächt und irgendwann abgeschafft werden, weil wir Gleichgültigkeit an den Tag legen und kein Bewusstsein dafür haben, dass sie nicht einfach unser Geburtsrecht sind, sondern Privilegien. Wir vergessen mitunter, dass hier in diesem Land Menschen vor nicht allzu langer Zeit als Eigentum gekauft und verkauft wurden, dass das Erscheinungsbild von Frauen, ihr Auftreten und Verhalten in der Öffentlichkeit sowie im Privaten streng reguliert waren, dass sie nicht wählen, studieren und über eigenen Besitz verfügen durften, dass sie nur in bestimmten Berufen arbeiten konnten, und dass all das von einem Großteil der amerikanischen Gesellschaft so akzeptiert wurde – ja, hier in den USA.

Dass in Gilead und im Iran normale Bürgerinnen und Bürger ständig zum Opfer der Gängelungen eines totalitären Regimes werden, liegt offen zutage. Weniger offensichtlich ist die Macht, die die Menschen, insbesondere die Frauen, über das System haben. Die am stärksten verfolgten und unterdrückten Menschen sind zugleich die gefährlichsten, tödlichsten. Allein schon dass Frauen ihre Haut bedecken müssen, verleiht ihnen Macht über die Männer, sogar (und manchmal *gerade*) über Männer wie Desfreds Kommandanten, die begehren, was sie selbst verboten haben. Dass sie die Rechte von Frauen beschränken, mit allen Mitteln versuchen, ihre Unterordnung unter die Männer zu sichern, und ihre Verschleierung anordnen, zeigt, wie viel Angst sie vor der Macht der Frauen haben. Selbst in einer Demokratie wie den USA künden der Hass und die Verachtung, mit denen Trump und seine Anhänger Zugewanderten, Minderheiten und Frauen begegnen, von ihrer Angst: »Was, wenn ›diese Leute‹ mich ersetzen?«

Wie du weißt, war den iranischen Frauen ihre Macht von Anfang an bewusst. Viele hielten sich nicht an die Gesetze zur Verschleierung und dem Auftreten in der Öffentlichkeit. Sie wurden ins Gefängnis gesteckt, ausgepeitscht und verhielten sich danach genauso subversiv wie vorher. Es war für das Regime wesentlich einfacher, politische Gruppierungen und Organisationen durch Haftstrafen und Verbote zu zerstören, als Millionen von Frauen dazu zu zwingen, sich zu fügen und zu unterwerfen. Du kannst es nicht wissen, aber in den letzten Jahren hat die Weigerung von Frauen, sich dem Regime zu beugen, zu einer großen politischen Bewegung geführt.

Es ist viel passiert, seit du nicht mehr da bist. Da ist zum Beispiel Masih Alinejad, eine junge Frau, die in einem kleinen iranischen Dorf in einer konservativen und religiösen Familie aufwuchs, sich aber schon in Jugendjahren gegen das theokratische System engagiert hat und schließlich nach Großbritannien und dann weiter in die USA ausgewandert ist. Sie hat eine Website mit dem Namen Iranian Women's Stealthy Freedoms ins Leben gerufen, auf der Fotos von Frauen ohne Hijab gepostet wurden. Schon bald entstand daraus eine Bewegung: Männer haben aus Solidarität den Schleier angelegt, während die Frauen ihre ablegten, verschleierte Frauen haben sich zusammen mit unverschleierten fotografieren lassen. Ich mochte ihr Hashtag: #OurCameraIsOurWeapon. Das Regime mit seinen vollen Waffenkammern hatte nicht die Macht, die Frauen mit ihren Kameras zu unterdrücken. Du kannst dir nicht vorstellen, wie viele Frauenrechtlerinnen in diesem Moment, da ich den Brief schreibe, im Gefängnis sitzen; meist sind sie wegen ihres Protestes gegen die Schleierpflicht zu langen Haftstrafen verurteilt.

BABA JAN, ICH BITTE dich, mir die folgende, etwas haarsträubende Behauptung zu verzeihen: Mir scheint, dass in *Der Report der Magd* und in *Stolz und Vorurteil* von Jane Austen ähnliche Themen verhandelt werden. Wie in vielen großen Romanen, in denen eine Frau die Hauptfigur ist, geht es in beiden Büchern um Entscheidungsfreiheit und die Feier des normalen, alltäglichen Lebens. *Der Report der Magd* stellt – wie andere große Romane – auch eine Feier des freien Lebens dar: sich verlieben, Kleider kaufen, ein eigenes Konto mit eigenem Geld haben, eine Katze besitzen. Ebenso wie in *Stolz und Vorurteil* geht es um die Suche der Frauen nach Unabhängigkeit und Entscheidungsfreiheit. Was mich bei der Lektüre von *Der Report der Magd* überraschte, war nicht die extreme Gewalt, sondern diese Feier des gewöhnlichen Lebens, und auch der subversive Unterton: wie Desfred Butter und Margarine heimlich von ihrem Teller mit in ihr Zimmer nimmt und dort verwahrt, um sie als Hautcreme zu benutzen, ihr Wunsch, von einem anderen Menschen berührt zu werden, ihre kleinen Rebellionen gegen die Herrschenden und wie sie ihr Leben dafür riskiert, mit dem einzigen Mann zu schlafen, den sie während ihres Lebens in Gilead begehrenswert findet.

Mir gefällt besonders die Szene, in der sie von sogenannten Wächtern gegrüßt wird und einer der beiden versucht, einen Blick auf ihr Gesicht zu werfen, und sie den Kopf ein wenig hebt, um es ihm leichter zu machen. »Es ist ein Ereignis«, sagt sie an die Leser gewandt, »ein kleiner Verstoß gegen die Regeln, so klein, dass er nicht zu entdecken ist, aber solche Momente sind die Belohnungen, die ich für mich selbst bereithalte wie die Süßigkeiten, die ich als Kind hinten in der Schublade hortete. Solche Momente sind Möglichkeiten, winzige Gucklöcher.« Durch solche scheinbar kleinen Akte versucht Desfred, Reste der ihr geraubten Identität und Individualität zu bewahren, einer Art Unabhängigkeitserklärung von der totalitären Macht Gileads gleich.

Ich kann diesen Drang zu kleinen Übertretungen so gut verstehen, den Vergleich mit dem Kind, das unartig ist und die verbotenen Süßigkeiten isst. An der Universität, an der ich in Teheran arbeitete, habe ich einmal einem männlichen Kollegen absichtlich die Hand gegeben, was damals streng verboten war. Ich meinte, fast hören zu können, wie zwei andere Kollegen, die Zeugen dieser Übertretung wurden, den Atem anhielten, und ich sah, welche Mühe es meinem erschrockenen männlichen Kollegen bereitete, seine Hand aus Höflichkeit nicht wegzuziehen. Ich habe solche Dinge immer wieder getan. Es mag anderen dumm oder tollkühn oder sogar sinnlos erscheinen, da solche demonstrativen Gesten nichts ändern. Mir aber haben diese kleinen Akte der Rebellion geholfen, nicht zu vergessen, wer ich bin. Ähnlich erging es einer Freundin von mir. Sie zeigte sich mit ihrem Freund in der Öffentlichkeit – bereits das gesetzeswidrig – und lief mit ihm unbeirrt Hand in Hand. Nur eine Geste: Ihr besitzt mich nicht, ihr habt keine Kontrolle über mein Verhalten, meine Gefühle, meine Gedanken.

Siehst du, lieber Baba, wie im Totalitarismus banale Rituale wie das Eincremen der Haut oder das Händchenhalten mit einem geliebten Menschen auf der Straße plötzlich seltsam und ungewöhnlich werden? Gewöhnliche Menschen, die ein anständiges, normales Leben führen wollen, müssen erkennen, dass nichts normal ist – nicht wirklich normal, sondern lediglich eine Illusion von Normalität. Wenn wir nicht aufmerksam sind, wenn wir keine Vorkehrungen gegen den Verlust der Normalität treffen, kann sie schnell verloren gehen. Und genau das tut Desfred – sie trifft Vorkehrungen gegen die Abstumpfung der Gefühle, die uns ein totalitäres System aufzwingt.

ICH LIEGE SICHERLICH NICHT falsch, wenn mir eines der zentralen Themen sowohl in *Der Report der Magd* als auch in *Die Zeuginnen* die Entmenschlichung und Vernichtung von Widersachern und Menschen scheint, die anders sind als man selbst. Ich habe schon im letzten Brief über die Entmenschlichung des Feindes in Kriegen geschrieben. In einem totalitären Regime richtet sich der »Krieg« aber gegen die eigene Bevölkerung, die sich in zwei Lager teilt, nämlich in Zugehörige, die gehorchen, und Ausgestoßene, die das nicht tun.

Desfred beschreibt ein Ereignis, das die Funktionsweise der Entmenschlichung im Totalitarismus veranschaulicht: Sie und ihr Mann beschließen, vor dem neuen Regime zu fliehen, müssen aber irgendwie ihre Katze loswerden. Luke verspricht, sich um das

Problem zu kümmern. Desfred beschreibt es so: »Ich werde mich darum kümmern, sagte Luke. Und weil er *darum* sagte statt *um sie*, wusste ich, dass er meinte: Ich werde sie töten. Genau das musst du tun, bevor du tötest, dachte ich: Du musst ein es erschaffen, wo es vorher keines gegeben hat. Das tust du zuerst, im Kopf, und dann führst du es aus. So also machen sie es, dachte ich.«

Ein auf interessante Weise komplizierter Aspekt in *Der Report der Magd* ist die Entwicklung der Beziehung zwischen Desfred und ihrem Kommandanten. Zu Beginn gehören sie streng getrennt zu zwei entgegengesetzten Lagern und sehen den anderen im Grunde nicht als Menschen. Für den Kommandanten ist Desfred eine potenzielle Gebärmaschine, die ihm und seiner Frau ein Kind gebären soll, und für sie ist der Kommandant der Unterdrücker, der willkürlich über ihr Leben und ihren Tod entscheidet. Aber dann teilt der Kommandant Desfred mit, dass er sie heimlich treffen wolle. Bei dem Treffen verlangt er nicht etwa Sex, sondern etwas Seltsameres: Er will mit ihr Scrabble spielen und beim Abschied von ihr so geküsst werden, als »käme es von Herzen«.

Während weiterer solcher geheimen Treffen entwickelt sich eine persönliche Beziehung der beiden zueinander, und der Kommandant verhält sich zunehmend so, als lebten sie in der Vergangenheit, der Zeit vor Gilead. »Ich sage mir, dass er kein unfreundlicher Mann ist«, sagt Desfred, »dass ich ihn, unter anderen Umständen, sogar gern mögen würde.«

Die Beziehung hat sich verändert. Während er zunächst allmächtig schien, wird ihr jetzt zunehmend bewusst, dass auch sie Macht hat, die sie einsetzen kann, dass er etwas von ihr will, was ihr ein gewisses Maß an Macht über ihn verleiht. »Der Kommandant war für mich keine Sache mehr«, erzählt uns Desfred. »Das war das Problem. Ich erkannte es an jenem Abend, und diese Erkenntnis ist mir geblieben. Sie macht alles komplizierter.«

Ähnlich »kompliziert« wird es auch in *Die Zeuginnen.* Der Roman hat drei Erzählerinnen: Desfreds ältere Tochter, die noch vor der Zeit von Gilead geboren und ihr dann weggenommen wurde; Desfreds jüngere Tochter, die aus Gilead nach Kanada geschmuggelt wurde und jetzt zurück in Gilead ist, auf geheimer Mission; und die berüchtigte Tante Lydia, für mich die interessanteste und facettenreichste der drei Erzählerinnen. Lydia ist als Herrscherin der Tanten für die Indoktrination der Frauen in Gilead zuständig – Atwood lässt hier also den Feind zu Wort kommen und gibt ihm Raum, die eigene Perspektive zu schildern. Vor der Revolution war Lydia Richterin gewesen. Wie alle anderen berufstätigen Frauen wurde sie verhaftet, gefoltert, in eine Isolationszelle gesperrt, gedemütigt und dann vor die Wahl gestellt: Entweder sie erklärt sich bereit, Teil des Systems zu werden und an seinem Aufbau mitzuwirken – oder sie wird hingerichtet.

Sie entscheidet sich für das System. Ganz so einfach ist es aber nicht. Sie schreibt: »Habe ich geweint? Ja: Tränen traten aus meinen zwei sichtbaren Augen, meinen feuchten weinenden Menschenaugen. Aber ich besaß ein drittes Auge in der Mitte meiner Stirn. Ich konnte es spüren: Es war kalt wie Stein. Es weinte nicht: Es sah. Und dahinter saß jemand und dachte: *Das kriegt ihr zurück. Es ist mir egal, wie lange es dauert oder wie viel Scheiße ich in der Zwischenzeit fressen muss, aber das geb ich euch zurück.*« Tante Lydia beschließt, sich der Führungselite von Gilead anzuschließen, verfolgt aber tief im Innern das Ziel, es ihnen »zurückzugeben«, Gilead zu zerstören.

Bevor ich es vergesse, Baba jan, wollte ich noch erwähnen, dass ich es als eine der subversivsten Wendungen der beiden Bücher empfinde, wie sie uns hineinziehen, dabei aber kompromisslos bleiben. Als Lesende stehen wir zwar voll und ganz auf der Seite der Opfer – der Frauen von Gilead –, aber Atwood macht es für uns unmöglich, sie einfach vorbehaltlos anzufeuern, denn auch sie sind menschlich und fehlbar. Nur weil sie Opfer sind, sind sie nicht rein und unfähig zum Bösen. Daher schreibt Atwood in ihrem Artikel in der *New York Times*: »Ja, Frauen verbünden sich auch gegen andere Frauen. Ja, sie sind bereit, andere zu beschuldigen, um nicht selbst belangt zu werden: Im Zeitalter der sozialen Medien sieht man es in aller Öffentlichkeit mit Funktionen wie der Verwarnung von Gruppen. Ja, Frauen nehmen dankbar Posten an, in denen sie Macht über andere Frauen ausüben, auch – und möglicherweise besonders – in Systemen, in denen die Frauen insgesamt kaum Macht haben.«

EBENSO WIE DER KOMMANDANT ist auch Lydia zu komplex, um ein einfaches Urteil über die Figur zuzulassen. Wie beschreiben wir sie, als was bezeichnen wir sie? Sie ist ein Opfer, das gefoltert und grausam misshandelt wurde. Sie ist zugleich eine der bösen Figuren, eine der mächtigsten Personen in Gilead, die das System miterschaffen und geprägt hat. Sie ist eine Retterin, die heimlich Beweise für die Verbrechen Gileads sammelt, dem Widerstand hilft und so zum Sturz der Diktatur beiträgt. Wer also ist Tante Lydia? Baba jan, ich erinnere mich noch daran, dass der Chef der gefürchteten Geheimpolizei dir einmal einen Besuch im Gefängnis abstattete. Euer Gespräch berührte ihn so stark, dass er zu weinen anfing. Da saßt du also mit einem der mächtigsten Männer des Landes, der vor dir weinte. Weder hat er danach aufgehört, dich zu verfolgen, noch hast du darum sein Handeln gerechtfertigt, aber er hat dir eine andere Seite von sich gezeigt. Das hat ihn menschlich gemacht.

BABA, MANCHMAL ERKENNEN WIR erst unter extremen Bedingungen, wie wichtig die Vorstellungskraft und Ideen für unser Überleben als Menschen sind – extreme Bedingungen zeigen auf, wohin sich unser normales Leben entwickeln könnte. Mir fällt dabei die bekannte iranische Schriftstellerin Moniro Ravanipour ein. Wir kannten uns schon, als ich noch im Iran lebte, aber wir sind uns damals meist bei Literaturveranstaltungen begegnet, wo man nicht über Persönliches sprach. Erst als wir beide in den USA lebten, habe ich sie besser kennengelernt. Bei unserer ersten Begegnung im Iran machte sie auf mich den Eindruck, als sei sie ständig in Bewegung, als würden tausend Pfeile in ihrem Innern in verschiedene Richtungen fliegen. Selbst wenn sie saß, hatte ich das Gefühl, dass sie immer kurz am Rand meines Blickfeldes auftauchte, wieder verschwand und sich an einem anderen Ort materialisierte.

In Amerika haben wir manchmal telefoniert oder uns eine Mail geschickt. Erst da ist mir klar geworden, dass der Zustand dauernder Unruhe und Bewegung, den ich bei ihr gespürt habe, durch ihre damalige Lebensform, ihr ständiges auf der Flucht sein, bedingt war.

Ihre Familie hatte das Pech, dass ihre politische Einstellung dem neuen Regime nicht passte. In einem Interview erzählt sie, wie in den ersten Jahren nach der Revolution ihr neunzehnjähriger Bruder hingerichtet wurde (»mit einem Schuss durchs Herz«), ihre zweite Schwester und deren Mann zum Tode verurteilt wurden, aber aus dem Iran fliehen konnten, der Mann ihrer älteren Schwester viermal in Haft saß, ihre zwölfjährige Schwester verhaftet wurde, und zwei weitere Geschwister im Alter von elf und dreizehn Jahren von der Schule verwiesen wurden.

Und damit nicht genug: Der Besitz ihres Vaters in der südiranischen Stadt Bushehr wurde beschlagnahmt und ihr Haus geplündert. Die Familie zog in eine andere Stadt, nach Shiraz, während sie selbst auf der Flucht war. In einem Interview sagt sie: »Als Schriftstellerin im Iran bin ich eine Fremde in meinem eigenen Land. Sie suchen nach dem Feind, und ich bin der Feind.«

In ihren E-Mails hat Moniro mir beschrieben, wie sie von einer Stadt in die nächste zog, Zuflucht bei Verwandten und Freunden suchte und zunehmend mehr Zeit in Bussen verbrachte, um von einem Ort zum anderen zu gelangen. Wenn sie bei Freunden und Verwandten wohnte, bat Moniro ihre Gastgeber darum, ihr ihre Geschichten zu erzählen. »Damals merkte ich«, sagte sie, »dass das Reisen, das Anhören der Geschichten anderer Menschen und das Aufschreiben der eigenen Erinnerungen eine Möglichkeit ist, mit Depressionen und Traumata umzugehen. Ich habe das ganz instinktiv und automatisch getan, um mein Leben zu retten.« Es gab keine Hoffnung, das Geschriebene je zu publizieren, aber sie machte weiter, weil sie sich »gut fühlte, lebendig. Der Gedanke an eine Veröffentlichung war eine ferne Fata Morgana, vollkommen unwahrscheinlich ... wie ein Wunder, das mir dann irgendwann widerfuhr.«

Sie befand sich auf der Flucht, bis sie an einem Frühlingstag des Jahres 1982, zwei Wochen vor dem iranischen Neujahrsfest am 21. März, ebenfalls verhaftet wurde. Glücklicherweise hatte ihr Schwager in ihrer Wohnung alle politisch belastenden Dokumente vernichtet. Sie hatte damals noch nichts veröffentlicht. In einem Interview mit Miranda Mellis sagt sie, dass sie sich eines Nachts im Gefängnis geschworen habe, sie werde schreiben, falls sie jemals freikäme. »Jahrelang hatte ich diesen nächtlichen

Schwur vergessen, bis ich in die USA kam und merkte, dass ich kaum atmen kann, wenn ich nichts schreibe. Ich kam auf die Erinnerungen aus dem Iran zurück und stellte fest, dass ich schreibe, damit sie mich nicht umbringen können; dass ich schreibe, um am Leben zu bleiben.«

Ich teile mit Moniro das Gefühl, dass ich durch Lesen und Schreiben überlebt habe – zumindest in psychischer Hinsicht kann ich das auch von mir behaupten.

TOTALITÄRES DENKEN IST – in Theokratien wie in Demokratien – der Feind von Komplexität und Vielschichtigkeit. Vielleicht, Baba, ist das ein Grund, weshalb ich diese Briefe an dich schreibe, wegen dieser Widersprüche und der Heterogenität, die in der Welt, in der wir gegenwärtig leben, immer seltener zugelassen werden – vielleicht lässt sich ein Denken, das keine Mehrdeutigkeiten, keine Widersprüche duldet, als eine Form des Bösen verstehen. Das totalitäre Denken redet seinen Opfern ein, dass alles auf der Welt schwarz oder weiß ist. Ist es aber nicht. Atwood vermittelt uns in ihren Romanen einen subversiven Blick auf diese Welt aus Schwarz und Weiß, in der auf jede Form von Opposition mit Unterdrückung und Vernichtung reagiert wird, und sie bringt die Vielschichtigkeit, die Widersprüche und Paradoxien zum Vorschein, denen auch die Hardliner in den diktatorisch regierten Staaten nicht entkommen: die Wächter, die einen Blick auf das

Gesicht der Magd werfen wollen; der Kommandant, der seine Macht nutzt und zugleich seine Stellung riskiert, um mit der Magd Scrabble zu spielen; die fast allmächtige Tante, die insgeheim die Zerstörung Gileads plant. Plötzlich werden hinter der scheinbar starren Fassade die verschiedensten Bewegungen sichtbar. Unkontrollierbar. Unabwendbar. Das entlastet den Feind nicht von seiner Schuld – der Kommandant bleibt weiterhin ein Kommandant. Aber es gibt Hoffnung, die Hoffnung, die Bewegungen hinter der Fassade könnten irgendwann dazu führen, dass sie Risse bekommt und schließlich einstürzt. Das Wissen um diese Komplexität – dass der Feind genau wie man selbst auch nur ein Mensch ist – ist eine der stärksten Waffen gegen autoritäre Denkweisen. Je mehr sie uns entmenschlichen, desto entschiedener sollten wir sie als Menschen sehen und behandeln.

Das gilt in Demokratien wie in totalitären Systemen. Etwa, wenn Donald Trump die Demokraten als »Abschaum« und Nancy Pelosi als »crazy Nancy« bezeichnet und Pelosi erwidert, dass sie für ihn bete. Sie geht nicht in seine Falle, spielt sein Spiel nicht mit und bringt sich so in eine Position der Stärke. Auf die Konzentrationslager Hitlers reagierten die Alliierten mit den Nürnberger Prozessen. Man kann die Prozesse kritisieren, aber zumindest lag ihnen eine Einstellung zugrunde, die der der Nazis diametral entgegengesetzt war: dass man den Feind als menschliches Wesen mit Rechten behandelt. Es war von entscheidender Bedeutung, dass die Mächte, die gegen Hitler und die

Faschisten gekämpft hatten, nach ihrem Sieg nicht das gleiche Verhalten wie diese an den Tag legten. Es hätte die Alliierten selbst und nicht ihren Feind geschwächt.

Atwood lässt in die schwarz-weiße Welt von Gilead Farbtöne und Abstufungen einfließen. Als Lesende hassen wir dieses System, das für so viel Leid sorgt, und wir sind überzeugt, dass es zerstört werden muss. Wenn wir aber Individuen aus diesem System begegnen, entdecken wir, dass sie Menschen sind wie wir oder wir Menschen sind wie sie. Das bedeutet nicht, dass wir sie von Schuld freisprechen: Der Kommandant soll sehr wohl für seine Taten bezahlen und Tante Lydia zur Rechenschaft gezogen werden. Doch der beste und sicherste Weg, das System zu bekämpfen, besteht in der Weigerung, die Welt schwarz-weiß zu sehen, und stattdessen unseren Feinden das zu gewähren, was sie uns verweigert haben: Recht und Gerechtigkeit.

SPÄTER AM ABEND GING ich dann mit meiner Tasse Kaffee auf den Balkon. Es war kühl, eine sanfte Art von Kühle. Auf dem Uferweg habe ich zwei Radfahrer und einen Jogger beobachtet, und nach ein paar Minuten fuhr auf dem Fluss ein großes hellgelbes Wassertaxi vorbei. Alles war ruhig hier. Ich habe dagestanden und geschaut, während mir die ganze Zeit ein Satz durch den Kopf ging, den ich schon oft in Vorträgen zitiert habe. Er ist aus Tzvetan Todorovs 1991 erschienenem Buch *Angesichts des Äußersten* und lautet: »Nur das endgültige Vergessen führt zur Verzweiflung.«

Ich musste oft an diesen Satz denken, als ich erneut *Der Report der Magd* las, und als ich erfuhr, dass Atwood in ihrem Artikel in der *New York Times* Desfreds Bericht der literarischen Gattung der sogenannten Zeugenliteratur zuordnet. (David Grossman und James Baldwin betrachten sich ebenfalls als Zeugen.) »Desfred schildert ihren Bericht, so gewissenhaft sie kann«, schreibt Atwood, und »versteckt ihn dann im Vertrauen darauf, dass er später von einem in Freiheit lebenden Menschen entdeckt wird, der ihn verstehen und veröffentlichen wird. Das ist ein Akt der Hoffnung: Jede aufgeschriebene Geschichte impliziert einen zukünftigen Leser.« Ich frage mich, Baba jan, ob du deine Tagebücher mit dieser Hoffnung im Hinterkopf geschrieben hast.

WORUM ES HIER GEHT, ist der Kern der Beziehung zwischen denen, die schreiben, und denen, die es lesen. Desfred sagt zu ihren künftigen Leserinnen und Lesern, oder in ihrem Fall vielleicht eher ihrer Zuhörerschaft: »Man erzählt eine Geschichte nicht nur sich selbst. Es gibt immer irgendeinen anderen Menschen. Auch wenn niemand da ist.« Sie geht sogar noch weiter und behauptet, dass sie ihre Leser überhaupt erst erschafft: »Indem ich euch überhaupt etwas erzähle, glaube ich zumindest an euch, glaube ich daran, dass ihr da seid, ich glaube euch ins Dasein hinein. Da ich euch diese Geschichte erzähle, will ich auch eure Existenz. Ich erzähle, also seid ihr.«

Tante Lydia äußert einen ähnlichen Gedanken, als

sie abwägt, ob sie weiter mit Gilead kollaborieren oder Verrat begehen soll. Entscheidet sie sich für die Kollaboration, muss sie ihr Manuskript vernichten. »In dem Fall«, sagt sie, »würde ich diese Seiten vernichten, die ich so mühsam verfasst habe, und dich gleich mit, lieber künftiger Leser.« Fast boshaft und schadenfroh fügt sie hinzu: »Ein Streichholz würde genügen – und du wärst weg, als hätte es dich nie gegeben, als würde es dich künftig nie geben. Ich würde deine Existenz nicht zulassen. Welch gottgleiches Gefühl! Auch wenn es ein Gott der Vernichtung ist.«

Auf dem Höhepunkt ihrer Verzweiflung beginnt Desfred, wie so viele Menschen, die ein Trauma erlitten haben, ihr Leben in Gilead festzuhalten, um nicht zu vergessen und um nicht zuzulassen, dass zukünftige Generationen vergessen. Sie liefert schlüssige Beweise dafür, dass all diese Dinge so geschehen sind und sie selbst und andere Opfer sie miterlebt, durchlebt, trotz ihnen überlebt haben. Wir müssen uns erinnern, auch wenn jedes Atom in unserem Körper vergessen will. Die Erinnerung wird zu einer der stärksten Waffen gegen die Grausamkeit totalitärer Regime und Konzentrationslager. Todorov erinnert uns daran, dass das Erzählen und Lesen historischer Berichte vielleicht nichts an der schrecklichen Realität ändert, uns aber diese Realität verstehen lässt und unserem Leben einen Sinn gibt, egal wie schrecklich dieses Leben geworden ist. Er schreibt: »Erinnert euch an alles und erzählt es, nicht nur, um die Lager zu bekämpfen, sondern auch, damit unser Leben dadurch einen Sinn erhält, dass es eine Spur hinterlassen hat.«

»Nur das endgültige Vergessen führt zur Verzweiflung.« Genau das ist der Kern der Zeugenliteratur. Für mich ist die von Atwood beschriebene Hoffnung dem Akt des Geschichtenerzählens inhärent. Die Leser werden zu Hütern der Erinnerung, zu Hütern der Wahrheit.

So beende ich diesen Brief mit Hoffnung, lieber Baba, und erhebe meine Tasse Kaffee auf die Zeugen und ihre Geschichten.

In Liebe,
Babas Tochter,
Azi

DER FÜNFTE BRIEF:

BALDWIN, COATES

2. JUNI BIS 30. JUNI 2020

Liebster Baba,

ich stelle mir immer wieder vor, wie gut dir James Baldwin gefallen hätte. In den letzten zwei Monaten habe ich eigentlich nichts anderes getan, als seine Werke immer wieder zu lesen. Seine Bücher stapeln sich – zusammen mit ein paar anderen – in den Ecken meines Schlafzimmers. Aus irgendeinem Grund fühle ich mich, wenn ich sie lese und über sie schreibe, dort am wohlsten und nicht in meinem Büro. Meine anderen Bücher habe ich oft in Museen und Cafés geschrieben, manchmal auch in meinem Büro. Ob die Pandemie etwas mit diesem Rückzug ins Schlafzimmer zu tun hat? Bei gutem Wetter verlagere ich meinen Arbeitsplatz in letzter Zeit auch mal auf den Balkon, mit Blick auf den Fluss. Als begäbe ich mich in eine Art psychologische und emotionale Quarantäne, zöge mich in die Sicherheit zurück, in einen Kokon, von dem ich hoffe, dass er mir verhelfen wird zu fliegen.

Eigentlich würde ich gern einen Brief an euch beide schreiben, in dem ich euch einander vorstelle: James Baldwin, das ist mein Vater Ahmad; Vater, das ist James. Ich glaube, Baldwin hätte deine Erfahrungen mit dem Rassismus in Amerika zu schätzen gewusst. Es hat mich immer beeindruckt, wie du dich, ganz gleich in welchem Land, auf den Ort eingelassen hast und alles über ihn wissen wolltest. Ich erinnere mich, dass du, als ich elf war, für drei Monate beruflich nach Deutschland musstest und einige Monate vor der Reise angefangen hast, die Sprache zu lernen. Weißt du noch, wie du geübt hast, indem du mich auf Deutsch ansprachst?!

Aber ich glaube, dass kein Ort dich so in seinen Bann gezogen hat wie Amerika. Ich denke an all die Diskussionen, die wir beide über die Vereinigten Staaten geführt haben, insbesondere über das Thema Rassismus hier im Land. Du hast darüber in deinen Memoiren geschrieben. Ein Erlebnis, von dem du darin berichtest, hat mich besonders beeindruckt. Während deines Studiums an der American University warst du einmal auf dem Weg zu einer Verwaltungsbehörde, dem US Office of Budget and Management, als es anfing zu regnen. Du suchtest Schutz unter einem großen, uralten Baum beim Blair House, dem offiziellen Gästehaus des US-Präsidenten. Dort kamst du ins Gespräch mit dem Pförtner, einem großen Afroamerikaner.

Er stand der Regierung kritisch gegenüber und war sehr skeptisch, was deren Versprechen an die Schwarzen betraf. Der Mann war wütend auf die Führungselite des Landes und sagte, die Regierenden seien wie Gangster und bildeten lediglich die Fassade für die Kräfte dahinter, die das Volk ausbeuteten und die Wirtschaft des Landes monopolisierten. Du schreibst in deinen Memoiren, dass er zu dir sagte: »Ich diene dieser Institution, ich bin ein hart arbeitender Angestellter, der dem Präsidenten seine Dienste anbietet. Aber ich bin nicht Eisenhowers Knecht, ich darf frei meine Meinung äußern. Wenn dieser Präsident es schafft, rassistische Vorurteile abzubauen, nehme ich meine Worte zurück!«

Erinnerst du dich noch daran, als wir das erste Mal über diese Begegnung sprachen? Du sagtest, dass du nach deiner Begegnung mit dem Wachmann so oft rassistischen Vorurteilen begegnetet seist, dass du seine Wut verstehen könntest. Mich hat es berührt, wie sehr du mit dem Mann mitgefühlt hast, wie sein Kummer zu deinem Kummer wurde. Für mich traf sein Schmerz den Widerspruch im Herzen Amerikas: Einerseits hielt er sich für frei genug, um die Regierung seines Landes gegenüber einem Fremden schonungslos zu kritisieren; andererseits hatte er guten Grund zu der Annahme, dass die politischen Entscheidungsträger seines Landes nichts anderes als Gangster sind. Du hast einmal zu mir gesagt: »Ich kann einfach nicht verstehen, wie ein Land, das sich so sehr der Freiheit verschrieben hat, gleichzeitig so grausam und unfrei sein kann.«

Als du wieder zurück im Iran warst, hast du offenbar weiter über das Verhältnis von weißen und schwarzen Menschen in Amerika nachgedacht, denn ich bin auf einen offenen Brief gestoßen, den du während deiner Haftzeit an Präsident Lyndon B. Johnson nach dessen Rede zur *Great Society* geschrieben hast und der in *Khandaniha*, der politisch unabhängigsten Zeitschrift im Iran, veröffentlicht wurde. Er wurde vom Office of Media and Public Affairs der USA ins Englische übersetzt. Ich erinnere mich, dass du 1963, während deiner Zeit als Bürgermeister von Teheran, den damaligen Vizepräsidenten Johnson auf seiner Reise in den Iran getroffen hast. Ich möchte deine eigenen Worte eigentlich nicht für dich zitieren, aber dieser Brief, in dem du den Rassismus in den USA mit Armut und Ungerechtigkeit in Verbindung bringst, hat mich sehr bewegt:

> Ich habe die Angst und Aufregung der streikenden Arbeiter in Detroit erlebt und gesehen, wie sie, tief verzweifelt, auf den Straßen lagen mit Whiskeyflaschen in der Hand; ich habe die erschöpften, traurigen, wehmütigen Bewohner der verfallenen, verdreckten Gebäude mit eingeschlagenen Scheiben in Harlem und in den Schwarzenvierteln von Chicago gesehen; ich habe mit Amerikas ausgegrenzten Schwarzen in der Nineteenth Street in Washington mitgefühlt; ich habe die traurigen Gesichter der hungernden, arbeitslosen Arbeiter an den Docks von New York, Baltimore und New Orleans gesehen. Aber ich bin auch an den neu errichteten Gebäuden vorbeigekommen, deren Türen sich automatisch vor den Menschen öffnen und deren Fassade und Innenausstattung auf

den höchsten Komfort und Wohlstand ihrer Besitzer hinweisen; ich habe die unendlichen Segnungen der individuellen Freiheit in Ihrem Land genossen und mich an den schönen Parks, den luxuriösen Theatern, den großartigen Restaurants, den hervorragenden Autos und Flugzeugen sowie dem komfortablen Leben in Ihrem Land erfreut – und nachdem ich all das erlebt und gesehen habe, ist mir sehr daran gelegen, dass die Person, deren Gedanken ich hier kurz wiedergegeben habe, die Wahl gewinnt.

ETWA ZUR GLEICHEN ZEIT, als du in den USA studiertest, schrieb Baldwin über ethnische Zugehörigkeit und Rassismus in den USA und darüber, dass das Schicksal der afroamerikanischen Mitbürger auch das Schicksal Amerikas ist. Du verstehst also, warum ich überzeugt bin, dass ihr euch blendend verstanden hättet.

Dreißig Jahre nach dem Tod von James Baldwin, in einer Zeit, in der alle möglichen verborgenen, gärenden und hasserfüllten Gefühle an die Oberfläche gekommen sind, ist sein Werk relevanter – und verstörender – denn je. Er hat einmal gesagt, Schriftsteller und Künstler seien Ruhestörer, und ich glaube, wenn wir uns heute nicht von ihm gestört fühlen, haben wir etwas nicht verstanden. Nämlich seine Sicht der Dinge.

Als ich für mein Buch *The Republic of Imagination* (2014) über Baldwin schrieb, stieß ich in der *New York Times* auf einen Artikel über das nachlassende Interesse an Baldwin bei afroamerikanischen Jugendlichen. Ebenso wie ich sind jedoch viele Menschen der Meinung, dass gerade jetzt die Zeit des James Baldwin gekommen ist. Es sind Bücher über ihn geschrieben worden, und andere sind von ihm inspiriert. Nachdem 2017 der Dokumentarfilm *I Am Not Your Negro* über sein Leben und sein Werk herausgekommen war, wurde 2018 auch sein 1974 erschienener Roman *Beale Street Blues* verfilmt, dazu kamen viele weitere Würdigungen seines künstlerischen Schaffens und seines politischen Engagements. Das ist zunächst einmal alles sehr erfreulich und positiv. Zugleich sehe ich aber auch eine Gefahr in der großen Aufmerksamkeit, die mitunter darauf abzielt, ihn zu einer »angenehmeren« Figur zu machen. Ich bin mir nicht sicher, ob allen, die Baldwin jetzt huldigen, wirklich bewusst ist, dass sein die USA in den Fokus nehmendes Werk nicht nur Kritik an den offensichtlichen Bösewichten der Geschichte übt, sondern vielmehr an einer bestimmten Haltung, einer Denkweise, in der jeder von uns gefangen sein kann und die im heutigen Amerika vorherrschend ist.

SEIT ICH DIR DAS letzte Mal geschrieben habe, ist viel passiert. Die bedrohliche und heimtückische Stille der Pandemie wurde durch eine andere Art von Tragödie durchbrochen: In Minneapolis wurde ein junger Afroamerikaner namens George Floyd von Polizisten ermordet. Es gibt ein Video, das zeigt, wie Floyd in Handschellen auf dem Boden liegt, während ein Beamter auf seinem Hals kniet und drei andere Beamte danebenstehen und zusehen. Mr Chauvin kniete neun Minuten und neunundzwanzig Sekunden lang auf

George Floyds Hals, während Floyd immer wieder sagte: »Ich kann nicht atmen.«

Unmittelbar danach brachen im ganzen Land Proteste aus. Floyd war nur das letzte bekannte Opfer in einer langen Reihe anderer schwarzer Opfer von Polizeigewalt, deren Tod zwar auch Proteste zur Folge hatte, aber nie in diesem Ausmaß und so lange. Zehntausende Menschen gingen in vielen Städten auf die Straße, um gegen die an afroamerikanischen Bürgern verübte Polizeigewalt in den USA zu demonstrieren. Die Situation wurde dadurch weiter verschärft, dass Trump androhte, Gewalt gegen die Demonstranten einzusetzen und die Nationalgarde aufmarschieren zu lassen, und dazu den Einsatz von »bösartigen Hunden« und »verhängnisvollen Waffen« ankündigte.

Seit einigen Tagen erhalten die Proteste immer mehr Zulauf. Ich kann weder schlafen noch essen; ich gehe die meiste Zeit in der Wohnung auf und ab, voller Hoffnung und Sorge. Stell dir das mal vor, Baba jan, Zehntausende, vor allem Jugendliche, jeder Hautfarbe und Ethnie, laufen durch die Straßen dieses Landes und fordern Gerechtigkeit.

Bereits vor dieser letzten Tragödie gab es eine Reihe von Fällen, bei denen Schwarze von der Polizei getötet wurden: Tamir Rice, Michael Brown, Philando Castile, Eric Garner, Trayvon Martin, Breonna Taylor und zu viele andere, um sie alle aufzuzählen. Auf jeden dieser Morde folgten Empörung und Proteste, aber nach einer Weile kehrte wieder »Normalität« ein, bis zum nächsten Mord. Diesmal wirkt es anders: Die Demonstrationen werden immer größer und gehen mittlerweile über das Thema der Polizeigewalt hinaus. Sie scheinen eine andere Substanz zu haben, als ob sie die Empörung aller vorherigen Proteste in sich aufgenommen hätten. Bemerkenswert ist auch, dass an den Demonstrationen Menschen jeglicher Hautfarbe, jeglichen Geschlechts und Alters teilnehmen – eine große Mehrheit der Amerikaner scheint sich hier einig zu sein. Kein Wunder also, dass James Baldwin wieder unter uns ist, lebendig und wohlauf, bedeutsamer denn je zuvor.

Baldwin wird dort auf den Straßen zitiert. Wenn ich ihn jetzt lese und über ihn schreibe, kann ich vielleicht ein besseres Verständnis für die Wut entwickeln, die hinter den Protesten steht. In einem Radio-Interview hat er einmal gesagt: »Wer in diesem Land ein Schwarzer ist und einigermaßen bei Sinnen, ist fast die ganze Zeit wütend.« Entscheidend ist hier, dass er diese Wut zwar eindrücklich beschreibt, ihr aber auch eine Richtung gibt und sie für etwas Positives nutzen will, nämlich echten Wandel.

Baba jan, ich komme in meinen Briefen an dich immer wieder auf unser Leben in Angst und Sorge in der Islamischen Republik zurück, aber es gab einen Moment, der mir hier in den USA nicht minder Angst machte. Meine jetzigen Ängste gehen auf das Gefühl zurück, das ich 2017 hatte, als ich im Fernsehen die Demonstrationen und den Aufmarsch weißer Nationalisten in Charlottesville, Virginia, sah. Die

Bilder von der Demonstration machten mir wirklich Angst, diese vielen wütenden weißen Männer, die mit Fackeln, Hakenkreuzfahnen und Gewehren bewaffnet rassistische Parolen schrien. Die abschließende Kundgebung endete in tödlicher Gewalt, als James Alex Fields jr., ein Anhänger der weißen Rassisten, mit seinem Auto in die Gegendemonstration raste und dabei Heather D. Heyer tötete und dreißig weitere Menschen verletzte.

Wir waren schockiert: Wo kamen diese Leute her? Wieso wussten wir nicht, dass es sie gab? Waren es unsere Nachbarn? Hatten wir unterschätzt, wie gefährlich Trump wirklich ist? Mir wurde in diesem Moment klar, dass es um nichts Geringeres als den Kampf um die Seele Amerikas geht. Wir erwarten von unseren Politikern vor allem das Versprechen eines Politikwechsels, bräuchten aber eigentlich einen fundamentalen Wandel der Einstellungen und der Grundhaltung – und auch Politikwechsel beruhen letztlich auf einer dahinterstehenden Haltung und Denkweise. Was wir brauchen, sind die Worte eines Visionärs. Wir brauchen jemanden, der uns über die Politik hinaus eint. Wie Baldwin in *Eine Straße und kein Name* einmal geschrieben hat: »Sicher ist auf jeden Fall, dass Unwissenheit, verbündet mit Macht, der grausamste Feind der Gerechtigkeit ist.« Und so erlebte ich auch jetzt, wie schon im Iran, die Auswirkungen dieser »Unwissenheit, verbündet mit Macht«.

Die afroamerikanische Bevölkerung lebt schon immer mit ähnlichen Ängsten und der damit einhergehenden Wut. Aktuell kommt diese Wut wieder an die Oberfläche, wird jetzt aber wie nie zuvor von US-Bürgern verschiedener Hautfarben, Geschlechter, Altersgruppen und Hintergründe geteilt. Gestern sprach ich mit Negar darüber, wie böse »Unwissenheit, verbündet mit Macht« ist, über das Böse der Macht. Sie sagte: »Vergiss nicht die Macht des Bösen.« Wir haben sie unterschätzt. Ich sagte, diese Macht verlässt sich immer genau darauf: dass wir sie unterschätzen.

ICH HABE BALDWIN DAS erste Mal in den Siebzigerjahren gelesen, zu einer Zeit anderer großer Unruhen und Proteste. Ich studierte damals an der Universität von Oklahoma. Wie in einem früheren Brief bereits erwähnt, war ich in verschiedenen Protestbewegungen aktiv, gegen den Vietnamkrieg genauso wie gegen den Schah. Und auch du wirst dich an diese Zeit erinnern, da du im Iran mehrfach von der Geheimpolizei wegen meiner politischen Aktivitäten im Ausland verhört wurdest.

Welch Ironie, dass du, der sich vier Jahre lang der Regierung widersetzt hatte und zu keinem Kompromiss im Tausch für deine Freiheit bereit war, angesichts meines politischen Engagements so besorgt und ängstlich warst und versuchtest, mich vor den Gefahren meiner Aktivitäten an der Uni zu warnen. Wenn ich mich recht erinnere, warst du der Meinung, dass es bei der Rebellion der jungen Menschen in den USA gegen die Regierung mindestens so sehr um Fragen des Lebensstils wie um Politik gehe. Ich hatte damals den Eindruck, dass dich diese demonstrierenden jungen Menschen, die so unterschiedliche Anliegen hatten wie den Widerstand gegen den Vietnamkrieg und die CIA, das Recht auf Kiffen oder mehr Freizügigkeit auf dem Campus, eher verwirrten.

Erinnerst du dich, dass wir bei einem Besuch von dir in Norman Anfang der Siebzigerjahre ins Kino gingen und den Film *Der Clou* mit Paul Newman und Robert Redford sahen? Ich werde nie vergessen, wie mitten im Film plötzlich jemand splitternackt durch den Mittelgang rannte und politische Parolen rief! Ich verstehe mittlerweile besser, was du meintest, als du mir erklärtest, dass du meine Haltung zu den Protesten gegen den Krieg, Rassismus, Sexismus und die Gier der Konzerne teilen würdest, aber nicht bereit seist, über die negativen Seiten der Gesellschaft zu sprechen, ohne die positiven zu erwähnen, die uns zeigten, dass Wandel möglich ist, und die Hoffnung machten.

ICH WÜNSCHTE, ICH HÄTTE deine Worte damals ernster genommen, als du über die Möglichkeiten sprachst, die du in der Idee der amerikanischen Demokratie mit all ihren Verheißungen angelegt sahst. Du sagtest zu mir, dass Leute wie Dr. Martin Luther King jr. die Garantien und Freiheiten der USA nutzten, um gegen die Brutalität und Gewalt des Rassismus zu kämpfen, und dass andere entrechtete Menschen es ihm in Zukunft gleichtun sollten.

Ich habe deinen Ausführungen über die Möglichkeiten und Verheißungen Amerikas damals kaum

Aufmerksamkeit geschenkt. Der amerikanische Verband der Konföderation Iranischer Studenten, in dem ich mich damals engagierte, war zu dogmatisch und puritanisch, um viel Raum für Komplexität und Mehrdeutigkeit zu lassen. Dazu kam aber auch, dass ich meine Tätigkeit für die Konföderation nur schwer mit meiner Leidenschaft für Literatur und Kunst in Einklang bringen konnte. In der Organisation war ich vor allem für kulturelle Aktivitäten und internationale Beziehungen zuständig, was den Kontakt zu anderen radikalen Gruppen und Organisationen sowohl in den USA als auch im Ausland einschloss. Ich rief Parolen gegen den Krieg und sah gleichzeitig Filme von Fellini und Bergman, Theaterstücke von Edward Albee und Jean Genet, hörte die Doors, Jimi Hendrix, Janis Joplin und die Mothers of Invention, schrieb Traktate gegen den Schah, hörte den schwarzen Aktivisten Stokely Carmichael und H. Rap Brown zu und las Gustave Flauberts *Madame Bovary,* Virginia Woolfs *Die Fahrt zum Leuchtturm,* Henry Fieldings *Tom Jones* und Eldridge Cleavers *Seele auf Eis.* Ich habe es immer als große Ironie empfunden, dass Cleaver, einer der ersten Führer der Black Panther Party, ein Radikaler und vom Staat Verfolgter, der Baldwin eine »Schwuchtel«, einen »widerwilligen Schwarzen« und »einen Weißen in einem schwarzen Körper« genannt hatte, später im Leben Republikaner und Mitglied der Kirche Jesu Christi der Heiligen der Letzten Tage wurde.

Ich fühlte mich durch Baldwins Worte damals mit diesen Protestbewegungen verbunden, während sie mich zugleich wegführten von ihnen und an einen anderen Ort brachten, wo ich innehalten, nach innen schauen und nachdenken konnte. Wo mein Denken und Handeln nicht einfach nur von Wut bestimmt wurde. Ohne mir dessen bewusst zu sein, bewunderte ich Baldwin damals dafür, wie er den offenen Rassismus in den USA schonungslos und aufs Schärfste kritisierte, ohne sich dabei einer politischen Gruppierung oder Ideologie zu verschreiben. Er bewahrte sich lieber seine geistige Unabhängigkeit. Baldwin war für mich der Beweis, dass engagiertes Schreiben nicht automatisch bedeutet, dass man seine politische Unabhängigkeit aufgeben muss – Schreibende stellen mit ihrer Arbeit etablierte Normen infrage, eben auch die politischen. Das heißt nicht, dass wir uns nicht politisch betätigen sollten, aber wir sollten uns weigern, blind einer Parteilinie zu folgen.

Du würdest natürlich verstehen, was ich meine, schließlich hast du vier Jahre im Gefängnis gesessen, weil du auf deiner politischen Unabhängigkeit beharrtest. Ein Autor wie Baldwin unterscheidet sich von ideologischen Revolutionären insbesondere darin, dass er keine fertigen Antworten hat, sondern Fragen aufwirft. Ihm waren »alle Theorien suspekt«, schreibt er in *Von einem Sohn dieses Landes*, und er glaubte, »dass die edelsten Prinzipien womöglich angepasst werden müssen oder gar von den Anforderungen des Lebens pulverisiert werden können, dass man daher seine eigene moralische Mitte finden und mit der Hoffnung durchs Leben gehen muss, von dieser Mitte aus geleitet zu werden.«

Wie ein Eichhörnchen seine Eicheln, so verstaute ich Baldwins Worte nach meiner Zeit am College im Hinterkopf, wo sie unberührt zwei Jahrzehnte lagerten. Nachdem ich 1997 in die USA gezogen war, beschäftigte ich mich wieder mit seinem Werk und gleichzeitig intensiv mit amerikanischer Geschichte. Eine Zeit lang las ich wie besessen alles von ihm, fast manisch – seine Bücher, Interviews, Rezensionen.

Je besorgniserregender ich die Zustände in den USA empfand, desto mehr Baldwin las ich, und ich füllte ganze Notizbücher mit meinen Gedanken über ihn und mit seinen Zitaten. Die obsessive Beschäftigung mit ihm fand ein Ventil, als ich mein Buch *The Republic of Imagination* schrieb und mit einem Epilog über Baldwin endete – ein passendes Ende, wie ich finde, für ein Buch, das mit Mark Twain beginnt. Ich wollte ihm diesen Platz auch deshalb einräumen, weil ich ihn nicht etwa für einen großen afroamerikanischen oder schwulen Schriftsteller halte, sondern einfach für einen großen Schriftsteller. Für mich verdient sein 1953 erschienener erster Roman *Von dieser Welt* durchaus den Titel der *Great American Novel.* Wie Twain mit *Die Abenteuer des Huckleberry Finn* und mehr noch als J. D. Salinger mit *Der Fänger im Roggen* hatte Baldwin mit John Grimes nicht nur einen neuen Typus des amerikanischen Protagonisten geschaffen, sondern auch zu einer neuen Sprache gefunden.

Trotzdem hatte ich nach der Veröffentlichung von *The Republic of Imagination* immer noch das Gefühl, nicht mit ihm abgeschlossen, mein Gespräch mit ihm noch nicht beendet zu haben. Baldwins Worte trafen mich wirklich wie ein Schlag in die Magengrube.
Ich vermute, dass die Art, wie ich auf seine Texte, seine Worte reagierte, auch mit meinem Leben in der Islamischen Republik zu tun haben musste.
Ich empfand eine starke Verbundenheit. In einem Gespräch erwähnte er einmal, dass Dickens und *Onkel Toms Hütte* ihm viel bedeutet hätten, da in ihnen eine Wut war, »die auch in mir steckte«, und dass es in diesen Büchern etwas gebe, »was ich erkannte, ohne zu wissen, was ich erkannte«. Genau so ging es mir mit Baldwins Texten.

Lass mich dir erklären, lieber Baba, was ich damit meine. Erinnerst du dich daran, wie in der Islamischen Republik Gewalt und Wut zu unserem Alltag gehörten, so sehr, dass wir sie nicht mehr als bemerkenswert empfanden? Der Schock eines Lebens unter solchen Bedingungen hatte uns stumpf werden lassen, hatte uns fast gelähmt. Die folgende Geschichte ist für dich und mich, die wir dort gelebt haben, nichts Außergewöhnliches – so wenig außergewöhnlich, dass ich sie dir nie erzählt habe. Ihren Schrecken, ihre Unerträglichkeit entfaltet sie erst im Rückblick. Ich nenne sie gerne »Ein Abend wie jeder andere in der Islamischen Republik Iran.«

Es war bereits nach Mitternacht, und Bijan und ich fuhren nach einem Abend bei Freunden (du kennst sie,

Shayda und Mansour Miri) nach Hause. Sie hatten uns zu sich eingeladen, zum Schwimmen im Pool mit anschließendem Abendessen. Wie üblich erzählten wir uns beim Essen Geschichten, dachten gemeinsam darüber nach, diskutierten. Shayda und ihr Mann erzählten uns, dass sie zwei Wochen zuvor auf einer Party verhaftet, in einem Bus zum Hauptquartier des Revolutionskomitees gebracht und dort drei Nächte lang festgehalten worden waren, bevor man sie gegen eine hohe Geldsumme wieder freigelassen hatte.
Ihr Verbrechen: Sie waren Gäste auf einer gemischtgeschlechtlichen Party mit Alkohol und Musik gewesen. Wir erhoben unsere Gläser und stießen darauf an, dass unsere Gastgeber so glimpflich davongekommen waren – immerhin waren sie nicht ausgepeitscht oder zu Haftstrafen verurteilt worden –, und schätzten uns glücklich, dass es nicht noch schlimmer gekommen war.

Irgendwann bei Dessert und Kaffee – das islamische Regime hat es nie geschafft, uns iranisches Gebäck und Eis zu nehmen – spürte ich, wie Wut in mir aufstieg. Dass wir uns über das Glück unserer Gastgeber freuten, dass die Bestechung von Funktionären jetzt als etwas ganz Normales galt, um Strafen zu entgehen, und dass solche Vorfälle zum Alltag gehörten, machte mich wütend. Wir wussten, dass andere im Gefängnis saßen, weil sie sich für Menschenrechte eingesetzt oder weil sie die Wahrheit geschrieben hatten, und dass manche gefoltert und hingerichtet wurden oder, falls die Anklage auf Ehebruch oder Prostitution lautete, sogar gesteinigt. Während wir schwimmen gingen und das Gebäck genossen.

Irgendetwas schien mir falsch daran, abgesehen davon, dass mir natürlich alles in diesem unglückseligen Land gerade falsch schien. Irgendetwas ging tiefer, etwas, das jedoch, wie meine Wut, keine bestimmte Gestalt oder Richtung hatte. Erst später wurde mir klar, was es war: Komplizenschaft. Ja, das Regime war verantwortlich für die Tragödie des Landes, verantwortlich für das Unglück, die Angst und Verzweiflung, die Teil unseres Lebens geworden waren. Die Frage war: Wie konnten wir unter der Herrschaft dieses Regimes leben, ohne von seiner Korruptheit angesteckt zu werden? Konnten wir überleben, ohne vor einem System in die Knie zu gehen, das jeden Bereich unseres Lebens zu kontrollieren versuchte? Konnten wir moralisch integer bleiben an einem Ort, an dem Unmoral nicht nur die Regel, sondern die Norm war? Zu den furchtbarsten Aspekten des islamischen Regimes gehört, was es uns moralisch und geistig antat, indem es uns den Sinn für Recht und Unrecht nahm und uns sogar zu Komplizen an den gegen uns begangenen Verbrechen machte. Und heute, mehr als zwei Jahrzehnte später, erscheint es mir als traurige Ironie, dass ich mir hier in den USA dieselben Fragen stellen muss und mich dieselben Bedenken plagen, genau wie viele Amerikaner, die bei den aktuellen Protesten eben jene Fragen umtreiben wie uns damals in der Islamischen Republik Iran.

Auf der Fahrt nach Hause schwiegen wir. Ich fühlte mich etwas erschöpft und irgendwie bedrückt. Dann sahen wir die Straßensperre. Das war an sich nichts Ungewöhnliches, da Straßensperren und Durchsuchungen, nicht nur nach Waffen, sondern auch nach politischen Schriften, Musik und Alkohol, damals zum täglichen Leben gehörten. Wir waren klug genug, Vorsichtsmaßnahmen zu treffen und nie Kassetten oder alkoholische Getränke im Auto dabeizuhaben oder die Stimme zu erheben, wenn wir verhört wurden. Obwohl solche Durchsuchungen zum Alltag gehörten, machten sie mich wütend. Aber auch ängstlich: Ich prüfte instinktiv mein Kopftuch, um sicher zu sein, dass die Haare korrekt bedeckt waren.

Ein bärtiger älterer Mann mit Gewehr und zwei jüngere Männer, ebenfalls mit Gewehren, gaben uns Zeichen, dass wir anhalten sollten. Bijan kurbelte das Fenster herunter und wurde aufgefordert auszusteigen. Ein paar Minuten später befahlen sie mir das Gleiche. Ich wusste, ohne ihn genauer angesehen zu haben, dass der ältere Mann Sandalen und das Hemd über der Hose trug. Dass sie keine Uniform trugen, aber alle drei auf diese einheitliche Art gekleidet waren, machte es nur noch unheimlicher. Ich hörte, wie er von den Jüngeren, die mit ihren Gewehren steif hinter ihm standen, nicht mit einem offiziellen Titel, sondern als Hadschi Agha angesprochen wurde, dem Ehrentitel für alle, die schon mal nach Mekka gepilgert waren. Ich konnte den Blick nicht von ihren Gewehren abwenden, die zu Verlängerungen ihres Körpers geworden zu sein schienen, wie Finger an einer Hand. Ich war irritiert, wie jung die beiden waren, noch Teenager.

Hadschi Agha stellte uns die üblichen Fragen, wo wir gewesen waren, ob wir getrunken hätten und Kassetten dabeihätten. Wir gaben ihm die üblichen Antworten, dann durchsuchten sie das Auto und den Kofferraum. Schließlich deutete einer von ihnen mit dem Gewehr auf uns und winkte uns durch. Wieder einmal hatten wir Glück gehabt!

Das alles schreibe ich in der Sicherheit meiner Wohnung in D.C., mit einer Tasse Kaffee neben mir, während meine Stereoanlage Bessie Smiths »Reckless Blues« spielt (Baldwin zu Ehren, natürlich). An dem Abend, als Bijan und ich angehalten wurden, war ich mir meiner Gefühle über diese Begegnung nicht bewusst. In traumatischen Situationen stellt sich eine Taubheit ein, die einem hilft, das traumatische Ereignis irgendwie zu überstehen. Paradoxerweise kam ich mir manchmal, wenn meine Gefühle besonders intensiv und überwältigend waren, wie betäubt vor.

Wenn einer dieser Jungen, denen wir bei unseren nächtlichen Ausflügen in der Stadt begegneten, mir sein Gewehr an den Kopf gehalten und abgedrückt hätte, wäre es für ihn vermutlich ohne Konsequenzen geblieben. Das Unerträgliche an der Situation war, dass wir nicht nur gezwungen waren, unsere Empörung zu verbergen und jegliche Reaktion zu unterdrücken, sondern dass wir auch noch höflich, sogar ehrerbietig sein mussten. Was ich bei fast jeder dieser Checkpoint-

Begegnungen tief im Innern unter der oberflächlichen Taubheit empfand, war immer das gleiche Gefühl: Hass, eine Empörung, die so stark war, dass ich mir wünschte, die Waffe in Hadschi Aghas Hand wäre meine.

Ich frage mich: Fühle ich mich James Baldwin aufgrund meiner Erfahrungen in der Islamischen Republik so tief verbunden? Die Mechanismen der Unterdrückung sind – bei allen Unterschieden in Ausmaß und Form – im Grunde die gleichen: Das Opfer wird als anders und fremd definiert und damit als gefährlich gebrandmarkt. Das mag zwar mein Gefühl der Verbundenheit mit Baldwin verstärkt haben, ist aber keine hinreichende Erklärung für meine starke Reaktion auf seine Romane und Essays.

An einem bestimmten Punkt können individuelle Erfahrungen universelle Bedeutung erlangen, indem man ihren Kontext ausweitet. Auf der einen Seite habe ich das Gefühl, dass ich durch Baldwins Texte meine diffuse Wut besser verstanden und begriffen habe, inwieweit meine persönlichen Erfahrungen in der Islamischen Republik in einem universellen Kontext stehen. Auf der anderen Seite beruht meine Faszination für ihn aber nicht nur auf Identifikation, sondern auch auf seiner Fähigkeit, mich aus meiner Welt herauszuholen und in mir den Wunsch zu wecken, mehr über seine Lebenswelt zu erfahren, die sich in so vielem von meiner unterscheidet. Ist nicht genau das ein Merkmal großer Literatur, dass sie auf der Grundlage eines universell gedachten Menschseins unsere Unterschiede darstellt? Seine Essays haben mir einen neuen Blick auf die Probleme der ethnischen Zugehörigkeit und des Rassismus in den USA eröffnet, und auch auf das Land als Ganzes. Auch wollte ich genauer wissen, was er mit seiner Aussage meinte, er sei kein Sprachrohr, sondern ein Zeuge der Wahrheit.

BALDWINS BLICK AUF DAS Verhältnis von ethnischer Herkunft und Freiheit in den USA faszinierte mich. Er war überzeugt, dass sich die Beziehungen zwischen Schwarzen und Weißen in den USA nur verändern würden, wenn sich das Land selbst grundlegend ändere. Die Allgemeingültigkeit seiner Worte und das Glücksgefühl, etwas Neues zu entdecken und kennenzulernen, auch wenn es schmerzhaft und kompliziert ist, begeisterten mich für ihn. Seinen Umgang mit Sprache empfand ich als geradezu magisch. Ich fühlte mich sowohl im Herz als auch im Kopf mit ihm verbunden.

MEIN ERLEBNIS AM CHECKPOINT hat eine Gemeinsamkeit mit Baldwins Erfahrung von Rassismus, die ihn mit Hass und Angst erfüllte: Hass auf die unverhohlenen Akte des Rassismus und Angst nicht nur vor der sehr realen Bedrohung durch die Weißen, sondern auch vor seinem eigenen Hass, davor, zu was ihn dieser Hass führe könnte – »Angst vor dem Bösen in mir, Angst vor dem Bösen da draußen« wie er in *Nach der Flut das Feuer* schrieb. In *Von einem Sohn dieses Landes* erklärt er: »Hass, der so viel zerstören konnte, zerstörte unfehlbar auch den, der hasste, das war ein unumstößliches Gesetz.« Ist es da verwunderlich, dass Baldwin in einer Zeit wie dieser, in der so viele Menschen auf den Straßen für mehr Gerechtigkeit demonstrieren, wieder gelesen und zitiert wird? Manchmal erscheint es dem Opfer so, als gäbe es nur zwei Optionen: Opfer bleiben oder dem Hass nachgeben. Baldwin lehnt beides ab. Er verweigert sich diesen Impulsen, die er in seinem Essay »Jedermanns Protestroman« von 1955 über Richard Wrights *Sohn dieses Landes* und die Protestliteratur beschreibt. Dort heißt es, dass das Leben der Hauptfigur des Romans, Bigger, »beherrscht, bestimmt« werde »von seinem Hass und seiner Angst« und dass ihn später »die Angst zum Mord und der Hass zur Vergewaltigung« treibe. Ich habe mich schon gefragt, ob es Angst und Hass waren, die Baldwin aus New York nach Paris ziehen ließen, oder aber die Angst, zu was er sich verleiten lassen könnte, wenn er bliebe.

Immer wenn ich bei Baldwin darauf stoße, wie er seine Wut und seinen Hass zum Ausdruck bringt, empfinde ich eine merkwürdige Mischung aus Erleichterung und Verdruss. Ich muss an Szenen aus meiner eigenen Vergangenheit denken, wie etwa an den Abend am Checkpoint oder an meine Reaktion auf die gewaltsame Niederschlagung der Proteste durch das islamische Regime, und ich verstehe, wie sehr er damit recht hatte, sich selbst zu fürchten. Ich weiß aus eigener Erfahrung, wie schwer es ist, den eigenen Hass im Zaum zu halten, ihm nicht zu erliegen.

»Es war immer viel leichter (weil es immer viel sicherer schien)«, schrieb er in *Im Hinblick,* »das äußere Übel zu benennen, als den inneren Terror zu lokalisieren. Und dennoch: Der innere Terror ist um vieles echter und um vieles wirksamer als irgendeine unserer Etiketten. Die Etikette ändert sich, der Terror ist beständig.«

Ich erinnere mich an ein Telefonat mit Shirin, meiner Freundin im Iran. Ich versuchte, ihr zu vermitteln, wie wütend ich gewesen war und wie besorgt, dass die Wut zu meinem einzigen Gefühl werden könnte und es mir nicht gelingen würde, den Hass in etwas Konstruktives zu verwandeln. Sie fand die Sorge zu verkopft und meinte, dass ich das mal den Familien der tausendfünfhundert Menschen erzählen solle, die das Regime bei den Protesten im November 2019 getötet hatte. »Die Leute sind wütend«, sagte sie. »Sie haben nur ihre Wut. Wir sollten sie ihnen nicht nehmen.«

Sie berichtete, dass die Menschen im Iran derart wütend seien, dass viele von ihnen Donald Trump wegen seiner iranfeindlichen Politik Joe Biden vorzögen. »Das gilt übrigens auch für einige Iraner hier«, sagte ich, »ich halte es aber nicht für richtig. Zunächst mal traue ich niemandem, der oder die über Menschenrechte in anderen Ländern redet, sie im eigenen Land aber nicht achtet. Sieh dir doch nur mal an, wie Trump mit Immigranten und Menschen aus mehrheitlich muslimischen Ländern umgeht.«

»Das stimmt«, sagte Shirin, »aber ebenso verstehe ich die Wut der Iraner. Ich finde sie durchaus berechtigt.«

Dann änderte sich plötzlich ihr ernster Tonfall. Fast fröhlich fragte sie: »Hast du *Kompass* gelesen, den Roman von diesem französischen Autor Énard? Ziemlich interessant und originell!«

So ist Shirin: Egal wie schlecht es ihr gerade geht, ein gutes Buch muntert sie immer auf. Sie hält mich auf dem Laufenden, Baba jan. Seit ich wieder in Amerika lebe, bekomme ich wenig über nicht-englischsprachige Neuerscheinungen mit. Im Iran waren wir viel weltoffener und lasen Bücher aus den verschiedensten Ländern. Es ist schon traurig, wie viel die Welt über Amerika weiß und wie wenig Amerika über die Welt.

Nach meinem Telefonat mit Shirin hatte ich ein gutes Gespräch mit Negar, die den Rassismus mit einer Krankheit verglich: man muss von ihr gereinigt werden, um geheilt zu werden. Die Wut hilft bei der Reinigung, die Wut braucht ein Ventil, und die Proteste sind dieses Ventil. Wir werden irgendwann über diese Wut hinausgelangen, aber erst durch sie werden wir unseren Weg finden, uns organisieren und wieder neu organisieren.

Manche Leute mögen der Meinung sein, dass uns das Lesen – selbst die Lektüre eines Autors wie Baldwin – in diesen Zeiten nicht weiterhilft, da es nicht Zeit ist zu lesen, sondern zu handeln. Für mich gehört auch eine solche Lektüre zum Handeln dazu. Man muss wissen, worauf man seine Wut richtet, statt sich von ihr lenken zu lassen, man muss wissen, wie man den Kampf aufrechterhält und die Hindernisse überwindet, vor die er uns stellt. Ich stimme Shirin zu: Wir können auf die Wut nicht verzichten. Aber ich stimme auch Negar zu, dass wir unsere Wut in etwas Konstruktives verwandeln sollten, so wie du, Baba, es im Gefängnis getan hast. Du hast dort angefangen zu malen, hast neue Sprachen gelernt, gelesen und geschrieben. Oder wie Baldwin, der durch das Schreiben seiner Wut eine Form gab und Kontrolle über sie gewann.

ICH SCHLAFE NACHTS NICHT gut, Baba. Die Pandemie und die Gewalt, die zum Tod von George Floyd geführt hat, sind untergründig immer da, egal was ich sonst tue und denke. Die Proteste beruhigen mich merkwürdigerweise. Sie geben mir Hoffnung, Hoffnung nicht im Sinne von schlichtem Optimismus, sondern im Sinne von Václav Havels Definition: »Hoffnung ist nicht die Überzeugung, dass etwas gut ausgeht, sondern die Gewissheit, dass etwas Sinn hat, egal wie es ausgeht.«

Diese Art von Hoffnung meine ich, wenn ich an einen Schwarzen namens Patrick Hutchinson denke, einen Mann wie aus einem Roman von Baldwin. Während einer »Black Lives Matter«-Demonstration in London sahen Hutchinson und seine Freunde einen verletzten weißen Mann am Boden, der ganz offenkundig nicht dort war, um Black Lives Matter zu unterstützen, sondern, so Hutchinson, »nichts Gutes im Sinn hatte, sagen wir es mal so«. Der Mann war in eine Prügelei mit Demonstranten verwickelt gewesen. Hutchinson trug ihn über die Schulter gelegt zu den Polizisten, während seine Freunde ihn gegen die Demonstranten abschirmten. Hutchinson sagte später:

»Mir ging es vor allem darum, eine Katastrophe zu vermeiden, dass die Schlagzeilen über Black Lives Matter nicht auf einmal ›Aktivisten töten Gegendemonstranten‹ lauten. Das wollten wir unbedingt verhindern.« Er sagte auch, sein größtes Anliegen sei »Gleichheit für alle … Die Welt heute ist eine bessere als die meiner Großeltern und meiner Eltern, und hoffentlich können wir diese Entwicklung vorantreiben, um irgendwann Gleichheit für alle zu erreichen.« »Nur weil jemand einem nichts Gutes will«, sagte er, »muss man ihn nicht umbringen.« Es ist diese Großzügigkeit im Sinne Baldwins, die mir Hoffnung für den weiteren Verlauf der Proteste macht.

Aber ich mache mir trotzdem auch Sorgen. Im Iran habe ich erlebt, und ich erlebe es auch jetzt in Amerika durch die Pandemie und die aktuelle gesellschaftliche Krise, wie unsicher unser Leben ist und wie leicht man alles verlieren kann, was Sicherheit und Geborgenheit gibt, wie leicht die Mauern des Ortes, den man sein Zuhause nennt, über einem zusammenstürzen können. Zum ersten Mal habe ich das erfahren, als du ins Gefängnis kamst, Baba jan: dass es Kräfte jenseits meiner Kontrolle gibt, die mich jeglichen Schutzes berauben können. So bleibt mir nur die Hoffnung, dass wir, egal wie chaotisch die Lage auch werden mag, in einem Punkt unbeugsam bleiben: der Haltung, mit der wir der Unsicherheit des Lebens und der Absolutheit des Todes begegnen. Auch darum lese ich James Baldwin und schreibe über ihn.

ES IST DER SOMMER 2020. Das Virus wirkt nicht mehr so verheerend, und wir können uns wieder im Freien treffen, wenn auch weiterhin mit Abstand. Negar hat vor ein paar Minuten angerufen, um uns für kommenden Sonntag zu sich nach Hause einzuladen – wir werden draußen sitzen, mit einem Meter Abstand. Dann fragte sie mich, womit ich mich gerade beschäftige. Ich erzählte ihr, dass ich einen Brief an dich, ihren Großvater, schreibe, in dem ich mit dir über Baldwin spreche, und wie stark mich Baldwins Texte beschäftigen. Die Leidenschaft seiner Worte, sagte ich, wirke ansteckend. Beim Stichwort Leidenschaft erzählte sie mir dann, dass sie an dir besonders geschätzt habe, wie du uns teilhaben ließest an Dingen, die dich leidenschaftlich interessierten. Sie sagte, dass du sie und Dara in die Geschichten, die du erzähltest, immer aktiv einbezogen hast.

»Er hat uns nie einfach nur eine Geschichte erzählt«, sagte sie, »er ließ uns an ihr teilhaben. Mitten in der Erzählung machte er Pausen und fragte dann zum Beispiel, wie wir als eine bestimmte Figur in der Geschichte gehandelt hätten.« Sie hat recht. Deshalb hatten wir mit dir so viel Freude. Und du hast uns nicht nur in Geschichten einbezogen, sondern auch in andere Dinge, die du mit Leidenschaft verfolgtest, wie zum Beispiel die Gartenarbeit. Du hast immer erklärt, womit du gerade beschäftigt warst, und schon machten wir mit und pflanzten mit dir Kräuter oder Blumen. Durch dich habe ich so viele wertvolle Erinnerungen an meine Kindheit, die ich später auch meinen eigenen

Kindern ermöglichen wollte. Mein Gott, wenn du nur Negars Garten sehen könntest. Ich glaube wie du, dass Gärten lebendige Wesen sind und eine Seele haben. Ihr Garten leuchtet und blüht und hat das Selbstvertrauen eines geliebten und umsorgten Kindes.

WENN ICH NICHT AN dich schreibe, Baba jan, verfolge ich gebannt die Nachrichten. Mal bin ich tief beeindruckt vom Ausmaß und der Vielfalt der Demonstrationen, der klaren Formulierung ihrer Forderung, nicht über die Hautfarbe definiert zu werden. Im nächsten Moment werde ich wütend, weil die Nationalgarde Tränengas gegen friedliche Demonstranten eingesetzt und sie vertrieben hat, damit Trump und sein Gefolge vom Weißen Haus zu einer nahe gelegenen Kirche gehen konnten, um dort ein Foto von Trump zu schießen, wie er vor der Kirche eine Bibel hochhält. Mir ist bewusst, dass jetzt viel von der Entwicklung dieser Demonstrationen abhängt, von der Weigerung ihrer Teilnehmer, sich der Wut und dem Hass hinzugeben, davon, dass sie dem Weg von James Baldwin und Martin Luther King folgen. Wenn ich dir schreibe, gewinne ich etwas Abstand von der Realität draußen und kann sie verarbeiten. Was dort im Moment vor sich geht, ist von einer solchen Wucht, dass die Ereignisse sprachlich nur schwer fassbar sind; sie entziehen sich jeglicher Beschreibung.

Vor ein paar Tagen sprach ich mit einer iranischen Freundin, die ebenfalls in den USA lebt. Sie sagte, dass wir uns nicht zu sehr mit den Protesten hierzulande beschäftigen sollten, da wir genug zu tun hätten mit den Protesten und der Situation im Iran. Das sehe ich anders. Zum einen bin ich jetzt amerikanische Staatsbürgerin, eine iranische Amerikanerin, und von der Entwicklung des Landes betroffen, zum anderen bin ich davon überzeugt, dass die Proteste in den zwei Ländern, in denen ich zu Hause war und bin, zusammenhängen und sich gegenseitig verstärken, auch wenn es nicht den Anschein haben mag. Der Kampf für Gerechtigkeit und Freiheit in einem Teil der Welt verstärkt und unterstützt den Kampf für Gerechtigkeit und Freiheit auf der ganzen Welt. Und umgekehrt werden auf gleiche Weise Unterdrücker an einem Ort durch Unterdrückung andernorts auf der Welt gestärkt.

Als Frau, Dozentin, Schriftstellerin und Leserin, die in der Islamischen Republik gelebt hat, habe ich Ausgrenzung, Diskriminierung, Zensur und Unterdrückung am eigenen Leib erfahren. Vor allem aber werde ich als Mensch, der an die Menschenrechte und Freiheitsrechte glaubt, als Immigrantin, die in ihrem Land erlebt hat, was es bedeutet, wenn diese Rechte und Freiheiten fehlen, *und* die für sie gekämpft hat, den Kampf für Demokratie – egal wo auf der Welt – aktiv unterstützen, insbesondere in einem Land, dessen Bürgerin ich jetzt bin. Und schon fühle ich mich, nach dieser kurzen Brandrede, viel besser! Ein wirksameres Mittel als Kaffee und Schnaps!

Ich finde es bemerkenswert, dass Shirin, die noch im Iran lebt, sich mehr für das Schicksal Amerikas interessiert als meine hier lebende Freundin. Shirin kennt nicht nur die neuesten Bücher und Filme aus den USA, sondern verfolgt auch sehr genau die politische und gesellschaftliche Situation des Landes. Neulich sagte sie im Gespräch mit mir, dass Trump ansteckend sei wie ein Virus: tödlich nicht nur für Amerika, sondern auch für den Rest der Welt.

WENN ICH *ZWISCHEN MIR und der Welt* des afroamerikanischen Autors und Journalisten Ta-Nehisi Coates lese, muss ich wieder an James Baldwin denken. Coates' Buch, das sich an seinen fünfzehnjährigen Sohn Samori richtet, war inspiriert von Baldwins »Brief an meinen Neffen zum hundertsten Jahrestag der Sklavenbefreiung«, der 1962 in der Zeitschrift *The Progressive* erschienen war. Coates ist jemand, der Baldwin auf seinem gefährlichen Weg zur Wahrheit zwar nachfolgt, ihn aber nicht nachahmt; er ist ein eigenständiger Mensch. Wie Baldwin ist er sich der Gefahren bewusst, die im eigenen Innern lauern: »Aber vielleicht steckte auch in mir ein Plünderer, vielleicht würde auch ich einen Körper stehlen, um mich in meiner Gemeinschaft zu behaupten. Vielleicht war das bereits geschehen.«

Wie Baldwin hält auch Coates es für seine Pflicht, sein Land für dessen tief verwurzelten Rassismus zur Verantwortung zu ziehen – eben weil es sein Land ist. Coates geht mit all denen hart ins Gericht, die Amerikas Geschichte mit der Behauptung rechtfertigen wollen, dass alle Länder in irgendeiner Form schon Ausbeutung und »Plünderung von Leben,

Freiheit, Arbeitskraft und Land« betrieben hätten. Er weist diese Ausrede wortgewaltig zurück und greift dabei das Selbstbild der USA auf:

> Vielleicht hat es im Lauf der Geschichte irgendwann mal eine Großmacht gegeben, die nicht aus der gewaltsamen Ausbeutung fremder Körper erwachsen ist – in dem Fall steht mir noch eine Entdeckung bevor. Doch die Banalität der Gewalt kann Amerika nicht entschuldigen, denn Amerika will mit dem Banalen nichts zu schaffen haben. Amerika hält sich für außergewöhnlich, die größte und edelste Nation, die es je gab, ein einsamer Kämpfer vor den Toren der weißen Stadt der Demokratie, den Terroristen, Despoten, Barbaren und anderen Feinden der Zivilisation trotzend. Man kann sich nicht für übermenschlich erklären und dann sagen, Irren sei nun mal menschlich.

Für beide Autoren beginnt alles mit dem hochproblematischen Begriff »Rasse«. Wie Baldwin ist auch Coates davon überzeugt, dass es keine biologische Grundlage für die Unterscheidung von »Rassen« gibt und dass Weiß und Schwarz politische Konstrukte sind, ein strategischer Trick, um die Unterwerfung einer Gruppe von Menschen durch eine andere abzusichern. »Doch Rasse ist das Kind des Rassismus, nicht seine Mutter«, schreibt er. Baldwin stellt fest, dass er, solange Menschen darauf bestünden, dass sie Weiße seien, keine andere Wahl habe, als ein Schwarzer zu bleiben. Selbst in seinen späteren, vom politischen Kampf für Gleichheit stärker desillusionierten Texten hält er an seiner grundsätzlichen Überzeugung fest, dass »Rasse« ein Konstrukt ist und dass der Rassismus nur von Weißen und Schwarzen zusammen überwunden werden kann. In seiner Einleitung zu *The Price of the Ticket* schreibt Baldwin: »Weiße Menschen sind nicht weiß: Der Preis für die Eintrittskarte zum Weißsein beinhaltet, dass sie sich vormachen, sie seien es.« Und doch, schreibt er, habe der Rassismus so lange schon die Identität aller Amerikaner bestimmt – der im Übrigen, lieber Baba, im Widerspruch zu den ersten Zeilen der Unabhängigkeitserklärung steht, in denen es heißt, alle Menschen seien von Natur aus gleich.

Rassismus erscheint mir, Baba jan, als ein Instrument, Menschen eine neue Identität aufzuzwingen, sie in dieser falschen Identität gefangen zu halten, sodass sie dem Bild entsprechen, das von anderen erdacht wurde und das nichts damit zu tun hat, wer sie sind und was sie selbst für sich erstreben. Es geht dabei nicht immer um physische Gewalt, aber es bleibt eine Form von Gewalt, die den Geist zerstört. Sowohl Baldwin als auch Coates kämpfen mit ihren Texten gegen diese Haltung, diese Weltsicht, dieses Denken, bei dem das Opfer mit dem Hass und der Wut des Unterdrückers infiziert wird – wie damals, als ich mir am Checkpoint wünschte, dass Hadschi Aghas Gewehr meines wäre.

COATES STELLT EINE BRILLANTE Diagnose dieser Krankheit. Ich verstehe ihn in seiner Wut und Verzweiflung und frage mich, wo der Kreislauf der Gewalt enden wird. Er sagt seinem Sohn, dass er kämpfen soll, erklärt ihm aber nicht konkret, wie man sich wehren und Widerstand leisten kann. Er ist überzeugt, dass der Kampf weitergeführt werden muss, ohne dass man sich dabei um die Beteiligung der Weißen (die er »Träumer« nennt) zu bemühen bräuchte. »Ich glaube nicht, dass wir sie aufhalten können, Samori«, schreibt er über die Weißen an seinen Sohn, »denn sie müssen sich letztlich selbst aufhalten«, und er fügt hinzu: »Dennoch fordere ich dich auf zu kämpfen.« Fünf Jahre nach dem Erscheinen von *Zwischen mir und der Welt* im Jahr 2015 sieht es so aus, als hätten die Träumer zumindest einige Lektionen gelernt. Das gibt Coates Anlass zu neuer Hoffnung.

In einem Interview mit Ezra Klein auf Vox im Juni 2020 sagte Coates, dass er bei den Protesten nach der Ermordung Floyds, im Gegensatz zu den Bürgerrechtsprotesten von 1968, das Gefühl habe, »dass mehr Menschen es tatsächlich verstehen«. Er sagte auch: »Ich glaube, eine kritische Masse Nicht-Schwarzer hat einen anderen Blick auf die Vollstrecker staatlicher Macht gewonnen.« Und: »George Floyd ist nicht neu. Neu ist die Möglichkeit, es so an die Öffentlichkeit zu bringen, wie es geschehen ist.«

Es gibt eine Verbindung zwischen Coates und Baldwin, trotz aller Unterschiede, auch des Alters und der Zeiten, in denen sie lebten. Baldwin erlebte die Bürgerrechtsbewegung der Sechzigerjahre und die damit einhergehende Verzweiflung. Wenn das Überleben Amerikas, wie Baldwin behauptete, vom »Negro struggle« abhängt, dann wird dieser Kampf von der

Beteiligung aller Amerikaner abhängen, ungeachtet ihrer Ethnie und Hautfarbe. Und dass man auch als weißer Mensch an diesem Kampf mitwirken kann, haben seit Beginn des Kampfes gegen die Sklaverei bis heute auf je eigene Weise Leute wie Abraham Lincoln, Benjamin Lay und John Brown unter Beweis gestellt, ganz zu schweigen von den vielen prominenten weißen Frauenrechtlerinnen wie Elizabeth Cady Stanton, Ernestine Rose, Susan B. Anthony und Lucretia Mott.

Baldwin glaubte an eine Bewegung, an der sich sowohl Weiße als auch Schwarze beteiligen. In einem Interview mit Robert Penn Warren von 1964, in dem es hauptsächlich um die »Black Revolution« und den Rassismus in Amerika geht, sagte Baldwin: »Man kann die Weißen verachten. Es mag sogar Momente geben, in denen man sie umbringen möchte. Aber sie sind deine Brüder und Schwestern, ob sie das wissen oder nicht. Und das macht es kompliziert.« Er fügt hinzu: »Es macht es so kompliziert, dass ich es selbst nicht ganz durchschaue.« In *Nach der Flut das Feuer* schreibt er: »Wenn wir – damit meine ich die einigermaßen bewussten Weißen und die einigermaßen bewussten Schwarzen, die wie Liebende das Bewusstsein des anderen einfordern oder wecken müssen – jetzt nicht nachlassen in unserer Pflicht, sind wir, die kleine Handvoll, vielleicht imstande, diesen rassistischen Albtraum zu beenden, unser Land zu gestalten und den Lauf der Weltgeschichte zu ändern.« Diese Worte, geschrieben vor so vielen Jahrzehnten, haben kaum an Aktualität verloren.

Nachdem auch Coates irgendwann an einem Punkt der Verzweiflung angelangt war, bekam er durch die »Black Lives Matter«-Bewegung neue Hoffnung und sah eine neue Perspektive im Kampf gegen den Rassismus. In dem Interview mit Klein sagt er: »Schon als ich *Zwischen mir und der Welt* schrieb, und seitdem nur umso mehr, habe ich an das grundlegende moralische Argument für Gewaltlosigkeit geglaubt, am überzeugendsten vorgebracht von King: dass es nicht im eigenen Interesse ist, das Gleiche zu tun wie die, die einen unterdrücken. Dass es einen verdirbt, wenn man jemandem Gewalt antut. Das ist eine Wahrheit. Nur sind es oft ausgerechnet diejenigen, die gewaltfreien Protest unterdrücken, die dann umschwenken und auf einmal Gewaltlosigkeit predigen.«

Dass wir uns nicht wie unsere Unterdrücker verhalten sollten, leuchtet zwar unmittelbar ein, ist aber noch keine Antwort auf die Frage, wie wir der Gewalt entgegentreten können, die unsere Unterdrücker – diejenigen, die uns auffordern, auf Gewalt zu verzichten – uns zufügen. Die Menschen, von denen Gewaltlosigkeit verlangt wird, sind zugleich die, die den »geringsten Schaden« anrichten können, während keine solche Aufforderung an die ergeht, »die die meiste Macht haben und damit auch den größten Schaden anrichten können«. Das ist eine Frage, Baba jan, die mich auch in Bezug auf die Islamische Republik umtreibt. Ich möchte nicht so werden wie sie, möchte keine Gewalt anwenden, was aber nicht so einfach ist, wenn sie zum Beispiel in friedliche Demonstrationen schießen, wenn jede Form von gewaltfreiem Protest mit Gewalt beantwortet wird. Es ist alles leichter gesagt als getan.

MICH FASZINIERT, WIE KLAR Baldwin die Dinge sah, auch als er über das Scheitern der Bürgerrechtsbewegung zunehmend verzweifelte. So desillusioniert und enttäuscht er in seinen letzten Lebensjahren über den ausbleibenden Wandel rassistischer Einstellungen war, sprach Baldwin niemandem, egal welcher Nationalität, welcher ethnischen oder sozialen Herkunft, das Recht ab, über das komplexe Thema ethnischer Zugehörigkeit und daraus resultierender Diskriminierung zu schreiben oder zu sprechen. Er beurteilte die Menschen nach ihren Werten und Grundsätzen, wie sie sich in ihren Taten und Worten äußerten.

So war es Baldwin, der 1967 inmitten der massiven Kritik an William Styrons Roman *Die Bekenntnisse des Nat Turner*, in dem ein Sklavenaufstand in der Ich-Form beschrieben wird, für Styrons Recht eintrat, als weißer Autor einen Roman aus der Sicht eines heroischen Sklaven zu schreiben. In einem Interview mit der *Paris Review* sagte er 1984, dass Styron aus ähnlichen Gründen schreibe wie er selbst, nämlich »über etwas, das ihn verletzt und erschreckt hat«. Er habe das Gefühl, Styron versuche, so wie er selbst auch, sich seiner Geschichte zu stellen. Einmal moderierte Baldwin sogar eine Diskussion zwischen Styron und dem Schauspieler Ossie Davis, in der

Baldwin Styrons Recht »auf eine Konfrontation mit seiner Geschichte« verteidigte und sagte: »Niemand hat das Recht, einem Schriftsteller zu sagen, was er schreiben soll.« In einem Nachruf auf Baldwin in der *New York Times* schrieb Styron, sie seien in der Überzeugung vereint gewesen, »dass der Schriftsteller die Mauer zwischen den Hautfarben einreißen, diese verbotene Grenze überschreiten und aus der Perspektive einer Person anderer Hautfarbe schreiben darf«.

ICH BIN VOLLER BEWUNDERUNG für Baldwins Gabe, tief in die Details afroamerikanischer Erfahrungen einzutauchen und zugleich eine universelle Leserschaft anzusprechen. Er hat nie behauptet, dass *Von dieser Welt* einzig die Erfahrung Schwarzer darstelle. Für ihn bildet dieser Roman den ersten Schritt in seiner Laufbahn als Schriftsteller, denn *Schriftsteller* wollte er sein, und zwar nicht primär ein schwarzer oder schwuler Schriftsteller, da der Akt des Schreibens an sich auch auf Allgemeingültigkeit zielt, ein Aufruf an andere ist, sich auf eine Erfahrung einzulassen, die nicht die eigene ist, eine Geschichte zu teilen. In einer Welt wie der heutigen ist das eine gefährliche Form des Schreibens, und so werden Baldwins Bücher auch zu einer gefährlichen Lektüre. »Gefährlich« nenne ich sein Schreiben, weil er nicht schreibt, um sich zu bestätigen, was er bereits weiß, sondern um zu entdecken und sich dem zu stellen, was er nicht kennt. Er sagte: »Wenn man schreibt, versucht man, etwas herauszufinden, was man nicht weiß. Für mich kommt beim Schreiben letztlich das zum Ausdruck, was man nicht wissen will, was man nicht herausfinden will. Während einen trotzdem irgendwas dazu zwingt, es auszudrücken.« Anstatt nach seinem ersten Roman weiter die sichere Perspektive schwarzer Figuren zu wählen, schrieb Baldwin in seinem nächsten Roman *Giovannis Zimmer* von 1956 über einen weißen Schwulen, der in Paris lebt. In einem Interview von 1980 sagte er, der Roman handle »nicht primär von Homosexualität; es geht darum, was passiert, wenn man so viel Angst hat, dass man letztlich niemanden lieben kann«. In einem Brief an einen Freund erwähnt er, dass *Giovannis Zimmer* eher ein Buch über Amerika und amerikanische »Einsamkeit und Unsicherheit« als über Homosexualität sei.

Lieber Baba, ich möchte dir noch von Baldwins 1962 erschienenem Roman *Ein anderes Land* erzählen. Das Buch folgt, so scheint mir, Baldwins Vision des Zusammenlebens einiger »guter Weißer« und einiger »guter Schwarzer«. Die Figuren – eine Gruppe enger Freunde, Weiße und Schwarze – und die Herausforderungen, vor die sie sich gestellt sehen, erinnern uns in vielerlei Hinsicht an die Herausforderungen und Probleme unserer Gegenwart. Es ist ein wichtiger, ein unheimlich schöner Roman und, wie ich glaube, sein ambitioniertester. Ich wünschte, du hättest ihn gelesen, Baba jan; es wäre zu einer dieser Diskussionen gekommen, auf die ich mich immer gefreut habe. Baldwin legt die Geschichte sehr vielschichtig und komplex an und vermeidet so die Vereinfachungen des

»Protestromans«, der ein politisches Programm und eine Ideologie verfolgt und meist eine klare politische Botschaft transportiert. Die Aussage des Buches scheint mir eindeutig: Rassismus ist eine zerstörerische Kraft und zerstört sowohl die Seele des Täters als auch die des Opfers. Die zentrale Figur, um die sich dieses Thema entfaltet, ist Rufus Scott, ein junger, talentierter schwarzer Jazz-Schlagzeuger. Rufus, so Baldwin, »ist die schwarze Leiche, die in der nationalen Psyche treibt«. Er steht für die Verzweiflung, die viele junge Schwarze heute empfinden, wenn eine Tragödie wie der Mord an George Floyd ihnen vor Augen führt, wie unsicher das Leben an dem Ort ist, den sie ihre Heimat nennen.

Rufus verliebt sich in eine arme weiße Frau aus den Südstaaten namens Leona, die er zugleich liebt und hasst. Weil sie ihn liebt, verachtet er sie. An Rufus können wir beobachten, wie eine intelligente und sensible Seele allmählich durch den Rassismus, der sie umgibt, zerstört wird. Er hasst das System, das ihm das antut, aber gleichzeitig hasst er sich selbst – und die, die ihn lieben. Tief in seinem Inneren weiß er, dass die ihm zugeschriebene Minderwertigkeit nicht wahr ist, aber er bleibt diesem Bild dennoch verhaftet. Irgendwann kommt er an einen Punkt, an dem er seine Lebensweise nicht mehr erträgt und sich umbringt, indem er von einer Brücke springt. Baldwin hat einmal gesagt, dass er Rufus als mitverantwortlich für seinen eigenen Niedergang und Tod darstellen wollte. Denn wenn er sein Schicksal nicht auch selbst in der Hand hätte, gäbe es keine Hoffnung für die anderen Figuren, die ihn überleben. Mich beeindruckt, wie Baldwin trotz seiner berechtigten Wut und Empörung über den Rassismus die Komplexität der individuellen Menschen und Probleme sah. So klarsichtig zu sein stelle ich mir als Segen und Bürde zugleich vor.

Das Hauptthema des Buches ist uns beiden, Baba jan, nicht fremd. In *Ein anderes Land* schreibt Baldwin wieder über die für ihn zentrale und wichtigste Frage: wie ein Opfer dazu kommt, sich selbst zu hassen und sich durch die Augen seines Unterdrückers zu sehen – wie Hass ansteckend werden kann, einem Virus gleich. Keine einzige Figur, ob schwarz oder weiß, fühlt sich wohl in ihrer Haut. Ich frage mich, wie du *Ein anderes Land* gefunden hättest, da es einige der brisantesten Themen jener Zeit aufgreift: Bisexualität, Partner mit unterschiedlicher Hautfarbe, außereheliche Affären. Jede Figur muss sich, allen Verdrängungsversuchen zum Trotz, der Wahrheit stellen, und sei sie noch so schmerzhaft. Rufus, der die Wahrheit über sein Schwarzsein nicht erträgt, begeht Suizid, und die anderen müssen mit den Folgen fertig werden. Cass muss sich eingestehen, dass ihr geliebter Mann, der Schriftsteller Richard, sich nicht so sehr dem Schreiben widmet, wie sie glaubte, und dass seinem Buch, auch wenn es sich gut verkauft, jede Tiefe fehlt. Ada, Rufus' schöne Schwester, schläft mit Ellis, einem mächtigen weißen Mann aus der Unterhaltungsbranche, um in der Musikwelt Fuß zu fassen, obwohl sie in einen anderen weißen Mann, Vivaldo, verliebt ist. Für Vivaldo, ebenfalls Schriftsteller und Rufus' bester Freund, kommt der Moment der Wahrheit, als Ada ihm von Ellis erzählt. Eric ist der ruhigste und ausgeglichenste der Gruppe; er ist bisexuell, hat eine feste Beziehung mit einem anderen Mann, ist sich aber am Ende des Romans nicht sicher, ob die Beziehung halten wird. *Ein anderes Land* bietet keine einfachen Lösungen an. Letztlich befinden sich alle Beziehungen in der Schwebe.

MAN KANN NICHT BEHAUPTEN, dass die Gewalt und der rassistisch motivierte Hass in Amerika nicht auch bei Baldwin Spuren hinterlassen hätten. Manchmal schien er die Hoffnung zu verlieren und zu glauben, dass sich nie etwas ändern würde. Nach den Morden an Martin Luther King jr., Medgar Evers und Malcolm X und nachdem er die brutale Behandlung so vieler unschuldiger Afroamerikaner und Afroamerikanerinnen während der Kämpfe der Bürgerrechtsbewegung miterlebt hatte, schien Baldwin eine ähnliche Verzweiflung über das Scheitern des gemeinsamen Kampfes von Schwarzen und Weißen zu überkommen wie Coates in *Zwischen mir und der Welt*. Nach dem Mord an King, erklärt Baldwin in *Eine Straße und kein Name*, habe sich etwas in ihm »verändert, etwas ist verloren«. Und in *Rassenkampf – Klassenkampf*, einem spannungsreichen, sehr schönen Streitgespräch zwischen Baldwin und Margaret Mead aus dem Jahr 1970, in dem beide mit Herz und Verstand bei der Sache sind, gesteht er, dass seine Hoffnung auf echte

Veränderung in diesem Land mit dem Tod von Martin Luther King gestorben sei. Gegen Ende des Gesprächs antwortet er auf Meads Frage, was er gegen die Ungerechtigkeiten des Systems unternehmen wolle: »Alles in die Luft jagen.« Margaret Mead lässt ihm das nicht so einfach durchgehen und hakt nach, und auch ich will ihm diesen Ausbruch nicht einfach so durchgehen lassen, besonders jetzt nicht, in dieser Zeit des ständigen Schwankens zwischen Verzweiflung und Hoffnung, in der so viel auf dem Spiel steht für die Zukunft nicht nur Amerikas, sondern auch der Welt. Denn wenn Baldwin dieses Land nur verändern kann, indem er es in die Luft jagt, dann könnte ich nur etwas verändern, wenn ich dieses Gewehr am Checkpoint in der Hand hätte. Doch ich weiß genau, dass das absolut nichts ändern wird. Du und ich, Baba, wissen um die Wahrheit dieser Einsicht, da wir eine Revolution und einen Krieg durchlebt haben.

LIEBER BABA, AUCH JETZT leben wir wieder in einer Zeit großer Unsicherheit. Ich glaube, dass die gegenwärtige Situation des Landes nicht auf das Scheitern der Bürgerrechtsbewegung zurückzuführen ist, sondern auf das in der Folgezeit Erreichte – wie der Erfolg der »Black Lives Matter«-Proteste und die Siege zeigen, die afroamerikanische Bürger, aber auch andere Minderheiten und Frauen errungen haben. Baldwin äußerte sich ganz ähnlich, als er 1984 in dem Interview mit der *Paris Review* zugestand, dass sich die Lage sehr verändert habe: »Als ich ein Kind war«, sagte er, »war die Welt weiß … und jetzt kämpft sie darum, weiß zu *bleiben* – das ist etwas anderes.« Wir leben, wie es in seinem Essay »Fremder im Dorf. Ein schwarzer New Yorker in Leukerbad« heißt, in einer Welt, »die nicht mehr weiß ist und es nie wieder sein wird«. Vieles hat sich in Amerika verändert, seit du hier warst, Baba, aber leider ist auch vieles noch immer gleich.

Die gegenwärtigen Rückschritte und die Gewalt, für die Donald Trump und seine republikanischen Unterstützer stehen, sind vor allem auf die Ängste zurückzuführen, die durch das Schwinden der weißen Vorherrschaft und den Rückgang des Rassismus hervorgerufen werden. Sie haben zu einer seltsamen Allianz zwischen dem überwiegend weißen, männlichen Establishment und den gegen das Establishment wetternden weißen Rassisten am politischen Rand geführt. Aus Angst vor gesellschaftlichen Veränderungen waren die Machthaber bereit, alle verfügbaren Mittel und Waffen einzusetzen, um irgendwie ihre Macht zu verteidigen. Die Republikanische Partei befindet sich schon lange in der Defensive, und Trumps Sieg von 2016 und ihr Kotau vor den weißen Rassisten und Verschwörungstheoretikern war Ausdruck sowohl ihrer Angst als auch ihres Scheiterns.

In Wahrheit gab Baldwin auch im Moment der tiefsten Verzweiflung den Kampf nicht auf und betonte wieder und wieder, dass dieser ohne die Beteiligung der Weißen und ohne die Einsicht, dass »Rasse« eine Erfindung, ein politisches Konstrukt ist, keinen Erfolg haben wird. Er nannte die Weißen

»unsere leidenden Verwandten« und war der Überzeugung, dass wir viel verbundener miteinander sind, als wir erkennen: In einem 1985 erschienen Artikel schreibt er: »Aber wir sind alle androgyn, nicht nur, weil wir alle von einer Frau geboren wurden, die vom Samen des Mannes befruchtet wurde, sondern weil jeder von uns, hilflos und für immer, den anderen enthält – das Männliche das Weibliche, das Weibliche das Männliche, das Weiße das Schwarze und das Schwarze das Weiße. Wir sind stets ein Teil des jeweils anderen.« Baldwin und Coates stimmen zwar darin überein, dass »Rasse« ein Konstrukt ist, ein politischer Trick, denken aber interessanterweise in verschiedene Richtungen weiter: Während Baldwin die Weißen, »unsere leidenden Verwandten«, die dieses Konstrukt geschaffen haben, pathologisiert, richtet Coates den Blick auf die Machtverhältnisse und die politischen Systeme der Unterwerfung, die auf diesem Konzept aufbauen.

LIEBER BABA, HEUTE MORGEN bin ich mit einem Gefühl aufgewacht, als stünde ich kurz vor einem Herzinfarkt. Ich empfinde die gleiche Art von Angst wie damals in der Islamischen Republik: immer in Alarmbereitschaft, immer in Erwartung schlechter Nachrichten, und die Pandemie erzeugt eine ähnliche Art permanenter Angst, wie man sie im Krieg verspürt, selbst dann, wenn alles ruhig scheint. Neulich bin ich von einem Albtraum aufgewacht, den ich damals im Iran des Öfteren hatte: Ich war ohne Kopftuch aus dem Haus gegangen und fühlte mich entblößt, ungeschützt und erwartete, jeden Moment verhaftet zu werden.

Heute Morgen habe ich versucht, mich zu beruhigen, aber auch die Nachrichten auf *Morning Joe* haben nicht geholfen, also ging ich mit meiner Kaffeetasse hinaus auf den Balkon. Unten glitt der Fluss ruhig dahin, funkelte grünlich. Auf dem Gehweg zogen Jogger und Radfahrer vorbei, aber die Ruhe übertrug sich nicht auf mich. Ich fühlte mich auf bedrohliche Art beengt, als hätte sich die Luft zu einer unsichtbaren Wand verdichtet.

Ich glaube nicht, dass Baldwin sich als Revolutionär im politischen Sinne des Wortes verstand. Der subversive, revolutionäre Charakter seines Werks beruht eher auf seiner Brillanz als Schriftsteller denn als politischer Aktivist. Seine politische Wirkung beruht gerade darauf, dass er aus einem anderen Blickwinkel schreibt und die Politik mit anderen Augen betrachtet. Seine Vision hat nicht nur deshalb Bestand, weil sie das Gegenteil rassistischen Denkens ist, sondern auch, weil sie sich so stark von dieser Art des Denkens unterscheidet, aus einer anderen Materie besteht. Es ist eine neue Sichtweise auf die Welt und die Möglichkeit ihrer Veränderung. In einem Interview von 1979 sagt er: »Man schreibt, um die Welt zu verändern, wohl wissend, dass man das wahrscheinlich nicht kann, aber auch in dem Wissen, dass Literatur für die Welt unverzichtbar ist. Die Welt verändert sich in dem Maße, in dem sich der Blick der Menschen auf sie ändert, und wenn man ihre Wahrnehmung der

Realität auch nur um einen Millimeter verändert, dann kann man auch die Welt verändern.«

Sein Schreiben lässt sich eher als gefährlich denn als politisch bezeichnen – es ist existenziell. Der irische Schriftsteller Colm Tóibín hat das in einem Artikel in der *London Review of Books* sehr treffend beschrieben: »Baldwin war eigentlich kein politischer Denker, nicht einmal ein politisch motivierter Romancier wie Styron oder Mailer. Seine Essays sind vor allem deshalb so fesselnd, weil er darauf besteht, aus einer persönlichen Perspektive zu schreiben, das Öffentliche und Politische seiner Stimme zu unterwerfen und mit seinen eigenen Erfahrungen und Beobachtungen abzugleichen.« Auch darum, Baba, sehe ich so große Ähnlichkeiten zwischen seiner und deiner Wahrnehmung der Welt und eurer Rolle in ihr.

Baldwin schrieb über seine persönliche Wahrheit und versuchte, diese Wahrheit durch seine Kunst mit anderen Menschen zu teilen. Für ihn ist der Protestroman (das Äquivalent zu den Romanen des sozialistischen Realismus, die wir beide damals im Iran so kritisch sahen) »meilenweit davon entfernt aufzurütteln«, wie er in *Von einem Sohn dieses Landes* schreibt. Vielmehr ist dieser, wie es dort weiter heißt, »ein etablierter, tröstlicher Aspekt der amerikanischen Szenerie, der das Gerüst, das wir für so notwendig halten, weiter verästelt«. Den Protestroman empfand er eben deshalb als das Gegenteil von revolutionär, weil er alles und jeden sauber kategorisiert, uns Ambivalenzen, Widersprüche und Komplikationen erspart und uns in der Gewissheit wiegt, dass die Grenzen klar gezogen und wir alle sicher sind, solange wir sie nicht überschreiten. Baldwin hingegen überschritt sie ständig.

Lieber Baba, das Wort »tröstlich« in dem Zitat von Baldwin, dem im Englischen die Bezeichnung *comforting* entspricht, liefert den Schlüssel zu einem der zentralen Probleme der amerikanischen Gesellschaft im Laufe ihrer Geschichte: ihr Wunsch nach intellektuellem und geistigem Trost und Komfort, die Vermeidung von Schmerz um fast jeden Preis. Das ständige Bedürfnis nach Unterhaltung, die Geringschätzung der Geschichte, des Denkens und Reflektierens, die fortwährende politische und kulturelle Polarisierung und der Sieg der Ideologie über Fantasie und Ideen sind bedingt durch diesen Drang nach *comfort*. Baldwin war sich dessen natürlich bewusst; seine Texte erinnern uns an die Notwendigkeit, uns mit unserem wahren Selbst auseinanderzusetzen und uns dem Schmerz und der Angst zu stellen, statt ihnen auszuweichen.

Diese Vermeidung jeglichen Schmerzes hat in Amerika inzwischen ein solches Ausmaß angenommen, dass wir alles verbieten, was schmerzhaft sein könnte. In den Klassenzimmern bringen wir unseren Kindern bei, die Augen zu verschließen vor allem, was ihnen Schmerzen bereitet, bitteren Wahrheiten aus dem Weg zu gehen, und wir schützen sie mit Triggerwarnungen. Wir wollen nicht verstört werden. Wir können Bücher aus Lehrplänen entfernen, aber nicht die Realität des

Lebens, und das Leben ist voller Schmerz. Wenn wir uns den Traumata nicht stellen, leben wir nicht wirklich. Oder mit den Worten Baldwins in *Von einem Sohn dieses Landes*: »Wahrscheinlich halten die Menschen auch deshalb so stur an ihrem Hass fest, weil sie ahnen: Ist der Hass einmal verschwunden, kommt der Schmerz.«

Es gibt also, wie Baldwin feststellt, eine unsichtbare Verbindung von Schmerzvermeidung und Hass. Besonders eindrücklich lässt sich das an der sogenannten Identitätspolitik beobachten, die den Wunsch nach bequemen Lösungen an beiden Enden des politischen Spektrums befriedigt, indem sie andere dämonisiert, ausgrenzt und kategorisiert. Identitätspolitik gab es in der einen oder anderen Form schon immer, betrieben sowohl von Rechten als auch der Linken. Erst während und nach Trumps Präsidentschaft ist sie zur vorherrschenden Position geworden. Wir müssen uns nicht mehr ernsthaft mit der Gegenseite auseinandersetzen oder uns mit ihren oder unseren eigenen Ambivalenzen und Paradoxien befassen. Coates bringt es in *Zwischen mir und der Welt* auf den Punkt: »Hass stiftet Identität. Der Nigger, die Schwuchtel, die Nutte beleuchten die Grenze, beleuchten das, was wir vorgeblich nicht sind, beleuchten den Traum, weiß zu sein, ein Mann zu sein. Wir benennen die verhassten Fremden und bestätigen uns so in unserem Stamm.« Das Land muss sich jetzt, Baba jan, seinem Schmerz stellen – ohne weitere Ausflüchte.

MIT SEINEM WERK IST Baldwin noch etwas anderes gelungen, das nur wenige geschafft haben. Statt die westliche Kultur und die mit dem Weißsein verbundenen Traditionen zu meiden, eignete er sie sich an – indem er sich vom Westen das Beste nahm, was dieser zu bieten hatte, das Beste jeden Landes: seine Ideen und seine Fantasie. Er mischte das Erbe von Jazz, Folklore und Spirituals mit der Bibel, Shakespeare, Henry James, Dickens, Dostojewski, Balzac und Shaw. Mit dieser Mischung schuf er etwas einzigartig Baldwin'sches und Afroamerikanisches. Er passte sich nicht an die weiße Kultur an, ahmte nicht den weißen westlichen Kanon nach oder hofierte ihn; stattdessen suchte er sich heraus, was ihm gefiel, was er brauchte, veränderte es dann und machte es sich zu eigen. Mehr kann Literatur nicht leisten: als den kreativen und ermächtigenden Austausch mit dem anderen. Mit anderen.

Ich liebe Baldwins 1964 erschienenen Essay »Why I Stopped Hating Shakespeare«, in dem er beschreibt, wie er Shakespeare zu schätzen lernte und sich dessen Werk zu eigen machte. In einem Abschnitt schreibt er über die englische Sprache und sein anfängliches Gefühl der Fremdheit ihr gegenüber, weil sie nicht seine Erfahrungen und Geschichte widerspiegelte. Doch dann sei ihm, berichtet er, der Gedanke gekommen: »Wenn die Sprache nicht meine eigene ist, kann es die Schuld der Sprache sein, genauso gut könnte es aber auch meine Schuld sein.« Vielleicht, fährt er fort, sei die Sprache nicht seine eigene, weil er nie versucht habe, sie zu verwenden, sondern nur gelernt habe, sie zu imitieren. Er fügt hinzu: »Wenn dem so wäre, dann könnte man sie dazu bringen, die Last meiner Erfahrung zu tragen – wenn ich die Ausdauer aufbringen könnte, sie und mich einer solchen Prüfung zu unterziehen.«

Für die Möglichkeit des Gelingens habe er zwei »gewichtige Zeugen« gehabt: seine eigenen »schwarzen Vorfahren, die die Sorrow Songs, den Blues und den Jazz entwickelten und ein völlig neues Idiom an einem ungeheuer feindseligen Ort schufen« – und Shakespeare.

»Wer ist denn der Tolstoi der Zulus, der Proust der Papuas?«, hatte Saul Bellow einmal gefragt. »Ich würde mich freuen, sie zu lesen.« Coates zitiert in seinem Buch die trockene Replik Ralph Wileys, eines Sportjournalisten, der für seinen literarischen Stil und auch seine Essays über Rassismus in den USA bekannt war: »Tolstoi war der Tolstoi der Zulus.« Und weiter: »Es sei denn, man zieht irgendeinen Gewinn daraus, universelle Eigenschaften der Menschheit als exklusives Stammeseigentum einzuzäunen.« Mit nur diesem einen Satz erinnert uns Wiley an die Universalität von Ideen und Fantasie. Ebenso wie wissenschaftliche Erfindungen mögen sie an einem bestimmten Ort und zu einer bestimmten Zeit entstehen, sind sie aber erst einmal in der Welt, gehören sie auch der Welt – oder genauer: denen, die sich um sie kümmern, sie pflegen und sie nutzen. Wir brauchen diese universelle Vorstellungswelt, um als menschliche Wesen zu überleben. Wie, wenn nicht durch Fantasie und Ideen, treten wir mit Menschen in Kontakt, denen wir noch nie im Leben begegnet sind?

Ich weiß aus eigener Erfahrung, wie bedeutend Geschichten für Menschen werden können, die unter extremen Bedingungen leben. Ich habe erlebt, wie die Fantasie, wie Ideen und die Liebe zur Schönheit Zugang zu Räumen verschaffen, die in der Realität verschlossen bleiben.

Ich komme in meinen Texten und Vorträgen immer wieder auf eine Geschichte zurück, die ich Dir, Baba jan, aber nie erzählt habe. Vielleicht warst du damals auf Reisen, oder ich empfand sie als zu schmerzhaft, um darüber zu sprechen. Ich schrieb darüber stattdessen in meinem Tagebuch und später in einem Buch, jetzt aber will ich dir davon erzählen.

Es geht um meine Studentin Razieh. So oft ich schon über sie gesprochen und geschrieben habe, sie lässt mich nicht los. Sie kommt mir in ganz unterschiedlichen Momenten und Situationen in den Sinn und ruft jedes Mal neue Gedanken und Gefühle in mir hervor, und dann muss ich wieder über ihre Geschichte nachdenken. Ich habe beschlossen, weiter über sie zu sprechen, solange sie mich so intensiv beschäftigt, sie so lebendig ist in meinem Herzen und in meinen Gedanken. Jedes Mal, wenn ich über sie spreche, gibt es etwas Neues zu sagen, tut sich ein Zusammenhang auf, der mir vorher nicht aufgefallen war. Razieh erinnert mich daran, was ich an der Islamischen

Republik hasse, dafür, was man ihr und so vielen anderen wie ihr angetan hat, und sie erinnert mich auch daran, wie sehr ich das iranische Volk dafür liebe, dass es sich den Grausamkeiten des Regimes widersetzt.

In meinem ersten Jahr als Dozentin in der Islamischen Republik Iran unterrichtete ich an einer Frauenuniversität und hatte eine Studentin namens Razieh, die ich sehr mochte. Sie war klein und wirkte fast zerbrechlich, hatte aber einen scharfen Verstand und wachen Geist. Ihr Vater war tot, ihre Mutter arbeitete als Putzfrau. Sowohl Razieh als auch ihre Mutter waren sehr religiös. Razieh war ein Mitglied der Volksmudschahedin, einer islamistischen Oppositionsbewegung gegen das ebenfalls islamische Regime. Aber sie war nie eine fanatische Ideologin. Razieh war ihren eigenen Grundsätzen und Werten treu, ihrem eigenen Verständnis von Religion, und äußerte sich auch oft kritisch über ihre Organisation. Was mich an Razieh immer beeindruckt hat, war ihre Leidenschaft für das Schöne. Sie erzählte mir einmal, wie sie als Kind aus Liebe zur Literatur Bücher aus den Häusern, in denen ihre Mutter putzte, auslieh und manchmal auch entwendete. Sie war überzeugt, dass keines der reichen Kinder diese Bücher so zu schätzen wisse wie sie. Sie las *Onkel Toms Hütte* und *Rebecca* von Daphne du Maurier. Später verschlang sie die großen Werke der Literatur, Tolstoi, Jane Austen und Ernest Hemingway, aber ihre eigentliche Liebe galt Henry James und seinen, wie sie es nannte, bedingungslos unabhängigen Frauen. »James«, sagte sie zu mir, »ist so anders als alle anderen Schriftsteller, die ich kenne.« Lachend fügte sie hinzu: »Ich glaube, ich bin verliebt!«

Nach dem Ende des akademischen Jahres verließ ich die Universität und sah Razieh, bis auf eine kurze Begegnung auf der Straße, nie wieder. Einige Jahre später besuchte mich eine andere ehemalige Studentin, die ich schon lange nicht mehr gesehen hatte. Ich hatte sie als quirliges, lustiges Mädchen in Erinnerung; sie war jetzt eine ernste und ruhige Frau, schwanger mit ihrem zweiten Kind. Sie erzählte mir, dass sie während der Studentendemonstrationen gegen die Kulturrevolution Anfang der Achtzigerjahre verhaftet und zu fünf Jahren Gefängnis verurteilt worden war, aber nach zweieinhalb Jahren wegen guter Führung entlassen wurde. Ich habe sie nicht gefragt, was »gute Führung« für ihre Gefängniswärter bedeutete.

Sie fuhr fort: »Im Gefängnis habe ich eine andere Studentin von Ihnen kennengelernt. In unserer Zelle waren fünfzehn Frauen. Sie hieß Razieh.« Ich vergaß, sie zu fragen, wieso man sie, eine säkulare Marxistin, mit Razieh, einer militanten Muslimin, in derselben Zelle eingesperrt hatte. »Razieh«, sagte sie, »erzählte mir von Ihren Kursen über Hemingway und Henry James, und ich erzählte ihr von *Der große Gatsby* und wie wir in unserem Seminar einen Prozess gegen das Buch geführt haben. Wir haben viel gelacht.« Sie machte eine Pause und sagte dann: »Kurz danach wurde Razieh hingerichtet.«

Ich brauchte einen Moment, um die Bedeutung ihrer

Worte zu verstehen. Ich stellte ihr kaum Fragen. Ich konnte oder wollte mir nicht vorstellen, dass das zierliche, dunkle Mädchen mit dem kämpferischen und entschlossenen Blick, das Mädchen, dessen Augen jedes Mal zu leuchten anfingen, wenn es von Henry James und Catherine Sloper, der Protagonistin seines Romans *Washington Square* sprach, eines Nachts abgeführt und hingerichtet worden war. Ich stellte mir immer wieder vor, wie Razieh lachte und sagte: »Ich glaube, ich bin verliebt!« Alles, was ich tun kann, Baba, um sie nicht dem Vergessen zu überlassen, ist, ihre Geschichte zu erzählen und mich an ihre Liebesaffäre mit Henry James zu erinnern.

Dabei fällt mir auf, dass Razieh und Baldwin eine Gemeinsamkeit hatten: ihre Begeisterung für Henry James. Sie lebten zwar zu Zeiten und an Orten, die wenig gemeinsam hatten mit denen von James, hatten aber beide ein tiefes und inniges Verhältnis zu ihm. Ich glaube, Baba, dass wahre Gleichheit auf der Wertschätzung sowohl von Differenzen als auch von Gemeinsamkeiten und der Universalität des Menschseins beruht.

Die Geschichte von Razieh erinnert mich an Tzvetan Todorovs großartiges Buch *Angesichts des Äußersten.* Er erzählt darin die Anekdote über einen jungen Kommunisten namens Kostylew, der in einer Bibliothek zufällig *Lehrjahre des Gefühls* von Flaubert und *Adolphe* von Constant entdeckte und sich so sehr in die Lektüre vertiefte, dass er seine Verpflichtungen als Parteimitglied zu vernachlässigen begann und verhaftet wurde. Er bedauerte jedoch nichts und sagte: »Wenn ich je begriffen habe, und sei es nur für eine kurze Zeit, was Freiheit ist, dann damals, als ich die alten französischen Bücher las.« Die niederländische Schriftstellerin Etty Hillesum schrieb im Konzentrationslager, wo sie später ermordet wurde, in ihr Tagebuch: »Ein Lager braucht einen Dichter, der das Leben dort, auch dort, als Barde erlebt und darüber singen kann.« In Form von Geschichten und Gedichten über das Leben in den Vernichtungslagern zu berichten, stellte für die Inhaftierten eine Möglichkeit dar, die Kontrolle über das ihnen geraubte Leben wiederzuerlangen; dass ihre Geschichten damit aus ihrer eigenen Perspektive erzählt werden und nicht aus der der Täter, macht sie zu einer gefährlichen Form der Lektüre. Diese Berichte stellen eine Verbindung zur Welt her und sorgen dafür, dass all das nicht in Vergessenheit gerät, denn ja, das Vergessen kommt dem Tod gleich.

Du könntest einwenden, Baba, dass Henry James meine Studentin Razieh nicht vor der Hinrichtung bewahrt hat. Warum wenden sich also so viele Menschen der Welt der Ideen, der Fantasie und Schönheit zu, wenn ihnen alles genommen wurde, was wir unter Leben verstehen? Wenn sie keinerlei Macht mehr über das eigene Leben und Sterben haben? Wenn sie an der Schwelle des Todes stehen? Wenn wir Akte extremer Brutalität und Unmenschlichkeit erleben, wenn wir die Hoffnung auf Menschenwürde verlieren, wenden wir uns instinktiv jenen Errungenschaften der Menschheit zu, die die Würde, die Freiheit und

Schönheit hochhalten und schätzen. Wir werden einfühlsam und klammern uns an den Glauben, dass wir selbst an Orten, an denen wir dem Tod nahe sind, durch Bücher, Kunst, Musik und durch alles, was aus Liebe und Leidenschaft geschaffen wurde, aus dem Wunsch nach Verbundenheit und dem Drang, sich dem Tod und dem Vergessen zu widersetzen, zugleich dem Leben nahe sind. Und wichtig ist auch das Wissen, dass wir selbst an der Schwelle des Todes, wenn wir uns nicht aussuchen können, ob und auf welche Weise wir leben oder sterben, immer noch entscheiden können, *wie* wir diesem Tod begegnen, wie wir unserem Henker entgegentreten: mit Würde und Liebe zum Leben oder mit der Leere, die der Tod verheißt. Wir dürfen die Hoffnung nicht verlieren in einer Welt, die einen Rumi oder einen Shakespeare hervorgebracht hat.

Ich kann mir Raziehs Hinrichtung nicht vorstellen, aber ich kann mir vorstellen, wie sie mit ihrer Zellengenossin und ehemaligen Kommilitonin über Fitzgerald und James lacht. Das ist es, was uns große Geschichten letztendlich bieten: Hoffnung auf die Welt trotz all ihres Übels und Hoffnung auf die Menschheit trotz all ihrer Schwächen.

Baldwins Bewunderung für die großen Romane des Westens, genau wie die Liebe von Razieh und meinen anderen Studentinnen zu dieser Literatur, bedeutet nicht, dass sie sich der Schwächen des Westens nicht bewusst waren. Die beste und wirksamste Kritik an Amerika und dem Westen, über die ich sowohl in

Lolita lesen in Teheran als auch in *The Republic of Imagination* geschrieben habe, findet sich schließlich in diesen Werken selbst.

Genau das habe ich einmal auf einer Podiumsdiskussion mit Elias Khoury und der türkischen Journalistin Ece Temelkuran geäußert, worauf Khoury erwiderte: »Ich möchte Ihnen etwas sehr Wichtiges sagen: Henry James hat Razieh nicht gerettet. Aber Razieh hat Henry James gerettet.« Er sagte, dass »wir Schriftsteller niemanden retten«. Er fügte hinzu: »Und wenn wir von ihnen [den Lesern] gerettet werden, dann liegt das an der Magie der Beziehungen zwischen dem Leser und den Worten.« Khoury erzählte uns auch, dass die Wurzel der arabischen Bezeichnung für *Wort* auf ein anderes Wort zurückgeht: *Wunde*. Ich glaube, dass Leser verschiedener Zeiten und Orte, mit ihren ganz unterschiedlichen Hintergründen, Bücher lebendig halten, indem sie sie lesen und mit ihrem eigenen Blick neu verstehen und deuten. Razieh und Baldwin bieten uns unterschiedliche, jeweils eigene Blickweisen auf James, verleihen ihm Relevanz und lassen ihn in neuen Kontexten wieder zum Leben erwachen.

BABA JAN, ICH HABE diese Briefe mit Protesten im Iran begonnen und beende sie nun mit Protesten in Amerika. Vor ein paar Tagen haben Bijan und ich an einer Demonstration teilgenommen. Ich war besorgt über seinen Gesundheitszustand, seine Krebserkrankung, aber wir wollten beide physisch dabei sein. Wir gingen von unserer Wohnung zum Weißen Haus und folgten dann den Demonstranten, die in Richtung jenes Abschnitts der Sixteenth Street marschierten, den Bürgermeisterin Muriel Bowser in Black Lives Matter Plaza umbenannt hat. Ich dachte an deinen Freund, den schwarzen Pförtner im Blair House – wie er sich wohl gefühlt hätte, wenn er den umbenannten Platz und die bunte Menge von Demonstranten gesehen hätte, mit ihrer Forderung nach Gerechtigkeit, um die es auch ihm so viele Jahrzehnte vorher gegangen war. Zuerst ging ich nur neben den anderen her und ließ die Atmosphäre des Ortes auf mich wirken. Ich wurde dabei immer emotionaler, bis mir schließlich die Tränen kamen. Ich setzte meine Sonnenbrille auf, damit es niemand bemerkte. Hätte man mich gefragt, warum ich weine, hätte ich keine Antwort gehabt. Hatte ich Angst, dass die aufkeimende Hoffnung erneut in Enttäuschung umschlagen könnte?

Fünfzehn Jahre lang habe ich über das geschrieben und gesprochen, was ich als Zunahme grundlegender Missstände in den USA betrachte, und mich oft gefragt, wie die Menschen so selbstgefällig werden konnten, so ruhig blieben, selbst nachdem Trump ins Weiße Haus eingezogen war. Und jetzt wollten die meisten Amerikaner plötzlich Veränderungen, und die jüngere Generation forderte Gerechtigkeit. Vielleicht befürchtete ich, den Fortschritt zu verhindern, indem ich ihn beschwor. Aber diese Geschichte ist noch nicht zu Ende. Sie fängt gerade erst an, und wie sie weitergeht, hängt von der Haltung derer ab, die diese Proteste anführen, und derer, die an ihnen teilnehmen. Haben sie eine Vision anzubieten, eine neue Sicht auf die Welt und neue Ideen zu ihrer Veränderung? Werden sie neue Räume eröffnen und die Art unserer Kommunikation verändern?

Später dachte ich darüber nach, dass meine Tränen vielleicht daher rührten, dass Trump uns dreieinhalb Jahre lang die Fähigkeit genommen hatte, einander mit Neugier und Empathie zu begegnen. Mit seiner ansteckenden Sprache des Hasses hatte er keinen Platz für die Liebe gelassen. Das Bild von George Floyd und seine Worte »I can't breathe« haben unsere Herzen berührt, und wir haben auf sie gehört und nicht auf die hasserfüllte Sprache Trumps, haben unsere Lähmung überwunden, um endlich wieder lebendig und menschlich zu werden. Diese Proteste sind nicht nur politisch, es sind auch Proteste des Herzens und des Geistes.

ICH GLAUBE TATSÄCHLICH DARAN, dass Bücher uns zwar vielleicht nicht vor dem Tod bewahren, aber uns helfen zu leben, mit Hoffnung zu leben, und dass sie eine Brücke schlagen zwischen dem, was Baldwin »die Möglichkeiten der Bücher« nannte, und den von ihm sogenannten Unmöglichkeiten des Lebens.

In einem seiner Essays schreibt Baldwin: »Gesellschaften wissen es zwar nie, aber der Krieg, den ein Künstler mit seiner Gesellschaft führt, ist der Krieg eines Liebenden, und auf der Höhe seiner Kunst tut der Künstler das, was Liebende tun; er ermöglicht dem Geliebten, sich selbst zu sehen und damit Freiheit zu verwirklichen.«

Du siehst also, Baba jan, dass Baldwin uns lehrt, wie nah Hoffnung und Schmerz beieinanderliegen. Wenn ich den Checkpoint-Typen mit ihren Gewehren oder den Weißen Nationalisten mit ihren halbautomatischen Waffen gegenüberstehe, wünsche ich mir daher nicht, dass ihre Gewehre meine wären. Den Kampf gewinne ich trotzdem.

In Liebe,
Babas Tochter,
Azi

FAZIT

> »Leser werden frei geboren und sollten auch frei bleiben.«
>
> **Vladimir Nabokov**

WENN ES UM DIE Freiheit geht, sitzen Schriftsteller und Leser in einem Boot, da die Freiheit des einen die des anderen garantiert. Natürlich kann das Schreiben schwerwiegende Folgen für die Schriftsteller haben und sie in Gefahr bringen, aber auch für die Leser können Bücher gefährlich sein. Da große literarische Werke der Wahrheit auf den Grund gehen wollen, werden große Schriftsteller in diesem Sinne zu Zeugen der Wahrheit; sie können und *dürfen* nicht schweigen. Aber auch die Leser können nach der Lektüre nicht schweigen – insbesondere in der heutigen Zeit.

Ich spreche hier nicht nur als Autorin und Leserin, sondern auch als Mutter und Großmutter. Seit August 2020, dem Monat, in dem meine beiden Enkelkinder Iliana und Cyrus zur Welt kamen, frage ich mich verstärkt, was für eine Welt wir unseren Kindern und Enkelkindern hinterlassen. Da sie in einer so turbulenten, polarisierten Zeit geboren wurden, in der die Konflikte mit jenen, die wir unsere Feinde nennen, im Vordergrund stehen, ist es mir wichtig, dass sie um ihr migrantisches Erbe wissen. Sie sollen wissen, dass unsere Familie der Freiheit wegen in dieses Land gekommen ist und dass wir nach unserer Ankunft hier für die Verteidigung dieser Freiheit gekämpft haben – nicht nur gegen äußere Feinde, sondern, noch gefährlicher, gegen die im Innern. Ich möchte ihnen eine Heimat schenken, die sie mit sich herumtragen können wie die, die mein Vater mir mitgegeben hat: einen Ort, an dem sie sich völlig frei fühlen können.

Lesende sind natürlich nicht in einer organisierten Bewegung vereint, die die Wahrheit verbreitet und Veränderungen herbeiführt. Aber ihre Zahl geht in die Milliarden. Sie umfassen die gesamte Bandbreite an unterschiedlichen Berufsgruppen, Geschlechtern, sozialen, ethnischen und religiösen Gruppierungen. Zusammengenommen wäre ihre Macht enorm. Jeder einzelne Schriftsteller und jede Schriftstellerin, deren Werke zensiert, die inhaftiert oder gefoltert und ermordet werden; jeder einzelne Leser und jede Leserin, denen die Bücher vorenthalten werden, die sie lesen wollen; jede Buchhandlung, jede Bibliothek, jedes Museum oder Theater, das geschlossen wird; jedes Buch, das zensiert oder aus den Regalen der Schulen und Bibliotheken entfernt wird; jedes Kunst-, Musik- oder Literaturprogramm, das in unseren Schulen und anderen Einrichtungen gestrichen wird – sie alle sollten uns an unsere Verantwortung gemahnen.

Liebe Lesende, in einer Welt, die durch Kriege und Konflikte undurchsichtig geworden ist, in der unsere Feinde unsere Herzen und Gedanken stärker beherrschen als unsere Freunde, in der Lügen als Wahrheit ausgegeben werden, brauchen wir die klaren Augen der Fantasie, um die Realität hinter und jenseits der Show zu sehen. Deshalb werde ich, obwohl ich Parolen sonst vermeide, dieses Buch mit einer beenden:

Leserinnen und Leser der Welt, vereinigt euch!

DANK

LESE GEFÄHRLICH STELLT IN vielerlei Hinsicht den letzten Teil eines Quartetts von Büchern dar, das – abgesehen von meinen Memoiren *Die schönen Lügen meiner Mutter* – mit *That Other World*, *Lolita Lesen in Teheran* und *The Republic of Imagination* beginnt. Ich will daher die Gelegenheit nutzen und all jenen danken, die mich auf unterschiedliche Weise beim Schreiben einiger oder aller dieser Bücher unterstützt haben.

An erster Stelle danke ich meinem Mann, besten Freund und Kritiker Bijan sowie unseren Kindern Negar und Dara Naderi für ihre Liebe, ihr Interesse, ihre Unterstützung und ihren Humor. Von den Diskussionen mit Negar und Dara und ihren jeweiligen Partnern Jason Guedenis und Kelli Colman über die in diesem Band behandelten Themen habe ich enorm profitiert. Negar und ich haben oft über dieses Buch und ihre Erinnerungen an meinen Vater gesprochen – vielen Dank, Negar jan. Auch meinen Enkelkindern, Iliana Nafisi Guedenis und Cyrus Colman Naderi sage ich danke, danke und abermals danke! In dankbarer Erinnerung an Bryce Nafisi Naderi, meinen stillen und ständigen Begleiter während des Schreibens dieses Buches und meiner anderen Bücher.

Mein Dank gilt wie immer Andrew Wylie für seine fortwährende Unterstützung, und seinen Kolleginnen und Kollegen bei der Wylie Agency. Insbesondere danke ich meiner umsichtigen und liebenswürdigen Agentin Sarah Chalfant für ihre Freundschaft, ihre guten Ratschläge und ihren unermüdlichen Einsatz. Mein Dank geht auch an Charles Buchan für seine Unterstützung und Freundschaft. Sarah Watling, ich danke dir, dass du mich während der Arbeit an dem Buch so bestärkt hast.

Nicht zuletzt danke ich auch meinem Vortragsagenten und treuen Freund Steven Barclay sowie seinen Kolleginnen und Kollegen bei der Bar Clay Agency, insbesondere Eliza Fischer, für ihren ständigen Beistand und ihre Freundschaft. Steven, du hast mich durch einige der schwierigsten Phasen beim Schreiben dieses Buches begleitet, bei dir fühle ich mich immer zu Hause – danke!

Ich danke meinem Lektor, Nick Amphlett, für seine wertvollen Anregungen, genauen Beobachtungen, seine Geduld und umfassende Unterstützung. Bei Nick weiß ich, dass mein Buch in guten Händen ist. Ich danke Jessica Sindler, die zunächst meine Lektorin war, bevor sie die Stelle wechselte, für ihre Hilfe und ihren Glauben an dieses Buch. Ich danke meinen Kollegen bei Dey Street, insbesondere Liate Stehlik (Verlagsleiterin), Ben Steinberg (stellvertretender Verlagsleiter), Carrie Thornton (stellvertretende Verlagsleiterin), Emma Gordon und Ali Hinchcliffe (Öffentlichkeitsarbeit), Anna Brill und Kell Wilson (Marketing) und Jessica Rozler (Redaktion).

Mahnaz Afkhami, Präsidentin und Gründerin von Women's Learning Partnership, unterstützt meine Arbeit, seit ich das erste Buch des Quartetts, *That Other World*, auf Persisch schrieb. Als ich beschloss, an der Allameh-Tabatabai-Universität zu kündigen, um als unabhängige Dozentin ein eigenes Seminar, mit eigenem Lehrplan und eigenen Studenten, anzubieten, diskutierte ich die Idee mit einigen Kollegen und Freunden, von denen die meisten sagten, dass es scheitern würde. Mahnaz aber ermutigte und unterstützte mich, auch durch ein Stipendium ihrer Organisation Sisterhood Is Global. Als einstige Ministerin für Frauenangelegenheiten zu Zeiten des Schahs erklärte sie mir auch den Zusammenhang der damaligen Fortschritte bei den Frauenrechten mit dem heutigen Kampf der Frauen gegen die repressiven Gesetze der Islamischen Republik.

Joanne Leedom-Ackerman unterstützt meine schriftstellerische Arbeit, seit ich das erste Mal mit ihr über *Lolita lesen in Teheran* sprach. Wir haben viele Gespräche über dieses Buch geführt, und sie war neben meinem Mann Bijan die Einzige, die das gesamte Manuskript gelesen hat und kluge Vorschläge machte. Und noch etwas, Joanne: Danke, dass du mich an die innere Stimme und an Yasso-Eis erinnert hast!

Die Idee zu diesem Buch habe ich zum allerersten Mal mit Ladan Boroumand diskutiert. Der Gedanke, Briefe an meinen Vater zu schreiben, wurde durch eines dieser Gespräche inspiriert. Ich danke dir, Ladan.

Mein Dank gilt den folgenden Menschen für ihre Freundschaft und Unterstützung: der im Buch als »Shirin« bezeichneten Freundin; Massumeh Farhad, Shahran Tabari, Abdi Nafisi, Sophie Benini Pietromarchi, Roya Boroumand, Stanley Staniski und Naghmeh Zarbafian; und ich danke dir, Naghmeh, für die Übersetzung des Briefes meines Vaters an Präsident Johnson.

Ein großes Dankeschön an meine wunderbare Assistentin Amanda Taheri für ihren Enthusiasmus und ihre Unterstützung. Sie hat bei der Recherche für dieses Buch mitgewirkt, hat sich um meine Social-Media-Accounts gekümmert und mir geholfen, den Zeitplan für das Buch einzuhalten.

Mein italienischer Verleger bei Adelphi, der mittlerweile verstorbene Roberto Calasso, zeigte sich von dem Plan für dieses Buch begeistert. Wir besprachen es mit ihm und Sophie Benini Pietromarchi bei einem ausgedehnten Abendessen. Ich vermisse ihn und die fantastischen Diskussionen, die wir in den Jahren seit der Veröffentlichung der italienischen Übersetzung von *Lolita lesen in Teheran* und meiner nachfolgenden Bücher bei Adelphi führten.

Die Edmund A. Walsh School of Foreign Service hat mir für das akademische Jahr 2019 ein Stipendium gewährt. Ich danke dem Dekan der School of Foreign Service, Dr. Joel Hellman, sowie Professor Anthony Arend, dem Leiter des Fachbereichs Regierungslehre, und Claire Ogden. Mein besonderer Dank gilt den Junior Fellows, den Studenten, die mit der Aufgabe betraut waren, bei der Recherche für mein Buch zu helfen. Wir hatten großartige Diskussionen, und sie halfen mit großer Begeisterung. Ich möchte mich bei Varsha Thebo, Youssef Osman, Grace Kim und Rita Housseiny für ihre Unterstützung bedanken. Rita Housseiny gebührt ein besonderer Dank dafür, dass sie mir auch über das Stipendiums hinaus noch zur Seite stand und dass sie so sehr an Ideen und Fantasie glaubt.

Ich danke dem Laboratory for Global Performance and Politics an der Georgetown University und seinen Mitbegründern, Botschafterin Cynthia Schneider und Derek Goldman, in denen ich Gleichgesinnte gefunden habe, die sich sowohl für die Literatur als auch für soziale Gerechtigkeit einsetzen.

Zu den schönsten Erinnerungen an das Schreiben dieses Buches gehört die Zeit als Stipendiatin an der Civitella Ranieri Foundation, wo der tägliche Austausch mit anderen Kunstschaffenden und Schreibenden eine ausgesprochen inspirierende Arbeitsatmosphäre schuf. Mein Dank gilt Dana Prescott und ihrem großartigen Team bei dieser Stiftung.

ANHANG

DER BRIEF MEINES VATERS AN LYNDON B. JOHNSON

VOLLSTÄNDIGER TEXT DES BRIEFES, den mein Vater aus dem Gefängnis an Lyndon B. Johnson schrieb und auf den ich in den Briefen an meinen Vater in diesem Buch Bezug nehme.

Mr President,

das Ergebnis der Präsidentschaftswahl in den USA steht noch nicht fest, und niemand weiß zu sagen, wie sie ausgehen wird. Der Verfasser dieses Briefes ist ein Mensch, der, um es mit den Worten von Daniel Webster zu sagen, »beschlossen hat, sich mit seinem Boot allein vom Ufer abzustoßen«, hinaus in eine widrige und stürmische See, obwohl er weiß, welche Schwierigkeiten ihn erwarten. Ich habe ein Paradies namens Amerika und das gelobte Land Texas gesehen. Ich weiß um die Hölle von Hiroshima, den Strudel von Vietnam, den Abgrund des Nahen Ostens, und wünsche mir, dass der Kandidat die Wahl gewinnt, der – wie Franklin Roosevelt – glaubt, dass »es nur eine

Sache gibt, die wir fürchten müssen, Furcht selbst«; der Kandidat, der gesagt hat, wir sollten »ein Amerika aufbauen, in dem jedem Bürger alle Möglichkeiten seiner Gesellschaft offenstehen, in dem jeder Mensch die Chance hat, seinen Fähigkeiten gemäß das eigene Wohlergehen zu verfolgen«; der schreibt, dass unser Verstand – und unser Herz – uns sagt, dass wir uns für eine bessere Welt einsetzen sollten; der das Ziel verfolgt: jeder Frau, jedem Mann und jedem Kind ein erfüllteres Leben zu ermöglichen; der überzeugt ist, dass man denen helfen sollte, die eine Ausbildung und Schuldbildung benötigen oder einen Arbeitsplatz und ein Einkommen wollen, um für sich und ihre Familien sorgen zu können; vor allem aber der, der »jeden Bürger von der erdrückenden Last der Armut« befreien will. Der Verfasser dieses Briefes ist der Meinung, dass der Gewinner der Wahl auch derjenige sein sollte, der daran glaubt, dass unsere Gesellschaft von den dunklen Schatten des Krieges und des Misstrauens befreit werden muss; der eine Gesellschaft will, in der alle Bürger »Gleichheit genießen, wie von Gott gewollt und vom Gesetz verlangt, unabhängig von ihrem Glauben, ihrer Herkunft oder Hautfarbe«; eine Gesellschaft, in der die Amerikaner nicht nur reicher und stärker, sondern auch glücklicher und weiser werden können. Wahlsieger sollte derjenige sein, der glaubt, dass »unser materieller Fortschritt nur das Fundament ist, auf dem wir ein geistig und seelisch reicheres Leben aufbauen werden«; und derjenige, der sagt: »Die Great Society ist eine Gesellschaftsform, in der jedes Kind Wissen erwerben kann, um seinen Geist und seine Fähigkeiten zu erweitern. Sie ist ein Raum, in dem die Freizeit dazu dient, sich zu erholen und nachdenken zu können und nicht als Quell der Langeweile und Unruhe gefürchtet wird. Sie ist ein Ort, an dem die Stadt nicht nur den körperlichen Bedürfnissen des Menschen und den Erfordernissen des Handels dient, sondern auch dem Wunsch nach Schönheit und dem Bedürfnis nach Gemeinschaftlichkeit.« Die Wahl sollte gewinnen, wer so spricht, und nicht sein Rivale, dessen Reaktion auf die Verzweiflung von Menschen, die gegen Unterdrückung, Tyrannei und Armut aufbegehren, die Atombombe ist; der das Erbe der Sklaverei und Rassendiskriminierung im Namen der Freiheit und der Ehre des Volkes aufrechterhalten will.

Ich habe die Angst und Aufregung der streikenden Arbeiter in Detroit erlebt und gesehen, wie sie, tief verzweifelt, auf den Straßen lagen mit Whiskeyflaschen in der Hand; ich habe die erschöpften, traurigen, wehmütigen Bewohner der verfallenen, verdreckten Gebäude mit eingeschlagenen Scheiben in Harlem und in den Schwarzenvierteln von Chicago gesehen; ich habe mit Amerikas ausgegrenzten Schwarzen in der Nineteenth Street in Washington mitgefühlt; ich habe die traurigen Gesichter der hungernden, arbeitslosen Arbeiter an den Docks von New York, Baltimore und New Orleans gesehen. Aber ich bin auch an den neu errichteten Gebäuden vorbeigekommen, deren Türen sich automatisch vor den Menschen öffnen und deren Fassade und

Innenausstattung auf den höchsten Komfort und Wohlstand ihrer Besitzer hinweisen; ich habe die unendlichen Segnungen der individuellen Freiheit in Ihrem Land genossen und mich an den schönen Parks, den luxuriösen Theatern, den großartigen Restaurants, den hervorragenden Autos und Flugzeugen sowie dem komfortablen Leben in Ihrem Land erfreut – und nachdem ich all das erlebt und gesehen habe, ist mir sehr daran gelegen, dass die Person, deren Gedanken ich hier kurz wiedergegeben habe, die Wahl gewinnt.

Da mir das Schicksal der zivilisierten Welt am Herzen liegt und Ihre Entscheidungen auch folgenreich für mein eigenes Land sind, wünsche ich Ihnen Erfolg. Auch wenn ich kein Wähler in Ihrem Land bin, sollten Sie sich bewusst machen, dass Sie heute nicht nur die Stimmen der amerikanischen Bürger brauchen. Angesichts der von den USA auf der ganzen Welt betriebenen Außenpolitik hat auch die Stimme der Menschen in anderen Ländern Auswirkungen auf die Politik dieses Landes. Natürlich hat die Finanz- und Wirtschaftspolitik auch weiterhin eine übergeordnete Bedeutung für Ihr Schicksal, da erstens die einheimischen Erzeugnisse größtenteils auch in den USA konsumiert werden und zweitens das Exportvolumen wesentlich geringer ist als der Inlandsverbrauch. Die Außenpolitik könnte daher für Sie von nachrangiger Bedeutung sein. Vielleicht verschließen die Vereinigten Staaten – aufgrund ihrer derzeitigen Macht und ihrer Möglichkeiten – aber auch die Augen vor den Problemen anderer Länder. Und dennoch sollte

Ihnen bewusst sein, dass andere Länder heutzutage bei Ihren Entscheidungen eine größere Rolle spielen als zuvor und dass Sie ihnen, ihren Bedürfnissen und ihrer politischen Entwicklung mehr Beachtung schenken sollten: Amerikanische Wähler könnten eines Tages fragen, warum ihre Steuern für Kriege in Übersee ausgegeben werden oder warum junge Amerikaner in Indochina sterben müssen. Schon heute stellen Ihnen Wirtschaftskartelle, Betriebe und die Besitzer von Großunternehmen diese Frage oder versuchen, die Regierung irgendwie für ihre eigenen Interessen einzuspannen. Morgen werden es die einfachen Amerikaner sein, die sich für das Thema interessieren und Fragen stellen, und wenn Sie keine befriedigenden Antworten auf die Fragen haben, müssen Sie damit rechnen, ihre Stimmen zu verlieren.

Eines Tages werden Sie nicht mehr glauben, dass die Privilegien der Zivilisation ausschließlich dem amerikanischem Volk zustehen. Um das wirtschaftliche Gleichgewicht und den Wohlstand aufrechtzuerhalten, werden Sie Freiheit, politische Immunität, Arbeitsplätze, Brot und Kultur in andere Länder exportieren müssen – anstelle von Jazz, verschiedensten Tänzen, der Ablehnung von Traditionen und dem Zerfall der Familie. Eines nicht allzu fernen Tages werden Sie im politischen Austausch mit anderen Ländern Gleichheit und Brüderlichkeit als das Recht aller Menschen auf der Welt anerkennen müssen. Und statt ihnen mit dem Programm der John Birch Society zu kommen oder ihnen gönnerhaft die

Überproduktion an Anzügen, Weizen, Kaugummis und Süßigkeiten anzudrehen, werden Sie ihnen eine empathische Hand reichen müssen.

Mr Johnson, Amerika steht bei anderen Ländern aus zwei Gründen in der Schuld: Erstens ist es, wie Sie einmal sagten, die natürliche Pflicht eines Menschen, der vom Schicksal begünstigt ist, anderen zu helfen; daher wäre es an Ihnen – als reicherer Bruder in der Völkerfamilie –, zu deren Fortschritt beizutragen und dadurch auch das eigene Ansehen und wirtschaftliche Wohlergehen zu sichern. Das sollte jedoch nicht als ein Akt der Wohltätigkeit oder Bevormundung geschehen, sondern aus Dankbarkeit für Ihre Situation, für das Los, das Ihnen zuteilwurde. Der zweite Grund ist, dass andere Länder mit ihren natürlichen Ressourcen – dem wichtigsten Gut – zum Wohlstand Ihres Landes beigetragen und mit dem eigenen Leben oder Vermögen die Umsetzung seiner Ziele vorangetrieben haben.

Mein Rat an Sie ist:

1. VERSUCHEN SIE, EIN »Politiker« zu sein, aber nicht im östlichen oder westlichen Sinn des Wortes. Ein Politiker im östlichen Sinne ist jemand, der sich im Vergleich zu den Großmächten schwach fühlt und wie ein Schaf verhält, das sich nicht dem Wolf ergeben will. Ein solcher Politiker bedient sich der Lüge, um seine Schwäche vor dem Volk zu verbergen, sodass fast alle Politiker zu Lügnern werden; was dazu geführt hat, dass diese verachtenswerte Eigenschaft zum

Synonym für Politik geworden ist. Politik im westlichen Sinne ist der Glaube an Frank Kents Aussage, dass ein Beruf im Bereich der Politik zwar nicht notwendig unethisch sein muss, die Politik insgesamt jedoch kein ethisches Berufsfeld ist. Offenbar besteht die größte Kunst eines westlichen Politikers in der Fähigkeit, das eine zu sagen und das andere zu tun. Es ist im Grunde unwichtig, ob er auf der richtigen Seite steht, solange er vorübergehend die Sache des Volkes vertritt. Glücklicherweise hat die amerikanische Nation in der kurzen Geschichte des Landes schon lange keinen solchen Berufspolitiker mehr unterstützt. John Quincy Adams, der Präsident Jeffersons Handelsembargo leidenschaftlich unterstützte, und Daniel Webster, der mit seiner Rede vor dem Senat am 7. März 1850 – die ihm seine Gegner zeit seines Lebens nicht verziehen – die Einheit der Nation beschwor, gehörten zu den besten und mutigsten Männern in der Geschichte Ihres Landes. Zum Glück sieht die politische Tradition Ihres Landes vor, dass Kongressabgeordnete nur ihrem eigenen Gewissen unterworfen sind. Anders als in vielen anderen Ländern sehen sich die Kongressabgeordneten und Senatoren daher nicht bei jeder Frage in der Pflicht gegenüber ihren Wählern, als wären sie deren private Anwälte, und niemand erwartet von ihnen, dass sie gegen ihr Gewissen oder ihren freien Willen handeln. Darüber hinaus gehen Zivilcourage und moralische Überzeugungen in Ihrem Land immer mit anderen guten Eigenschaften wie Rechtschaffenheit, Aufrichtigk und der Kraft, Entscheidungen zu treffen, einher. Für die Amerikaner ist die moralische Integrität ihrer politischen Elite weitaus wichtiger als umfangreiches Wissen und Gedankenreichtum. Wie Professor Allan Nevins einmal bemerkte, gewann George Washington den amerikanischen Unabhängigkeitskrieg aufgrund seiner moralischen Prinzipien, nicht wegen seiner Intelligenz oder Weisheit. Ebenso war es Lincolns Moral, die das Land im amerikanischen Bürgerkrieg zusammenhielt, nicht sein Wissen. Man sollte Tugendhaftigkeit nicht gering schätzen oder die Interessen der Mehrheit ignorieren, nur um eine bestimmte Gruppe zufriedenzustellen. Natürlich besteht die Schwäche der Demokratie darin, dass sie öffentlichem Druck nachgibt und Stimmen mit Bestechungsgeldern gekauft werden. Für einige Politiker sind die Interessen der Mehrheit leider nicht von Belang; ihnen liegt lediglich daran, die eigenen Befürworter und einflussreichen Wähler zufriedenzustellen.

Als führender Kopf eines freien Landes sollten Sie weder die Interessen kleinerer Länder übergehen noch mit den Führungsköpfen gegnerischer Großmächte Geschäfte machen, bei denen die Unabhängigkeit anderer Länder, das Ansehen ihrer Führungskräfte und die Freiheit ihres Volkes Teil der Verhandlung sind. Wie John Bright sagt, sollte man niemanden einen »großen Politiker« nennen, nur weil er eine hohe Position innehatte; um diesen Titel zu verdienen, müsse man vielmehr Größe besitzen, auch geistige

Größe. Wenn Sie als großer Mann und bedeutender Politiker in die Geschichte der USA eingehen wollen, sollten Sie nicht nur auf die amerikanischen Wähler hören, sondern auch auf die Stimmen und Ideen der Menschen in anderen Ländern. Die vorherigen Präsidenten der USA, mit Ausnahme der letzten drei, wurden nie einer solchen Prüfung unterzogen. Ihre Abkehr vom Isolationismus und Ihre inklusive Außenpolitik kommen jetzt zum Tragen und untermauern Ihren Anspruch auf weltweite Anerkennung.

2. MEIN ZWEITER RAT an Sie ist: Versuchen Sie, nicht in die Fallen von Politikern anderer Länder zu tappen. Seien Sie besonders auf der Hut vor jenen schwachen Menschen, die auf unterschiedliche Weise Freundschaft mit Ihnen schließen wollen, sobald sie Ihre Macht und Ihren Reichtum sehen. Oft gehen diese Menschen bei Dinnerpartys oder Soiréen auf unerfahrene politische oder militärische Vertreter Ihres Landes zu und suchen die Zusammenarbeit mit ihnen, wobei sie die für schwache Personen typische Demut an den Tag legen. Danach erhält das Weiße Haus eine Flut von Empfehlungen, die Sie ungewollt in die Fallen persönlicher und moralischer Verpflichtungen tappen lassen – mit dem Ergebnis, dass die Freiheit und der Wohlstand anderer Nationen für die unwerten, ehrgeizigen und falschen Ziele derjenigen geopfert werden, deren einziges Verdienst darin besteht, Englisch mit amerikanischem Akzent zu sprechen; derjenigen, deren einzige Fähigkeit es ist,

Ihre naiven Beamten zu täuschen. So manches freie Land ist auf diese Weise schon von anderen in die Falle gelockt worden! So manches Land, das auf dem Weg zu einem demokratischen Rechtsstaat war, kam auf diese Weise wieder ab von diesem Weg! Sie können solche politischen Spiele in Kuba beobachten.
Die tyrannische, brutale und korrupte Regierung von Batista wurde allein von Ihren Funktionären unterstützt – das Ergebnis war dann Castro, der mit einer Gruppe dieser Funktionäre flirtete. Als er dann mit deren Hilfe an die Macht gekommen war, kehrte er sich von ihnen ab und entwickelte sich zu einem gefährlichen Geschwür in unmittelbarer Nähe der USA. Es gab auch andere Fälle, wie etwa die Ereignisse in Indochina und Vietnam: Das Weiße Haus ließ sich von Berichten dazu verleiten, sich für Ngo Dinh Diem einzusetzen, während sich buddhistische Mönche aus Protest gegen Massaker öffentlich selbst verbrannten. Erst als der Rauchgeruch der verbrannten Leichen ihrer Anführer und die unterdrückten Schreie ihrer verzweifelten Anhänger die Luft erfüllten, zeigten Sie eine Reaktion. Eine Million vertriebener Katholiken schauen ängstlich auf General Khanh, in der Hoffnung, er möge nicht das gleiche Schicksal wie seine Vorgänger erleiden. Warum gibt es in Nordvietnam keine Konflikte zwischen Katholiken und Buddhisten? Glauben Sie wirklich, dass die Menschen dort Kommunisten sind? Die meisten von ihnen, sowohl im Norden als auch im Süden, kämpfen ums tägliche Brot, darum, nicht zu verhungern. Ein

hungriger Magen hat keinen Glauben. Der Unterschied zwischen Nord und Süd besteht darin, dass die Menschen in Südvietnam ihre Regierenden, die alle aus dem gleichen Holz geschnitzt sind, geprüft und die Hoffnung in sie verloren haben. Die kommunistischen Nordvietnamesen haben sie noch nicht geprüft – diese Neulinge, die eine andere Art von Himmel verheißen, deren Worte und Taten anders sind, praktischer, diesseitig und ohne leere Versprechen. Amerikanisches Geld, Ausrüstung und Soldaten sind überall; besser wäre es jedoch, wenn dieses Geld für die Förderung von Talenten und die Verbesserung des Gemeinwesens ausgegeben würde: Der Krieg wäre dann zu Ende, und die Menschen würden ihr Land wiederaufbauen. Auch im Nahen Osten waren Sie in einem Netz verschiedener Akteure von unterschiedlichem Rang gefangen, die in Konkurrenz zueinander standen, aber alle von Ihnen unterstützt oder gebilligt wurden. Der von Ihren Beamten unterstützte ägyptische Staatschef erhebt den Anspruch, König der Welt zu sein, und will die gesamte Region – vom Jemen bis Ägypten und von Maskat bis Beirut – unter seiner Flagge vereinen. Wenn man ein Land allein aufgrund der gleichen Ethnie oder Sprache beanspruchen kann, warum erobern Sie dann nicht Australien, Indien, England und andere englischsprachige Länder? Die göttliche Mission der Great Society sollte die Menschen auf der Welt vor der Angst bewahren. Es reicht bei Weitem nicht aus, gegen einen Riesen namens Kommunismus zu kämpfen oder eine Armee für Frieden und gegen

Armut aufzustellen. Stellen Sie stattdessen eine Armee zur Beseitigung der Angst auf und hindern Sie unbedeutende Blutsauger daran, den Menschen das Blut auszusaugen. Streben Sie aufrichtig nach der Wahrheit, damit jedes Volk im Rahmen und mit den Mitteln des eigenen Landes in den Genuss der göttlichen Segnungen kommen kann. Und wenn diesen Ländern das Talent dafür fehlt, dann schicken Sie Verfechter des Friedens und der Freiheit, die ihnen beibringen, wie eine Demokratie funktioniert.

Kämpfen Sie überall gegen Tyrannen, ob groß oder klein. Erinnern Sie sich an John Stuart Mills Begründung für den Kampf gegen die Tyrannei der britischen Militärherrschaft in Jamaika. Er sagte, er tue es nicht aus Mitleid mit den Schwarzen in diesem Land, sondern vor allem, um die Grundsätze der Demokratie zu wahren. »Es handelte sich nämlich um die Frage, ob die auswärtigen Kronlande und eventuell vielleicht Großbritannien selbst unter der Herrschaft des Gesetzes oder unter der einer militärischen Willkür standen«, schrieb Mill. Auch Sie können alle Menschen gleich behandeln und müssen nicht versuchen, »frischgebackene Amerikaner« in andere Länder zu exportieren. Die Menschen in Indien mögen Ihre große Statur und Ihr maskulines Gesicht nicht; sie lieben ihren Gandhi. Auch Sie können Gandhi lieben und so ihre Herzen öffnen! Verlassen Sie sich nicht auf jemanden, nur weil er seine Ausbildung in den Vereinigten Staaten erhalten hat oder von Ihren Beamten geschätzt wird. Ein wahrer, rechtschaffener

Führungskopf tut das nicht; es ist die Denkweise der Berufspolitiker, die nicht nur Sie, sondern auch das eigene Volk belügen. Sie sind so ignorant und schwach, dass sie alle, die Ihrem rechten Weg folgen könnten, unter dem Vorwand der Spionage, der Verleumdung oder der üblen Nachrede entweder inhaftieren oder politisch diskreditieren würden. Auf diese Weise werden sie selbst zu Doppelagenten – was weitaus gefährlicher ist als jede andere Bedrohung. Warum sollte sich Amerika, mit seiner ganzen Größe, in eine solche Situation bringen? Warum folgt Ihr Land – das einst selbst eine Kolonie war und unter Einsatz von Menschenleben seine Freiheit erkämpft hat – den Kolonisatoren, die die Menschen einer Gehirnwäsche unterziehen und dann über Idioten herrschen? Sie sollten wissen, dass dieser Weg unweigerlich in eine Sackgasse führt.

3. HALTEN SIE NICHT jeden, der einen anderen Weg wählt als den Ihren, für Ihren Feind. Das Leben ist nicht schwarz und weiß; und selbst wenn es so wäre, würde das eine das andere ergänzen und keinen Widerspruch bilden. Es gibt nur einen Weg der Wahrheit, auch wenn die Menschen eine unterschiedliche Sicht auf diesen Weg haben, unterschiedlich denken und sich unterschiedlich ausdrücken. Ein und derselbe Gedanke kann sich auf verschiedene Weisen äußern, in verschiedenen Sprachen. Jeder gemäßigte Mensch verdient Freiheit. Freiheit bedeutet Fortschritt. Wenn ein Mensch in Ketten liegt und unterdrückt wird,

haben sein Geist und seine angeborenen Fähigkeiten keine Möglichkeit, sich zu entwickeln.

Die Annahme »Wer nicht für uns ist, ist gegen uns«, die das amerikanische Denken lange Zeit beherrscht hat, ist vollkommen falsch. Warum haben Sie Angst vor dem Kommunismus? Der wissenschaftliche Kommunismus würde für niemanden ein Problem darstellen. Vielleicht missfällt uns die Regierungsform der Sowjetunion, aber das rechtfertigt nicht die Feindseligkeit gegenüber Kommunisten. In verschiedenen Teilen der Welt haben die Menschen eben verschiedene Auffassungen.

Wie viele begabte Menschen haben Sie im Namen des Kampfes gegen den Kommunismus eingesperrt? In einem Land wie Amerika, in dem Wohlstand, Bildungsfreiheit und Rechtsstaatlichkeit herrschen und Arbeitsplätze im Überfluss vorhanden sind, kann der Kommunismus nicht gedeihen, vor allem nicht in seiner jetzigen Form. Seiner philosophischen Natur beraubt, hat der Kommunismus im Namen des Proletariats die Menschen in zwei Klassen unterteilt, Arbeitgeber und Arbeiter. Wohin der Versuch geführt hat, sehen wir an seiner Geburtsstätte. Der Kommunismus ist nicht zu fürchten. Erinnern Sie sich an die Worte des verstorbenen indischen Premierministers Jawaharlal Nehru, den Sie selbst einmal zitiert haben: Es gibt nicht nur zwei gegensätzliche Wirtschaftsmodelle – Kapitalismus und Sozialismus – auf der Welt, die allein die wirtschaftliche Produktion und den Warenverkehr regeln können. Nehru war der Ansicht, dass es nicht schwer sei, einen Mittelweg zwischen den beiden zu finden, der ein gemäßigtes, besser geeigneteres System hervorbringen würde. Seien Sie versichert, dass der indische Staat, wie Gandhi und Nehru ihn aufgebaut haben, für die freie Welt von wesentlich größerem Nutzen ist als Regierungen wie die von Vietnam, Laos und so weiter. Andere finden ihre eigenen Lösungen. Und darum geht es Ihnen doch: Freiheit und Demokratie in der Welt zu verbreiten, Armut zu beseitigen und die Völkerversöhnung zu fördern, oder?

4. MEIN LETZTER RAT an Sie ist, dass Sie es vermeiden sollten, anderen Ländern Hilfe in Form von Almosen zukommen zu lassen. Wenn Sie anderen helfen, sollten Sie es den Grundsätzen gemäß tun, an die Sie glauben und nach denen Sie handeln. Ein ehrenwerter Mensch lässt sich auch dann nicht bevormunden, wenn er in Not ist – er würde vielleicht Ihr Geld annehmen und es ausgeben, empfände Ihnen gegenüber aber keine Dankbarkeit. Eines der gelungensten Hilfsprogramme nach dem Zweiten Weltkrieg war der Marshall-Plan für den Wiederaufbau Europas nach den Verheerungen des Krieges. Der Plan ermöglichte die Erholung der Wirtschaft und der Produktion und den Wiederaufbau der im Krieg zerstörten Städte. Durch den Einsatz der vom Krieg gezeichneten Menschen und beträchtliche finanzielle Mittel aus den Vereinigten Staaten konnten die Kriegsschäden in kürzester Zeit behoben werden, und schon bald wurden enorme Fortschritte in

Wissenschaft und Technik erzielt. Natürlich sind die Europäer auch Ihre Vorfahren, und dieser junge Baum Amerika wurde mit dem Blut dieser Vorfahren und ihrer Nachkommen bewässert. Andere Pläne wie Trumans »Point-IV-Programm« für Asien und Afrika sowie Marshalls Plan für China blieben dagegen ohne Erfolg. Die zur Verfügung gestellten Waffen und finanziellen Mittel gelangten immer irgendwie in feindliche Hände. Das »Point-IV-Programm« brachte dem Iran keinen Wohlstand und Ihnen keinen Ruhm. Es brachte lediglich eine amerikanisierte Oberschicht hervor, die alle strategisch wichtigen Posten der Regierung besetzte, solange sie sich Ihrer Unterstützung sicher sein konnte. Als schließlich der Drache der Revolution seine flammende Zunge herausstreckte, versuchte diese Oberschicht sich – unter dem Schutz der Supermacht – in Sicherheit zu bringen und bereute, welche Maßnahmen nicht ergriffen und was alles nicht geschafft worden war, falls diese Leute überhaupt ehrenhaft genug für solche Empfindungen waren. Zu der Zeit, als Mr Warne für das Point-IV-Programm im Iran verantwortlich war (und ich selbst in den Genuss eines Stipendiums im Rahmen des Programms kam), schrieb ich einen Brief, in dem ich den Verantwortlichen des Programms mitteilte, dass sich die Iraner im Hinblick auf ihr eigenes Land fragen würden, wofür die zehn bis zwölf Millionen Dollar, die für die Umsetzung des Programms zur Verfügung stünden, verwendet würden. Ich schrieb, dass es sowohl für die Vereinigten

Staaten als auch für das iranische Volk sinnlos wäre, wenn das Ziel dieses Programms einfach nur darin bestünde, ein paar Personen Geld für die Erfüllung kleinerer Aufgaben zukommen zu lassen, die für niemanden wirklich von Nutzen sind. Wenn man das Geld sinnvoll und nachhaltig verwenden wolle, schrieb ich, müsste man damit entweder ein einziges großes Projekt realisieren, und zwar umfassend, oder eine iranische Provinz auswählen und dort mehrere sinnvolle Projekte starten. Ich schlug vor, das gesamte Geld zum Beispiel für die Gesundheitsversorgung der Iraner und den Bau von Krankenhäusern zu verwenden. Das Land wüsste einen solchen Einsatz sehr zu schätzen und wäre Amerika auf immer dankbar, schrieb ich. Oder man könnte in eine Provinz gehen, zum Beispiel nach Kerman, und dort die Minen ausbauen, die Landwirtschaft durch den Anbau von Datteln, Pistazien und Henna vorantreiben oder Malaria und andere lokale Krankheiten bekämpfen. Die Menschen dieses Landes würden Amerika auf ewig für seine Großzügigkeit und sein Wohlwollen in Erinnerung behalten. Als ich mit meinem Brief das Gebäude der Point-IV-Organisation in der Sepah-Straße Ecke Pahlavi-Straße in Teheran betrat, hatte ich das Gefühl, in eine amerikanische Institution einzutreten: Die einzige Sprache, die dort gesprochen wurde, war Englisch, und alle Umgangsformen waren amerikanisch. Als ich in seinem Büro vor ihm stand, erhob sich Mr Warne, der anderthalb Mal so groß war wie ich, hinter seinem Schreibtisch, der doppelt so groß war wie der Schreibtisch unseres Premierministers, und setzte sich neben mich auf eine Bank. Er sagte: Was Sie in Ihrem Brief schreiben, habe ich noch von keinem Iraner gehört. Ich antwortete: Ich bin kein Nachahmer, ich bin Innovator. Hätte jemand das vorher geschrieben, hätte es unweigerlich einige Reaktionen gegeben. Er sagte: Was Sie geschrieben haben, ist wahr, aber wir haben nicht vor, jahrelang hierzubleiben, und der größte Teil des Budgets, das wir haben, fließt in die Gehälter der Iraner. Ich fragte: Welche Leistung erhalten Sie für Gehälter in Höhe von einer Million Dollar? Er antwortete: Gutachten, Statistiken und Forschungsarbeiten. Ich fragte: Was machen Sie mit den Statistiken und Gutachten? Er sagte: Sie werden in Regierungsstellen und für Forschung und Analyse verwendet. Am Ende sagte er noch: Die Pläne sind ein Beleg dafür, wie groß das Interesse Amerikas am Wohlergehen des iranischen Volkes ist. Ich sagte: Welche der Pläne, deren Wirksamkeit erwiesen ist, wurden umgesetzt? Er antwortete mit einem triumphierenden Lächeln: Der Plan zur Bekämpfung der Malaria, vor allem im Nordiran und in anderen Regionen. Ich sagte: Das ist richtig. Der Plan verdient es, umgesetzt zu werden; ich wünschte, Sie hätten Ihr gesamtes Geld für solche Pläne verwendet – es hätte uns glücklich und Sie erfolgreich gemacht.

MR PRÄSIDENT, SIE STEHEN BEI niemandem in der Schuld. Doch wie bereits erwähnt, sind Sie vom Schicksal begünstigt, ganz zu schweigen von dem Umstand, dass Sie fern der internationalen Schlachtfelder leben. Nur darum sind Sie anderen Ländern etwas schuldig, auch dem Iran. Indem Sie Ihren Nächsten lieben, zeigen Sie Ihre Liebe zu Gott. Aber seien Sie sich dabei bewusst, dass Hilfestellungen, die nur als Almosen gewährt werden, die Menschenwürde und das Selbstwertgefühl der Menschen verletzen.

Abschließend will ich Ihnen viel Erfolg bei den Wahlen wünschen und meiner Bewunderung für die große amerikanische Nation Ausdruck verleihen, deren wissenschaftliche und technologische Fortschritte die Welt in Staunen versetzen. Von der Rechtsstaatlichkeit und der Freiheit des Denkens und Handelns haben sowohl Ihr eigenes Land als auch die ganze Welt profitiert. Ich hoffe, dass andere Länder in Hinblick auf wissenschaftlichen Fortschritt, auf die Achtung der Freiheit, der Menschenrechte und des Gesetzes Ihrem Vorbild folgen werden.

Mr Präsident, wie Senator Taft einmal sagte, ist die Gedanken- und Meinungsfreiheit ein Segen, der jedem zuteilwerden sollte. Freiheit sollte nichts Exklusives sein; sie sollte auch nicht exportiert werden. Freiheit sollte vielmehr gelehrt werden, und man sollte lernen, wie man sie erlangt. Nur ein starker Politiker wie Edmund Ross brachte den Mut auf, wie er es selbst einmal formulierte, »in [sein] offenes Grab hinabzuschauen«, um Präsident Andrew Johnson, Ihren Namensvetter, mit seiner Stimme zu retten. Er opferte seine politischen Freundschaften und seine

Karriere zum Besten seines Landes – eine Entscheidung, deren Früchte wir heute noch sehen. Der texanische Nationalheld Sam Houston sagte einmal: »Ich könnte stolzer nicht sein, wenn auf dem Brett oder Stein, der einst auf meinem Grab liegen wird, die Inschrift stünde: ›Er liebte sein Land, er war ein Patriot, er war der Union treu ergeben.‹« Ich hoffe, dass eines fernen Tages auf Ihrem Grabstein stehen wird: »Dieser Mann liebte die Menschen und verehrte sein Land; er war ein treu ergebener Diener Amerikas und der Menschheit.«

Möge John F. Kennedy – dessen Ermordung die ganze Welt tief erschütterte – in Frieden ruhen! Ihm verdanken wir, dass Sie, sein aufrichtiger und humanitärer Mitstreiter, der Welt bekannt wurden. Ich wünsche Ihnen Glück!

– Ein gewöhnlicher Iraner, dem daran gelegen ist,
dass alle Menschen gleichermaßen in den Genuss
der Segnungen von Freiheit, Gleichheit und
Brüderlichkeit kommen, und allein Gott danken!
Gefängnis des iranischen Justizministeriums, 1966

BIBLIOGRAFIE

Ackerman, Elliot, *Green on Blue*. New York: Scribner, 2016.

Ackerman, Elliot, *Places and Names: On War, Revolution, and Returning*. New York: Penguin Press, 2019.

Ackerman, Elliot, und James Stavridis, *2034: A Novel of the Next World War*. New York: Penguin Press, 2021.

Atwood, Margaret, *Der blinde Mörder*. Berlin: Berlin Verlag, 2000.

Atwood, Margaret, *Der Report der Magd*. Düsseldorf: Claassen Verlag, 1987.

Atwood, Margaret, *Moving Targets: Writing with Intent, 1982–2004*. Toronto: House of Anansi Press, 2004.

Atwood, Margaret, *Negotiating with the Dead: A Writer on Writing*. Cambridge: Cambridge University Press, 2002.

Atwood, Margaret, *Die Zeuginnen*. Berlin: Berlin Verlag, 2019.

Baldwin, James, *Beale Street Blues*. München: dtv, 2018.

Baldwin, James, *Collected Essays*, hg. von Toni Morrison. New York: Library of America, 1998.

Baldwin, James, *Ein anderes Land*. München: dtv, 2023.

Baldwin, James, *Eine Straße und kein Name*. Reinbek: Rowohlt, 1973.

Baldwin, James, *Fremder im Dorf: Ein schwarzer New Yorker in Leukerbad*. Zürich: Édition sacré, 2011.

Baldwin, James, *Giovannis Zimmer*. München: dtv, 2020.

Baldwin, James, und Richard Avedon, *Im Hinblick*. Köln: Taschen, 2017.

Baldwin, James, *Nach der Flut das Feuer*, übers. v. Miriam Mandelkow. München: dtv, 2020.

Baldwin, James, und Margaret Mead, *Rassenkampf – Klassenkampf. Ein Streitgespräch*. Reinbek: Rowohlt, 1973.

Baldwin, James, *The Price of the Ticket*. New York: St. Martin's Press, 1985.

Baldwin, James, *Von dieser Welt*. München: dtv, 2018.

Baldwin, James, *Von einem Sohn dieses Landes*, übers. v. Miriam Mandelkow. München: dtv, 2022.

Boyd, Valerie, *Wrapped in Rainbows: The Life of Zora Neale Hurston*. New York: Scribner, 2004.

Bradbury, Ray, *Fahrenheit 451*. Zürich: Diogenes, 2008.

Coates, Ta-Nehisi, *Zwischen mir und der Welt*. Berlin: Hanser Berlin, 2016.

Ferdausi, Abu'l-Qasem: *Schāhnāme – Das Buch der Könige*. Stuttgart: Reclam 2002.

Feld, Douglas, *James Baldwin*. Liverpool: Liverpool University Press, 2011.

Ginsburg, Jewgenija, *Marschroute eines Lebens*. Reinbek: Rowohlt, 1967.

Glaude, jr., S. Eddie, *Begin Again: James Baldwin's America and Its Urgent Lessons for* Our *Own*. New York: Crown, 2020.

Grossman, David, *Aus der Zeit fallen*. München: Carl Hanser Verlag, 2011.

Grossman, David, *Die Kraft zur Korrektur: Über Politik und Literatur*. München: Carl Hanser Verlag, 2008.

Grossman, David, *Eine Frau flieht vor einer Nachricht*, übers. v. Anne Birkenhauer. München: Carl Hanser Verlag, 2009.

Hurston, Zora Neale, *Ich mag mich, wenn ich lache*. Zürich: Ammann Verlag, 2000.

Hurston, Zora Neale, *Moses, Man of the Mountain*. New York: Amistad, 2008.

Hurston, Zora Neale, *Vor ihren Augen sahen sie Gott*. Gräfelfing: Edition fünf, 2011.

Khoury, Elias, *Das Tor zur Sonne*. Stuttgart: Klett-Cotta, 2004.

Leeming, David, *James Baldwin: A Biography*. New York: Arcade, 2015.

Mill, John Stuart, *Autobiographie*, übers. und mit einer Einleitung herausgegeben von Jean-Claude Wolf. Hamburg: Felix Meiner, 2011.

Morrison, Toni, *Menschenkind*. Reinbek: Rowohlt, 1992.

Morrison, Toni, *Burn This Book: PEN Writers Speak Out on the Power of the Word*. New York: Harper Studio, 2009.

Morrison, Toni, *Sehr blaue Augen*. Reinbek: Rowohlt, 1979.

Morrison, Toni, *The Dancing Mind*. New York: Knopf, 1996.

Morrison, Toni, *Selbstachtung. Ausgewählte Essays, Reden und Betrachtungen*. Reinbek: Rowohlt, 2020.

Owen, Wilfried, *Die Erbärmlichkeit des Krieges. Gesammelte Gedichte und ausgewählte Briefe von Wilfred Owen*. Berlin: Verlagshaus Berlin, 2014.

Parsipur, Shahrnush, *Kissing the Sword: A Prison Memoir*, New York: The Feminist Press at CUNY, 2013.

Parsipur, Shahrnush, *Frauen ohne Männer*. Berlin: Suhrkamp, 2012.

Platon, *Der Staat*. Hamburg: Felix Meiner, 1989.

Ravabipour, Moniro, *The Drowned*, übers. v. M. R. Ghanoonparvar, o.V., 2019.

Rushdie, Salman, *Die satanischen Verse*. München: Penguin Verlag, 2017.

Rushdie, Salman, *Heimatländer der Phantasie*. München: btb Verlag, 2014.

Rushdie, Salman, *Mitternachtskinder*. München: Penguin Verlag, 2018.

Rushdie, Salman, *Scham und Schande*. München: Penguin Verlag, 2019.

Rushdie, Salman, *Überschreiten Sie diese Grenze! Schriften 1992 – 2002*. München: Penguin Verlag, 2019.

Sassoon, Siegfried, *Vom Krieg zum Frieden – Erinnerungen*. Köln: Volker Verlag, 1947.

Todorov, Tzvetan, *Angesichts des Äußersten*. München: Fink, 1993.

Die Originalausgabe erschien 2022
unter dem Titel »READ DANGEROUSLY« bei Dey St.,
an Imprint of William Morrow, Inc.,
HarperCollins Publishers, New York.

Penguin Random House Verlagsgruppe FSC® N001967

1. Auflage
Deutsche Erstveröffentlichung Oktober 2023
btb Verlag in der Penguin Random House Verlagsgruppe GmbH,
Neumarkter Straße 28, 81673 München

Covergestaltung: semper smile, München,
nach einem Entwurf und unter Verwendung
einer Illustration von Nathan Burton
Satz: GGP Media GmbH, Pößneck
Druck und Einband: GGP Media GmbH, Pößneck
MK · Herstellung: sc
Printed in Germany
ISBN 978-3-442-77391-6

www.btb-verlag.de
www.facebook.com/penguinbuecher